Thomas Hanstein
Andreas Ken Lanig

Digital lehren

Thomas Hanstein | Andreas Ken Lanig

Digital lehren

Das Homeschooling-Methodenbuch

Tectum Verlag

Das vorliegende Buch beschränkt sich aus Gründen der besseren Lesbarkeit auf die männliche Form. An den entsprechenden Stellen sind selbstverständlich alle Geschlechter gemeint.

Thomas Hanstein | Andreas Ken Lanig
Digital lehren
Das Homeschooling-Methodenbuch

© Tectum – ein Verlag in der Nomos Verlagsgesellschaft, Baden-Baden 2020
ISBN 978-3-8288-4522-0
ePDF 978-3-8288-7564-7
ePub 978-3-8288-7565-4

Umschlaggestaltung: Sylvia M. Ebner
Illustrationen im Innenteil:
Christoph Kreuzer: Abb. 1, 2, 3, 4, 5, 6, 7, 8, 9, 10, 13, 15, 18
Andreas Lanig: Abb. 11, 12, 14, 16, 17, 19, 20, 21, 22, 23, 24, 25, 26, 27, 28, 29, 30, 31, 32, 33, 34, 35, 36, 37, 38, 39, 40, 41, 42, 43, 44, 45, 46, 47, 48, 49, 50, 51, 53, 54, 55, 56, 57, 58, 59, 60, 61, 62, 63, 64, 65, 66, 67, 68, 69, 70, 71, 72, 73, 74, 75, 76, 77, 78, 80, 81, 82, 83, 84, 85
Tab. 1: Thomas Hanstein
Tab. 2: Thomas Hanstein/Andreas Lanig
Korrektorat: Angelika Zink

Gesamtverantwortung für Druck und Herstellung
bei der Nomos Verlagsgesellschaft mbH & Co. KG

Printed in Germany

Besuchen Sie uns im Internet
www.tectum-verlag.de

Bibliografische Informationen der Deutschen Nationalbibliothek
Die Deutsche Nationalbibliothek verzeichnet diese Publikation
in der Deutschen Nationalbibliografie; detaillierte bibliografische
Angaben sind im Internet über http://dnb.d-nb.de abrufbar.

Inhalt

**Vorwort: Endlich raus aus dem
„digitalen Steinzeitalter"!** XI

**Einleitung: Eine Krise in der digitalen Steinzeit
wirft Fragen auf** 1

Wer „wir" sind 2

Was die Ambivalenz des Neuartigen in sich trägt 3

Welche epistemischen Hindernisse wir sehen 6

Kommt es „auf uns Lehrende an"? 9

Oder kommt es auf den Unterricht an? 17

Und: Was ist eigentlich „guter" Unterricht? 19

Kapitel 1: Methodik oder Didaktik? 25

Die Kunst zu lehren 26

5 W – was in eine Hand geht 29

Sozialformen, Methoden und Tools 31

Kapitel 2: Angemessenheit statt „Methodenzauber" 35

Was ist der „Sache Kern"? 36

Was spricht Lernende authentisch an? 36

Wie das Thema zugänglich aufbereiten? 38

Was erzeugt persönliche Gewissheit? 38

Welche Lernformen unterstützen dies? 39

Von der Handlung her denken 40

Lernen als handelndes Lernen... 41

Fehler sind erlaubt – und notwendig 43

Kapitel 3: Weg vom mechanistischen Denken 47

Selbstständigkeit will verstanden sein 48

Selbstorganisation fraktal umsetzen 50

Kompetenzorientierung – systematisiert und zugewandt 53

Lernerfolge durch Empathie 54

Strukturierung nach dem Sandwichprinzip 56

Nichtlineares Lernen mit dem Advance Organizer 59

Kompetenzaufbau auf der Makro- und Mikroebene 60

Exkurs: Ist digitale Schul- und Hochschulbildung mehr als eine fantastische Erzählung? 63

Die Digitalisierung entlarvt Glaubenssätze 64

Faktoren der virtuellen Kompetenzentwicklung 65

Kompetenzentwicklung bedarf der Reflexion und Transflexion 70

Fächerübergreifende Hypothesen und Erkenntnisse 82

Phasen der Implementierung 85

Kapitel 4: Das virtuelle Klassenzimmer – oder: Wie die Gruppe virtuell ins Laufen kommt 91

Prinzip 1: Am Anfang ist das Wort 92

Prinzip 2: Der virtuelle Raum will gefüllt werden 94

Prinzip 3: In den Input investieren 95

Prinzip 4: Auf Gestik und Mimik achten 96

Prinzip 5: Virtueller Unterricht ist multidimensional 97

Prinzip 6: Murphy, Pausen und zeitige Wechsel 98

Prinzip 7: Virtuelle Lehre kommt durch das ‚Wie' zum ‚Was' 100

Prinzip 8: Der Lehrende prägt die Atmosphäre 101

Prinzip 9: Stuhlkreis 4.0 102

Prinzip 10: Die Gruppe konstruiert Bedeutsamkeit 104

Didaktische Medientechnologien: Status Quo 2020 – Vision 2030 ... 109

Kapitel 5: Rezepte, Techniken und Methoden für das ditigale Lehren ... **113**

Unterricht visualisiert antizipieren 114

Der „hybride" Lernraum – die Mischung macht's 115

Methodisch-didaktische Desiderate und Bedarfe
im virtuellen Unterrichtsraum 117

Interpretation: Klarer Auftrag an uns virtuell Lehrende
und Coachende 120

Zielanalyse des stimmigen Wie: Die didaktischen Leitkategorien
Wer, Was, Wo und Wozu methodisch sichern 122

Das methodische Differenzial: Der Positionierungsraum
der Lernabsichten 122

Eine Auswahl von 64 Methoden für das digitale Lehren 126

Übersicht der Methoden 128

Methode 1: Asynchrone Videokonferenz 130

Methode 2: ABC-Analyse 133

Methode 3: Audioquiz 135

Methode 4: Augengymnastik 138

Methode 5: Bildkartenarbeit 141

Methode 6: Brainstorming 145

Methode 7: Crossword 147

Methode 8: Brainwriting Pool 149

Methode 9: Designer Yoga 152

Methode 10: Dokumentenkamera – „good old Tafelbild" 155

Methode 11: Dropbox Feedback 159

Methode 12: Eben noch in der Pause 161

Methode 13: Einstimmungsfilm 163

Methode 14: Expertengruppe.. 166

Methode 15: Fünf-Finger-Feedback 170

Methode 16: Flipped Classroom 173

Methode 17: Geoquiz 176

Methode 18: Gruppenarbeit und Gruppenpuzzle 178

Methode 19: Haustiere, Jogginghosen und Mitbewohner............ 184

Methode 20: Hybrides Lerncamp 187

Methode 21: Imaginationsübung....................................... 190

Methode 22: Input-Technik 193

Methode 23: Kamerafahrten... 196

Methode 24: Key Question 199

Methode 25: Klassenzimmer-Deko 202

Methode 26: Körperreise 205

Methode 27: Lerngang 210

Methode 28: Lernzirkel.. 213

Methode 29: Lexikonmethode 215

Methode 30: Mind-Map.. 218

Methode 31: Mini-Sprints... 221

Methode 32: Online Ringvorlesung 224

Methode 33: Online Wandzeitung 227

Methode 34: Partnerinterview 230

Methode 35: Placemat 232

Methode 36: Progressive Entspannungspausen 235

Methode 37: Pro- und Contra-Debatte............................... 238

Methode 38: Projekte virtuell 241

Methode 39: Rotationsfeedback 244

Methode 40: Redekette 247

Methode 41: Quizspiel 250

Methode 42: Schachspiel 252

Methode 43: Schule aus!.. 255

Methode 44: Screensharing-Softwarekorrektur 257

Methode 45: Sechs Hüte 259

Methode 46: Skalierung... 262

Methode 47: Skizzen- und Lerntagebuch 265

Methode 48: Speed Geeking 269

Methode 49: Speed Talking 271

Methode 50: Sprechende Gegenstände 274

Methode 51: Spinnennetz 277

Methode 52: Stummer Applaus....................................... 279

Methode 53: Think Pair Share.. 281

Methode 54: Umfragen per Smartphone 283

Methode 55: Virtuell lernen durch virtuell lehren 285

Methode 56: Virtuelle Dusche 288

Methode 57: Virtueller Kongress 292

Methode 58: Virtuelle Landkarte..................................... 295

Methode 59: Visualisieren 298

Methode 60: Walt Disney Methode 301

Methode 61: Webcam Laola, Zettelwirtschaft 304

Methode 62: Willkommens-Bingo 306

Methode 63: World Café 310

Methode 64: Zielscheibe 314

Wie Formate verschwimmen – ein Schlusswort 319

Hybride Zukunft 320

Individualisierung und Evaluierung – auch virtuell! 321

64 – Symbol eines Wandels 325

Anhang 1: Umfrage unter Lehrenden 329

Anhang 2: Umfrage unter Lernenden 345

Anhang 3: Literaturverzeichnis 375

Vorwort: Endlich raus aus dem „digitalen Steinzeitalter"!

Als sich Mitte März 2020 abzeichnete, dass der Lehrbetrieb an Schulen und Hochschulen durch das Auftreten des Corona-Virus und die dadurch zu erwartenden Kontaktbeschränkungen spätestens ab Ostern 2020 erheblich beeinträchtigt werden würde, musste man schlimme Auswirkungen auf das deutsche Bildungssystem befürchten: und zwar auf die Hochschulen, laut Brembs und Welpe (vgl. Brembs/ Welpe, 2019) im „digitalen Steinzeitalter" befindlich und im Versuch, durch Anschaffung immer neuer Technologien die Lehre irgendwie „digitaler" zu machen, und nicht weniger intensiv auf die Schulen mit Lehrkräften, die weder eine digital adäquate Ausbildung genossen hatten noch auf die gebotenen technischen Infrastrukturen zurückgreifen konnten – das konnte nicht gut gehen. Die Quittung hatten wir ja schon vorher erhalten: Platz 27 unter den 27 EU-Nationen im Survey „Digital Readiness for Lifelong Learning" von 2019 mit dem vernichtenden Urteil: „German Schools and Educators are not ready to prepare students with the necessary digital skills and competencies" (EU-Survey, 2019). Was sollte man da außer technisch-basierter Notlösungen auch erwarten?

Und genauso kam es! In den Hochschulen stand sofort die lange totgeglaubte Prämisse „Technology drives Didactics" und nicht die in den Jahren zuvor immer wieder gebetsmühlenartig propagierte Didaktikzentriertheit im Vordergrund, und die Schulen versuchten mit der oft nicht einmal für Notlösungen ausreichenden Technik irgendwie den Lehrbetrieb zu retten. Web-Konferenzen zur Inhaltsvermittlung, PDF-Dokumente in ungeahnten Mengen als digitale Aufgabenblätter und E-Mail-Verkehr wie nie zuvor – alles Beispiel einer Emergency Remote Teaching Lösung, die zwar bisweilen funktioniert hat, mehr aber auch nicht. Als Planungsgrundlage für die Zukunft sollten diese mehr oder weniger improvisierten Lösungen, die schon vor vielen Jahren als nicht zukunftsfähige – damals sprach man noch von E-Learning – Varianten abgelehnt wurden.

Es muss etwas geschehen, und zwar schnell! Mit den folgenden Forderungen lässt sich ein Arbeitsplan, dessen Details freilich nicht in einem einzigen Buch dargelegt werden können, realisieren, der aber eine Grundlage für die so dringend notwendige Entwicklung sein kann.

Daher leistet das Buch einen wertvollen lehrpraktischen Beitrag, um den folgenden sieben Forderungen eine „bottom up"-Grundlage zu verschaffen:

- **Forderung 1:** Alle Schul- und Hochschulfächer müssen auf den inhaltlichen Prüfstand gestellt werden, um diejenigen Wissensmengen, die heute immer noch frontal in Präsenzunterricht vermittelt werden, als kuratierte offene Bildungsmaterialien auf niederschwellige Weise digital bereitzustellen. Dadurch wird es Lehrkräften auf allen Ebenen möglich, mit Flipped/Inverted Classroom-Szenarien ihre eigene Präsenzlehre zu entlasten und mehr Zeit für das Üben und Vertiefen von Inhalten zu gewinnen. Gleichzeitig gewinnen die Lerner Zeit und Flexibilität, sich den Stoff anzueignen. Hierzu bietet Ihnen dieses Buch niederschwellige und aus der Praxis kommende Handlungskonzepte.

- **Forderung 2:** Die Lehramtsausbildung an den Universitäten und Pädagogischen Hochschulen muss endlich reagieren und das Thema Digitalisierung in Theorie und Praxis in die fachspezifische und erziehungswissenschaftliche Ausbildung integrieren. Seit der Jahrtausendwende gibt es zahlreiche Konzepte und Handreichungen, z. T. mit konkreten Handlungsempfehlungen (vgl. beispielhaft http://icum-tud.de/ziele/empfehlungen.pdf; 2006 umgesetzt im Fach Englisch an der Philipps-Universität Marburg; Zugriff: 10.07.2020), doch bis heute haben nur wenige Hochschulen entsprechend reagiert. Hier muss dringend etwas geschehen, damit vernichtende Qualitätsurteile wie die im EU-Survey von 2019 der Vergangenheit angehören. Durch ihre eigenen Erfahrungen in der Begleitung und Auswertung der ersten rein virtuellen Studiengänge bieten die Autoren Hanstein und Lanig – stichwortartig und als kollegiale Empfehlung – neuartige Konzepte und Handreichungen hierzu.

- **Forderung 3:** Da es noch Jahre dauern wird, bis medial/digital „auf der Höhe" befindliche Absolventen die Hochschulen verlassen, müssen sofort Fortbildungsmöglichkeiten für das jetzige Lehrpersonal an Schulen geschaffen werden. Und um wirklich auch die gesamte Zielgruppe flexibel bedienen zu können, sollten dazu konsequent Online-Fortbildungsportale nach dem Vorbild des ehemaligen VZL entwickelt werden, die eine ständige Weiterbildung ermöglichen (vgl. http://sts-gym-marburg.bildung.hessen.de/kooperation/vzl.html; https://youtu.be/WGf7N6DPqo8; Zugriff: 10.07.2020). Wie das fehlende Erfahrungsbild nicht nur durch die wenigen Lehrenden, die selbst in virtuellen Kontexten ihre Bildungssozialisation durchlaufen haben, aussehen kann, zeigen die anschaulichen Schilderungen der Autoren aus der Ebene virtueller Studiengänge.

- **Forderung 4:** Die Corona-Krise hat gezeigt: Es besteht ein dringender Handlungsbedarf in Sachen Digitalisierung an deutschen Schulen. Bisher wurde Digitalisierung hauptsächlich in der Anschaffung von Hardware (wenn überhaupt) verstanden. Das entspricht nicht dem, was Bund und Länder einst im „Digitalpakt Schule" vereinbart hatten. Bis heute gibt es auch in den reicheren Bundesländern Regionen, in denen schlichtweg nicht die entsprechenden Kabel in der Erde liegen. Diesen Umständen muss die Politik schleunigst Rechnung tragen.

- **Forderung 5:** Digitalisierung, Künstliche Intelligenz und Robotik müssen Grundthemen der schulischen Bildung werden (Stichwort „Maker-Space"). Auch wenn es heute möglicherweise noch futuristisch klingt, werden Maker-Space-Konzepte zu einem wichtigen Eckpfeiler der digitalen Grundbildung. Algorithmisches Denken, Problemlösungsstrategien und eine allgemeine Medienkompetenz lassen sich durch das „Machen" zielführender umsetzen, als das bisher durch klassische Lehr- und Lernsettings möglich ist. Hierin haben besonders die beruflichen Schüler eine große Erfahrung – daran kann praktisch gut angesetzt werden!

- **Forderung 6:** Die technischen Infrastrukturen, über deren Funktionsfähigkeit sich unsere Hochschulen nicht beklagen können, müssen endlich auch in den Schulen geschaffen werden. Ob dazu auch die Anschaffung von Tablet-Computern gehört, ist aus meiner Sicht fraglich. In der Berufswelt spielen Tablets kaum eine Rolle und im Alltag nutzen fast alle die eigenen Smartphones. Möglicherweise ist hier eine Mischung aus einem BYOD-Konzept und der Anschaffung zusätzlicher mobiler Endgeräte zur Schaffung von Chancengleichheit ein vernünftiger Ansatz. Zu dieser Debatte können virtuelle Lerngemeinschaften in diesem

Buch einen wichtigen Beitrag leisten: Denn dezentrale Lernprozesse profitieren vom BYOD-Konzept.

- **Forderung 7:** Die „Schule von morgen" braucht hybride Konzepte! Der Erfolg der Schulen und Hochschulen in den nächsten Jahren wird an ihren pädagogischen Konzepten und nicht – wie heute vielfach angenommen – am technischen Know-how gemessen werden. Denn ein schlechter analoger Unterricht wird auch durch das beste technische Know-how nicht besser – was sich auf Lehrkräfte übertragen lässt. Die Autoren liefern hier einen originellen Ansatz, indem sie das auf virtuell-hybride Brauchbarkeit untersuchen, was sich im Präsenzunterricht methodisch-didaktisch bewährt hat. So wird auch verhaltenen Lehrkräften die Angst vor der Digitalität genommen.

Dazu ist aber vor allem eine umfangreiche Medienkompetenz aller Lehrkräfte nötig, die über die „Medienbedienkompetenz" unserer Schüler und Studenten hinausgeht und das von Björn Brembs propagierte „digitale Steinzeitalter" hinter sich lässt.

In diese Lücke passt sich das Buch von Thomas Hanstein und Andreas Lanig stimmig ein. Zwar kann die hier durch viele wertvolle Praxistipps unterstützte virtuelle Präsenzlehre nicht das Ziel zukünftiger Lehr- und Lernformate sein. Doch wenn sie benötigt wird – und das wird sie, solange insbesondere die Forderungen 1, 3 und 4 nicht flächendeckend umgesetzt sind und wir mit Beeinträchtigungen der Präsenzlehre zu kämpfen haben –, stehen durch die Autoren zahlreiche methodisch-didaktische Hilfestellungen für das Gelingen dieser Formate des Übergangs bereit, die in Zukunft immer mehr zu gangbaren hybriden Alternativen werden können. Denn virtuelle Präsenzphasen und die im Buch dargelegten Unterstützungsmethoden werden in jedem Fall fester Bestandteil moderner Lehr- und Lernszenarien sein. In meiner eigenen Lehre sind sie es schon lange und ich bin besonders für die „64 Online-Methoden" sehr dankbar!

Ich wünsche dem Buch eine hohe Akzeptanz und eine experimentierfreudige Leserschaft.

Marburg, im Juli 2020   Prof. Dr. Jürgen Handke
Uni Marburg & 3M-Solutions
RoboPraX – Robotikum

Einleitung: Eine Krise in der digitalen Steinzeit wirft Fragen auf

„Wir erleben das Ende der Universität, wie wir sie kannten", titelte die „Welt" im Mai 2020 (https://www.welt.de/debatte/kommentare/article208219581/Hochschulen-Wir-erleben-das-Ende-der-Universitaet-wie-wir-sie-kannten.html; Zugriff: 01.06.2020). Zu dieser Zeit war der (erste) Shutdown bereits beendet. Viele Schulen hatten die Versorgung der Prüfungsklassen bereits hinter sich und planten das Prinzip „flipped classrooms" für die Zeit nach Pfingsten. Wie das neue Schuljahr aussehen würde, wusste da noch niemand. Nur, dass es anders sein würde. Bereits vor über vier Jahrzehnten schrieb der Wissenschaftsphilosoph Thomas Kuhn: „Krisen sind eine notwendige Voraussetzung für das Auftauchen neuer Theorien" (Kuhn, 1976, S. 91) – und wir ergänzen – sowie Praktiken!

Die Digitalisierung der Bildungssysteme hat im Jahr 2020 einen krisenhaft ausgelösten Schritt getan. Gleichzeitig sind die paradigmatischen Linien bereits seit Jahrzehnten erkennbar. Der Corona-Impuls stammt aus einer externen Ebene, die mit der eigentlichen mediendidaktischen Diskussion um das E-Learning nicht direkt in Verbindung steht. Es wurde lediglich deutlich, dass die Digitalisierung bei der Überwindung der Raum- und Zeitschranke behilflich ist. Doch dieser Gedanke ist nicht neu, er ist bereits seit fast drei Jahrzehnten in der Diskussion.

Das Novum in dieser Krise bestand darin, dass der elementare Vorteil über die fehlenden Potenziale der digitalen Bildung nicht mehr argumentierbar war. Gleichzeitig haben auch 2020 „Medien per se keine didaktischen Potenziale" (Euler, 2004, S. 225). Dies festzuhalten scheint uns auch nach Jahrzehnten der pädagogischen Diskurse wichtig. Insofern ist aktuell nach dem methodisch-didaktischen Kern in der digitalisierten Bildung zu fragen.

Wer „wir" sind

Dieses Buch schreiben wir aus der Perspektive von Lehrern, die viele Jahre – haupt- und nebenberuflich, in der eigenen Lehre sowie im Aufbau hybrider Formate und in der Begleitung virtuell Lehrender – Erfahrungen in der virtuellen Hochschullehre und im virtuellen Coaching sammeln durften. Ausgehend von dieser Arbeit stellen wir zeitgeistige Phänomene bei Schülern und Studierenden fest. Unsere Motivation ist es, die Vorerfahrung an virtueller Lehre einer in diesem Bereich deutschlandweit führenden Fernhochschule – der staatlich anerkannten DIPLOMA – für den schulischen Bereich in der gegenwärtigen Situation als Basis anzubieten. Damit haben wir Ausgangspunkte für eine tiefer gehende methodisch-didaktische Betrachtung.

In diesem Sinne startet die Diskussion um die Digitalisierung der Bildung an einem Punkt in der Vergangenheit, an der die Zeit- und Raumschranke ein stichhaltiges Argument war. Um das Jahr 2010 herum wurde nämlich deutlich, dass eine im Wesen andersartige Lehr- und Lernkultur möglich werden kann. Zu dieser Zeit transformierten sich Fernhochschulen, die bislang über den postalischen Versand von Lehrmaterialien arbeiteten, zu virtuellen Hochschulen. Dieser Prozess ist für uns wichtig, da die geforderte personale und soziale Kompetenzentwicklung neue didaktische Formate erforderte, und damit wiederum eine virtuell adäquate methodische Kompetenz. Im Zentrum der Entwicklung neuer Formate stand der digital vermittelte Austausch zwischen Lehrenden und Lernenden.

Im Diskurs sind daher zwei Punkte besonders interessant. Erneut bewahrheitet sich eine ganz naheliegende These: Lernvorgänge sind nicht zwingend an die Gleichzeitigkeit einer schulischen Institution gebunden. Soweit scheint dies trivial. Doch der zweite Punkt ist diskursanalytisch interessanter: Im Frühjahr 2020 ist eine „Anomalie" aufgetreten, die eine Reaktion in der Diskursbildung herausfordert (vgl. Kuhn, 1976, S. 90–94). Diese Anomalie bestand darin, dass die Präsenz- und Kontrollkultur bildungstheoretisch, vor allem aber empirisch in Frage gestellt wurde. Dieses Phänomen unterlag einem nicht planbaren, relativ schnellen Prozess, der so in wesentlichen Aspekten weder steuerbar war noch bis dato hinreichend reflektiert worden ist.

Diese Anomalie war ferner dadurch gekennzeichnet, dass die Narration des traditionellen Präsenzunterrichts in eine kaum mehr zu restaurierende Debatte gestellt wurde. Die kollektiven, aus der industriellen Gesellschaft stammenden Ideen der Bildungssysteme rieben sich – und reiben sich seither – mit den individuellen Potenzialen digitaler Schul- und Hochschulbildung. – Anmerkung: An dieser Stelle soll und darf nicht unter den Tisch fallen, dass diese individualisierten Potenziale auf dem Rücken der Millionen von Eltern und vorwiegend Müttern ausgetragen wurden, die das Konzept „Homeschooling" nolens volens zu verwirklichen hatten.

Was die Ambivalenz des Neuartigen in sich trägt

Insofern stehen wir seit Frühjahr 2020 an einem historischen Ereignis, das eine Ambivalenz des Neuartigen in sich trägt. An vergleichbaren Punkten der Menschheitsgeschichte wie auch der individuellen Entwicklung eröffnet sich die Option einer „revolutionären Anpassung" (Peterson, 2009, S. 62). Das Adjektiv „revolutionär" soll hier nicht als bildungspolitischer „Kampfbegriff" missverstanden werden. Diese Bezeichnung fußt auf der Beobachtung, dass die Kompetenzerfahrung der nun zur digitalen Vermittlung gezwungenen Kollegien an einem Punkt der E-Learning-Debatte anschließt, die bereits 1990 mit der intendierten Überwindung von Raum und Zeit durch digitale Bildungsmedien startete. Dieser Hinweis lässt die angedeutete Ambivalenz bereits zeitlich sehr konkret werden: Wir müssen also von einer zeitlichen Verschiebung – um nicht zu sagen Verzögerung – von mindestens 30 Jahren ausgehen! Was eine solche Zeitspanne im digitalen Zeitalter bedeutet, dürften nicht nur medial affine Kollegen erahnen. Eine Videokonferenz-Software in einer stellenweise schon guten Infrastruktur an Schulen und Hochschulen technisch bedienen zu können, ist lediglich die Grundlage eines Diskurses über Möglichkeiten und Grenzen einer Anpassung der Bildungssysteme. Allerdings waren die technischen Fragen bis zum Ende des Schuljahres 2019/20 bzw. des Sommersemesters 2020 die meisten Anliegen aus Kollegien. Insofern bezeichnet das Adjektiv „revolutionär" den Anschluss einer seit Jahrzehnten in Bewegung befindlichen Diskussion über die Paradigmen von Bildung schlechthin. Dass diese Debatte damit ziemlich genau eine Lehrer-Generation alt ist, ist kein Zufall: Denn die tief liegenden Glaubenssätze über das Wesen über die Entstehung und Weitergabe von Wissen bilden den Kern der aufgebrochenen Debatte. Bereits sieben Wochen nach den Schulschließungen durch die Corona-Ausgangseinschränkungen lag eine erste deutschlandweite empirische Studie – quantitativ anhand von 2000 Fragebögen erhoben – zum „Homeschooling" vor. Kollegen an der Universität Konstanz-Landau wiesen zum ersten Mal nach, was Kinder, Eltern, Lehrer und Schulleiter ebenso befürchtet hatten: Dass die

Eltern-Kind-Beziehung durch die Struktur des „Homeschooling" in Mitleidenschaft gezogen wurde und – wen mag es wundern – die hinzugekommene Organisations- und Unterstützungsarbeit vor allem ein Job der Mütter war (vgl. https://www.uni-koblenz-landau.de/de/landau/fb5/aktuelles/befragunghomeschooling; Zugriff: 01.05.2020).

Die Änderung des Raumes und die Auswirkungen der (zumeist unreflektierten) Bedingung, dass das bislang Ausgelagerte – das institutionelle Lehren und Lernen – in den privaten Raum gleichsam hineingetragen wird, sind wichtige Komponenten des virtuellen Lernens. Allerdings sind – bzw. wären: im Hinblick auf den erfolgten „Sprung ins kalte Wasser" durch das angeordnete „Homeschooling" – Fragen der Selbststrukturierung, der Präsenz und Verfügbarkeit im Vorfeld zu klären, weil sie Dynamiken entfalten, die beim angelaufenen Betrieb schwer aufzuhalten sind. Diese Verlagerungen, die unausweichlich, aber in ihrer Auswirkung bei guter Vorbereitung (!) durchaus steuerbar sind, müssen im Vorfeld bewusst gemacht werden. In der Corona-Krise jedoch wurden flächendeckend Lehrende wie Lernende mitsamt ihren Eltern in ein „Lernexperiment" hineingeworfen. Lehrer wie Schüler hatten über drei Monate hinweg zu improvisieren. Zentral war dabei – das wurde in allen Gesprächen deutlich – der „Stoff" und nicht die Lehrer-Schüler-Beziehung. Lehrer, die es strukturell gewohnt sind, vor wichtigen Veränderungen eine Fortbildung zu erhalten, waren auf sich allein gestellt. Sie suchten nach Plattformen und Diensten, mit denen sie besten Wissens und Gewissens ihrer Arbeit weiterhin nachgehen konnten – und auch urheber- und datenschutzrechtliche Regeln wurden dabei oft nicht mehr beachtet. Sich „durchzukämpfen" war angesagt, in diesem angeordneten „Corona-Kampf-Modus".

Welche epistemischen Hindernisse wir sehen

Die Bildungstheorie hat auf diese epistemischen Hemmnisse in der Verbreitung von E-Learning – angesichts einer mittlerweile guten bis sehr guten Infrastruktur – schon 2007 hingewiesen (vgl. Gruber, 2007, S. 123–132). Dieser Wirkungszusammenhang ist so unstrittig, dass er bereits in der Lehrerausbildung als „Selbst- und Fremdbild der Lehrperson" zum festen Bestandteil geworden ist. Insofern macht unser Buch kein "neues Fass" auf, sondern weist auf diese Debatte aus aktuellen Anlässen hin: Die aktuell verantwortlichen Entscheider und Praktiker haben nämlich – und das ist eine entscheidende Prämisse! – kein eigenes Erfahrungsbild des Lernens und Lehrens in digitalen Medien. Damit ist die eigene Bildungsbiografie samt deren Reflexion das Gravitationszentrum des eigenen Lehrhandelns – auf das wir wie mit physikalischer Gesetzmäßigkeit zurückgeworfen werden. Daher mögen die Kollegien die zulässige Kritik geduldig ertragen, dass durch die Schließung der physischen Institution das gleichmäßige Distribuieren von Aufgabenblättern und deren umständliche Kontrolle als (so etwas wie) „Unterricht" verstanden worden ist. So manches Kollegium ist in dem sicher berechtigten Höhenflug der Kompetenzerfahrung 2020 aus mediendidaktischer Sicht an der Jahrtausendwende angekommen – andere setzen nun zu diesem Quantensprung, heraus aus der „digitalen Steinzeit", an.

Was mit ein wenig zeitlichem Abstand zwischen Zynismus und Fatalismus schwingt, ist ein simpler Zusammenhang: Die derzeit in der Digitalisierung gefragten und herausgeforderten Lehrenden können sich auf nichts berufen, was ihnen eine existenzielle Sicherheit ihrer Lehrendenrolle vermitteln könnte. Nicht die eigene Biografie und natürlich auch nicht die mitunter Jahrzehnte zurückliegende Lehrerausbildung. Doch was noch so gute Fortbildungsangebote nicht vermocht hätten, lag als Potenzial in der Corona-Krise, ganz im Sinne von

Max Frisch's Bonmot: „Eine Krise ist ein produktiver Zustand. Man muss ihr nur den Beigeschmack der Katastrophe nehmen." Jeder gute Lehrer ist auch ein gutes Stück weit kreativ. Seine Kreativität mündet in gelungener Improvisation, die stimmig auf eine bestimmte Klasse oder einen Kurs adaptiert wird. Die Schulschließungen und eine fehlende – für Behörden notwendige – Vorlaufzeit haben an diesen Basisqualitäten (ohne es zu wollen) wieder angesetzt und ganz neue, zum Teil ungeahnte Potenziale zum Vorschein gebracht. Kollegen, die sich jahrelang vor Whiteboard und Laptop gedrückt hatten, mussten ihre bewährte Komfortzone verlassen und über ihren eigenen (virtuellen) Schatten springen – in aller Regel mit Erfolg. Nach dem schrittweisen „Zurück" aus dem Shutdown sehnte sich hier und da so mancher auch zurück in sein „altes", analoges Klassenzimmer. Doch der „Rubikon" ist überschritten, ein komplettes „Zurück" in die „guten alten" Zeiten wäre für die Bildungslandschaft fatal.

Was also ist das Angebot dieses Buches? Mit dem Verweis auf eine seit circa 10 Jahren bestehende Empirie in virtuellen Lehr- und Lernsettings einer Fernhochschule soll ein reflektierter und methodisch-didaktischer Beitrag zur bildungstheoretischen und aktuellen lehrpraktischen Debatte geleistet werden. Basis für die Beantwortung dieser Fragen sind Expertengespräche, welche die Bildungsbiografie von Lehrenden mit den Erfahrungen kontrastieren, die in den letzten 10 Jahren der virtuellen Lehre zu beobachten waren. Damit repräsentieren diese Rückmeldungen die didaktischen Erkenntnisse der ersten Kohorten virtueller Studiengänge überhaupt, was mit einem Exkurs zum Designfernstudium näher dargestellt wird. Eine zweite Basis bieten erste Umfragen unter Lehrenden und Lernenden, unmittelbar nach dem Shutdown und der Wiederaufnahme des Präsenzunterrichts. Diese liefern bereits wichtige erste Erkenntnisse und sollen in den nächsten Monaten (mehr war bis zur Drucklegung nicht möglich) noch qualitativ untersucht werden. Über die Synthese dieser Datenquellen war es möglich, ein vielschichtiges Bild dieses – für alle Schulen und viele Hochschulen in Deutschland – neuen Phänomens als Praxisleitfaden zu entwickeln.

Eine dritte Perspektive auf das Thema ergab sich durch die Reflexion von Methoden, die sich durch das virtuelle Coaching in den letzten Jahren erfolgreich etabliert haben und die für einen als Coaching verstandenen Unterricht einen methodisch-didaktischen Gewinn darstellen.

Nach einem knappen theoretischen Teil zur grundsätzlichen Frage nach gutem Unterricht versteht sich der eigentliche Hauptteil des Buches als methodischer Praxisleitfaden. Entlang von Prinzipien, die aus dem Coaching und der Schulung von virtuell Lehrenden entstanden sind, wird über tatsächlich erlebte Lehr-Lern-Situationen verdeutlicht, wo die Unterschiede und Gemeinsamkeiten zwischen Präsenz- und virtuellem Unterricht liegen. Dies soll aus der alltäglichen Sicht von Lehrenden deutlich werden, sodass die gemeinsame Reflexion auf die personale und die methodische Kompetenz lehrpraktisch nachvollziehbar wird. Um beide zu stärken, und damit den klassischen Schwerpunkt des Unterrichts – die Beziehungsdidaktik – werden im praktischen Schwerpunkt 64 Methoden vorgestellt (wobei sich die Zahl im Laufe der Lektüre, spätestens am Ende des Buches erschließen wird). Zwar ist mit dem Frühjahr 2020 eine Vielzahl an Einzelhinweisen und Sammlungen zu Apps und digitalen Tools für virtuelle Lehre und Fernunterricht entstanden. Wir knüpfen bewusst nicht daran an. Dass ist keine Wertung über dieses große Engagement und die kreativen Suchbewegungen. Doch wir gehen in unserem Unterricht und unserer Lehre nach dem Credo vor: Was sich im analogen Raum bewährt hat, muss als erstes für den virtuellen Unterricht auf Brauchbarkeit überprüft – und dann adaptiert und so zu sagen in die Digitalisierung hinüber „gerettet" werden. Auch, dass wir in diesem Buch sparsam mit Hinweisen auf entsprechende Apps und digitale

Tools sind, bedeutet keine Ablehnung gegenüber diesen Instrumenten. Viele davon nutzen wir selbst. Doch ist erstens nicht absehbar, wie lange die einzelnen Angebote auf dem Markt sind, wie sie sich entwickeln und – auch – in welche Abhängigkeit sie Schüler und Lehrende bringen werden. Und gilt zweitens – in der prinzipiell hohen Komplexität der virtuellen Lehre – ein Grundsatz aus dem Analogen umso mehr: Weniger ist mehr.

Kommt es „auf uns Lehrende an"?

Diese Aussage ist bekanntermaßen aus dem zentralen Ergebnis der Bildungsstudie des australischen Bildungsforschers John Hattie (vgl. Hattie/Zierer, 2018) entlehnt. Seine kurze, aber prägnante Botschaft lautete: „Know thy impact!" Daher möchten wir an erster Stelle den Lehrpersonen einen zentralen Gedanken widmen: Den Berufsstand des Lehrers treibt ein gewisser Idealismus an. Was Hattie – nicht neu, aber wieder – betont hat, ist die Frage nach der Wirksamkeit des methodisch-didaktischen Handelns. Und an dieser setzen auch wir an. Denn Lehrende haben nicht den Auftrag, Stoff zu vermitteln, sondern einen Bildungsauftrag, im vollumfänglichen Sinne dieses Wortes. Auch unsere Haltungen und Formate sind geprägt von der Vorstellung, über gute Ideen Menschen auf gelingende Wege zu leiten und durch eine ganzheitliche Bildung die Welt „etwas besser zu machen".

Sind damit die Bildungseinrichtungen und Lehrenden so digital wie nie? Und sind das die besten Voraussetzungen für die Umsetzung des Humboldtschen Bildungsideals? Sind wir Zeugen der historischen Ablösung der Industriegesellschaft mit einer noch im Entstehen begriffenen digitalisierten Wissensgesellschaft? So ideal ist es leider nicht. Sonst bräuchte es auch dieses Buch nicht. Denn in der idealistischen Sichtweise der Lehrenden steckt ein wesentliches Problem: Wir reproduzieren über unser eigenes Lehrhandeln unsere individuelle Vorstellung darüber, wie Wissen entsteht und dieses Wissen in Bildungseinrichtungen weitergegeben wird. Dabei haben wir naturgemäß keine andere Möglichkeit, als auf unsere eigene Bildungssozialisation zurückzugreifen. Diese Ausgangssituation an sich trifft keine Schuld – gerade, weil Lehrende aus einer tiefen persönlichen Überzeugung heraus handeln, ist dies gut und richtig. Allerdings ist beispielhaft die eigene Lerngeschichte sehr wirkmächtig für die Motivation zum Lehrberuf wie für die Art und Weise des Lehrens in praxi. Dies wird in Coachings von angehenden Lehrenden immer wieder deutlich. In der Regel gibt es da eine oder einen, der als Vorbild fungiert (hat). Die b&w-Redakteurin Maria Jeggle hat dazu festgestellt: „Erstaunlich ist, wie präsent die eigene Schulzeit bleibt, selbst nach 30, 40 Jahren (…) Lehrkräfte, die ermutigen, die Begeisterung auslösen oder im schlechten Fall verletzen, bleiben ein Leben lang im Gedächtnis" (Jeggle, 2019, S. 18).

Dieser Wirkungszusammenhang aus Sozialisation, Modelllernen, Kopieren, Abgrenzen und Idealismus … ist also keineswegs neu. Aber er prägt sich in den aktuellen Jahren im Kontext der Digitalisierung stärker aus. Einer der Autoren blickt selbstkritisch zurück:

„Als leidenschaftlicher Junglehrer einer berufsbildenden Schule hatte ich im Typografieunterricht die beliebte Gewohnheit, die Tische aus der industriellen und militärischen Anordnung in kleine Arbeitsgruppen zu stellen. Ich liebte es, mit einem Stapel weißem Papier und Bleistift durch die Gruppen zu ziehen und in direktem Kontakt das jeweilige Projekt der Schülerinnen und Schüler zu besprechen. Das entsprach nicht zuletzt meiner eigenen Erfahrung in den Ateliers der Kunsthochschule. In dieser Situation kam ein Kollege auf mich zu. Er trug mir sein Projekt an, für eine Fernhochschule einen Studiengang im gestalterischen Bereich zu entwickeln. Und

ich reagierte reflexhaft mit Skepsis. Aus purer Kollegialität sagte ich meine Mitarbeit beim Studienmaterial zu, obwohl ich vom Scheitern überzeugt war. Ich dachte dabei an Fernkurse, die auf der Rückseite von Fernsehprogrammheften beworben werden und eben nicht an akademische Bildung. Als das Studienprogramm Jahre später anlief und ich als Lehrender meine Vorlesungen gab, geschah etwas Erstaunliches: Ich sah, welche Talente von einem staatlichen und bis zu diesem Zeitpunkt auch privaten Bildungssystem ausgeschlossen waren. Und wie dankbar, konstruktiv und mit welchem Niveau die Studierenden diese Angebote annahmen. So wurde ich vom Saulus zum Paulus und vom argwöhnischen Kritiker zum leidenschaftlichen Verfechter von Fernunterricht. Denn didaktisch stand ein gänzlich neues Feld offen: Es wurde klar, dass die Frage, wie ästhetische Bildung und sozialer Lernraum in einem digital strukturierten Feld entwickelt und optimiert werden kann, zur zentralen Frage für mich als Lehrer und später als Forscher werden würde."

Zur eigentlichen Problembeschreibung gibt es eine Vielzahl von externen und internen Hemmnissen, die eine Entwicklung und Verbreitung von digitalen Anwendungen in Lehre und Unterricht bremsen. Dabei möchten wir ganz selbstkritisch einige interne Faktoren benennen: Als leidenschaftliche Lehrer begegneten auch wir dem augenscheinlich fehlenden sozialen Lernen und dem offensichtlich abwesenden Sozialraum mit Vorurteilen, Sorge und auch schlichtweg fehlenden Erfahrungen. Aber auch externen Aussagen von Schulleitungen, den Kultusministerien sowie öffentlicher Einrichtungen war in der Corona-Krise zu entnehmen, dass diese nur vage formulierte Modeerscheinung aufgrund ihrer Intransparenz in den Kollegien finanziell wie ideell nur unzureichend unterstützt wurde. So versandeten viele gut gemeinte – sicher ebenso idealistische – Versuche in politischen Sonntagsreden, auf pädagogischen Tagen oder in Schubladen der Hochschuldidaktik.

Mit allein diesen externen und internen Barrieren lässt sich aber die nur schleppende Durchsetzung von blended Learning und E-Learning nicht erklären. Denn die oben beispielhaft aufgeführten landläufigen Gründe würden daraus hinauslaufen, dass der idealtypische, „durchschnittliche deutsche Lehrer" diesem Phänomen schlichtweg inkompetent gegenübersteht. Doch das ist nicht der Fall. Gleichzeitig wird dieser Umstand mit dafür verantwortlich sein, wenn der Berufsstand des Lehrers in der – noch ausstehenden – Reflexion der Corona-Krisenbewältigung nicht so gut abschneiden wird. Nahezu alles, was die Lehreraus- und -fortbildung ausmacht, wurde in der Krise auf Eis gelegt. Und die Lehrer hatten sich mit dem zu behelfen, was auch grundständig zu ihrer Kompetenz gehört: einem guten Schuss Improvisation. Dieser Umgang soll hier nicht kritisiert werden, doch weiß auch jeder, dass nichts länger anhält als Provisorien. Insofern besteht die große Herausforderung „nach Corona" darin, aus den vielen – mehr oder weniger – provisorischen Notfall-Lösungen Konzepte zu entwickeln, die tragfähig und nachhaltig sind. Dann wäre die Krise eine Chance für das digital steinzeitliche deutsche Schul- und in den meisten Fällen Hochschulsystem. In diesem Sinne gehen wir davon aus, dass sich deutschen Schulen fortan vor allem an ihren neuen, in der Krise begonnenen Konzepten messen lassen müssen.

Bei allen Aufbrüchen gilt aber: In der Improvisation konnte nicht auf ein Erfahrungsbild zurückgegriffen werden. Diese Situation war für Lehrende gänzlich neu. Wir sehen also, dass im Rückgriff auf die eigene Bildungssozialisation die eigentliche Problematik liegt, die in der Hochschuldidaktik bereits breit und tief untersucht wurde. So kommt eine Studie mit dem Titel „Über die Rolle des epistemischer Überzeugungen für die Gestaltung von eLearning – eine empirische

Studie bei Hochschullehrenden" (vgl. Gruber, 2007) zu diesem zentralen Ergebnis: Durch die Beschäftigung mit E-Learning kommt es kaum zu Veränderungen der epistemischen Überzeugungen – die Befragten aus den Fächern der Wirtschaftsinformatik und der Pädagogik auf professoraler Ebene wie des Mittelbaus machten deutlich, dass die subjektiven Auffassungen von Veränderungen ihrer eigenen Rolle als Lehrpersonen, der Auffassung über die Natur von Wissen und über die Rolle der Lernenden kaum verändert wurden.

Dieser Befund ist die eigentliche Begründung, warum die Settings von E-Learning genau diese drei Ebenen verändern: Die Rolle der Lehrenden, die Rolle der Lernenden sowie der Vorgang des Kompetenzaufbaus selbst kommt in den Rahmenbedingungen von E-Learning massiv in Bewegung – wird aber gleichzeitig zu wenig bis gar nicht angemessen reflektiert. Da diese Bewegung der epistemischen Auffassungen für Lehrende grundsätzlich problematisch ist, begründet dies eine bislang geringe Verbreitung von E-Learning. Dies mag verwundern, da die technologische Entwicklung sowie die Infrastruktur zunehmend optimiert wurden – und werden. Allerdings sind Veränderungen in den ästhetischen Auffassungen nachgewiesen träge. Damit wurde das Potenzial von E-Learning auf den genannten drei Ebenen bisher mittelfristig weitestgehend nicht ausgeschöpft.

Damit kommen wir zu einer grundlegenden These unserer Lernforschung: dass eben diese Vorstellungen über das Entstehen und die Weitergabe von Wissen (und Kompetenz) in den Bildungseinrichtungen der zentrale Punkt ist, über den nachzudenken ist! „Know thy impact" – Wisse, was du als Lehrer bewirken kannst! Übertragen auf die (zumindest) ersten Wochen des „Homeschoolings" – der vielfach verwendete Begriff wird vorliegend in Anführungsstrichen gesetzt, weil dies mit Unterricht wenig zu tun hatte – bedeutet das: Bewirkt wurde eine Flut an Arbeitsblättern, überforderte Schüler und vor allem Eltern – das heißt in aller Regel Mütter. Das, was guten Unterricht erwiesenermaßen ausmacht – v. a. durch Individualisierung, Interaktion, Feedback, Wiederholung und Lernspiralen … – trat hinter die „Versorgung mit Stoff" zurück. So tief und fest sitzen sie also, die sozialisierten Muster der eigenen Lerngeschichte.

Der Schulpädagoge Hilbert Meyer spricht von der „persönlichen Theorie guten Unterrichts" (Meyer, 2007, S. 82). Diesen Ansatz fordern wir auch für die virtuelle Lehr- und Lernwelt ein. Er ist Gegenstand dessen, was unter dem Begriff „teacher beliefs" (vgl. Elmer/Pauli/Reusser, 2011) pädagogisch erforscht wird. Wichtig zu betonen – und hier auf den Bereich des virtuellen Lehrens und Lernens zu übertragen – ist, was Meyer so selbstverständlich konstatiert: „Persönliche Theorien steuern die Wahrnehmung des Unterrichts und auch die im Prozess getroffenen Entscheidungen viel stärker als Theoretiker-Theorien" (Meyer, 2013).

Im Personal und Business Coaching ist die „Wunderfrage" ein übliches Tool, um Visionen zu entwerfen – und um von diesen her Ziele und Maßnahmen zu entwickeln. Darin spielen vor unserer Fragestellung *die* Lehrenden eine Pionierfunktion, die derzeit – nicht nur in Zeiten von Corona, sondern – in den in Nischen arbeitenden virtuellen Studiengängen eine weitere Bildungssozialisation erhalten (haben). In diesen „Nischen" tummeln sich viele gute und in ihrer beruflichen Tätigkeit sehr bewährte akademische Fach- und Führungskräfte. Insofern ist dieses Format, die Hochschullehre durch hoch qualifizierte nebenberufliche Dozenten zu ergänzen, in aller Regel eine Bereicherung für die Hochschullandschaft. Insbesondere praktische Studienrichtungen profitieren davon. Gleichwohl ist der Unterschied zwischen Dozent und Lehrer zu reflektieren – wobei auf das „Dozieren" im Gegensatz zum Unterrichten im folgenden Kapitel eigens eingegangen wird. Ein Lehrausbilder, der für den Direkteinstieg von Diplom-Ingenieuren in den gewerblichen Schuldienst verantwortlich war, fasst diese Problematik pointiert so zusammen:

„Der mag zwar ein hervorragender Fachmann sein, aber ein Lehrer wird er nicht. Der Mann hat seit fünfzehn Jahren eine Abteilung geleitet und ist über 40. Wer so viel Erfolg hatte, der muss in dem Alter bereits beratungsresistent sein."

Hier mögen vielleicht Vorurteile mitschwingen, aber die Erfahrung des – älteren – Kollegen weist eindringlich darauf hin, dass es im Unterricht nicht vorrangig um das „Trichtern" von „Stoff" gehen kann. Folglich wird die Bedeutung des Lehrenden nur dann weiter zu eruieren und in die Aus- und Weiterbildung zu integrieren sein, wenn die im virtuellen Kontext vorherrschenden – oder vielmehr unbewusst vorhandenen, aber das ist unwesentlich, denn sie beeinflussen in jedem Fall – „teacher beliefs" thematisiert werden. Und zwar im Hinblick auf das eigene Selbstbild und Rollenverständnis sowie hinsichtlich der Wirksamkeit auf Lernende.

Erkenntnisreich ist eine Beschäftigung mit einer Generation von Lehrenden, die ihre fachliche Bildung aus virtuellen Kontexten haben. Konsequenterweise haben sie als Kollegen in Fernhochschulen nicht im Ansatz die Krisenerfahrungen, ein Lehrsystem neu denken zu müssen. Aber als im doppelten Sinn Autodidaktiker setzen sie Paradigmen um, die für uns „alte" Lehrergeneration inspirierend sein können. Eine Vertreterin aus dieser Generation von Lehrenden, die ihre Bildungssozialisation in virtuellen Lernräumen erhalten haben, äußerte sich so:

„Das war mir nicht bewusst, dass ich jetzt die erste Generation bin, die es vom virtuellen Student zum virtuellen Dozent geschafft hat (…) Zum einen natürlich kann ich mich mit den Studenten sehr gut identifizieren, wenn sie Sorgen und Ängste haben. Oder Fragen. Ich weiß, wie wichtig es ist, dass man klare Ansagen macht (…) Manche meiner Dozenten haben sich immer sehr nebulös gehal-

ten. Da hat so der Kontakt gefehlt. Und darum finde ich es eben wichtig, dass man klare Ansagen macht, gerade was Organisation angeht (...) Als Dozent muss man seinen Plan verfolgen und (...) expliziter Vorgaben machen, was eben gerade Zeitplanung angeht, wenn man bestimmte Übungen oder Frage-Sessions macht. Man muss mehr auf die Zeit achten (...) Wenn die eigentlich real Studierenden in einer virtuellen Vorlesung sind, dann sind die Studenten sehr viel proaktiver. So kenne ich es aus meiner Zeit als Studentin. Also wenn ich so eine Szene vor Augen habe, man sitzt da und dann ist man so in seinem Tunnel und man sieht den Dozenten. Dann stellt der Dozent eine Frage. Es sind immer die gleichen Studenten, die mit dem Dozenten interagieren. Es gibt viele, die diese Anonymität nutzen und unter dem Deckmantel der anderen so mitschwimmen. Die interagieren kaum (...) Virtuell sind die Studenten proaktiver und ergreifen von sich aus Initiative, zeigen und laden was hoch und so (...) Barrieren gab es eigentlich nicht. Und wenn dann konnte ich sie eben aus der Welt schaffen, in dem ich klare Ansagen machte, es gut organisierte und die Studenten so abholte."

Hier wird exemplarisch deutlich, wie sehr der subjektive Blick des Lernenden Eingang findet in die eigene Unterrichtsgestaltung. Einmal mehr bewahrheitet sich hier die Notwendigkeit einer Empathie in der Unterrichtsvorbereitung: Denn durch den „Tunnel" in die virtuelle „Blase" der Studierenden zu gelangen ist ein bestechendes Bild für eine handlungsleitende Unterrichtsmetapher:

„Wie gesagt, also ich finde halt, wir leben alle in unserer kleinen Blase. Ja, wir leben alle unser eigenes kleines Leben, von dem die anderen außerhalb von der Uni nichts mitbekommen (...) Ich sehe meine Kommilitonen und die sehen mich ja nur auf dem Bildschirm (...)

ansonsten sind diese Menschen in meinem Leben nicht vorhanden (…) ich bin mir ziemlich sicher, dass keiner von meinen Kommilitonen auch nur einen Gedanken daran verschwendet, was ich den ganzen Tag mache. Genauso wie es mich andersrum, ehrlich gesagt herzlich wenig interessiert" (Lanig, 2019, Anhangband 3, S. 75).

Wahrnehmungen wie diese haben uns für die Metapher der eigenen „Blase" sensibilisiert – dazu später mehr.

Oder kommt es auf den Unterricht an?

So wird es leicht nachvollziehbar, weshalb Hilbert Meyer dem Hattie-Diktum die Perspektive des Unterrichts gegenüberstellt (Meyer, 2013). Was auf den ersten Blick als Widerspruch wirken kann, ist als Ergänzung zu verstehen. Mit Hattie betont Meyer die pädagogische Wirksamkeit, die der Lehrende hat bzw. haben kann und die es immer wieder zu reflektieren gilt: Wie wirke „ich", meine Sprache, meine Arbeitsaufträge, meine Präsenz im Raum … wie wirkt letztlich meine Persönlichkeit als Lehrender? Denn wenn ich das Lernen als Lehrer zu organisieren, zu strukturieren und zu steuern habe, muss ich um diese Wirkungen wissen, um all dies auch adressatengerecht umsetzen zu können. Dass aber Unterricht mehr ist als die beste Organisation, Struktur und Steuerung, wird wiederum – und nicht zuletzt – am „Corona-Homeschooling" deutlich. Denn all das haben die allermeisten Lehrer bestmöglich versucht umzusetzen. Doch es blieben große Unzufriedenheiten, nicht nur bei den Elternhäusern, sondern auch bei den Pädagogen selbst. Ein Kollege, der seine ersten Jahre an der Schule gut hinter sich gebracht hatte und aufgrund seines Alters auch sehr affin für digitale Plattformen war, sagte im Coaching:

„Ich freue mich so darauf, wenn ich meine Schüler mal wieder in echt sehe. Das, was nebenbei läuft, worüber wir spontan lachen, was dem Unterricht auch Menschlichkeit und Lebensqualität gibt, das fehlt mir alles im Digitalen. Nein, es macht mir gerade und zum ersten Mal im Leben keinen Spaß mehr Lehrer zu sein. Ich lehre ja auch gerade nicht, ich fertige Materialien an, als wenn ich Autor eines Schulbuchverlages wäre ..."

Dieser Hinweis soll nicht bedeuten, dass all das, was der junge Pädagoge vermisst hat, im virtuellen Raum nicht möglich wäre. Die langjährige Erfahrung unserer virtuellen Schulungen und des kollegialen virtuellen Coachings sieht eindeutig anders aus. Aber es braucht einige Jahre der Entwicklung, bis sich ein vergleichbarer Zustand – auf beiden „Seiten" – einstellt. Und dieser beginnt immer mit der Reflexion. Insofern wären Rückmeldungen wie diese für die Bildungssysteme von entscheidender Bedeutung. Denn nur, wenn der Lehrende seine Wirksamkeit durch eine implementierte – und auch gewollte – Feedbackkultur immer wieder neu „einholt", kann er diese blinden Flecken seiner eigenen Wahrnehmung ausgleichen und die Qualität seines Unterrichts optimieren. Kollegen, wie dem hier beispielhaft angeführten, ist dieser Umstand offenbar intuitiv bewusst. Entscheidend für die Weiterentwicklung schul- und hochschulischer Strukturen wird es aber sein, ob und inwiefern diese Erfahrungen auch vom jeweiligen System eingeholt wurden – und zwar zeitnah und nicht zum ersten Mal im Herbst 2020 – und werden. Denn wie Lehrende brauchen auch diese ein breites und differenziertes Feedback. Nie war es so flächendeckend vorhanden wie jetzt – insofern besteht in der Corona-Krise für die Weiterentwicklung von Lehren und Lernen eine riesige Chance.

Neben der anhaltenden Reflexion der Persönlichkeit und Wirksamkeit des Lehrenden sowie der „teacher beliefs" muss bei dieser doppelten Herangehensweise deshalb die erste Frage sein:

Und: Was ist eigentlich „guter" Unterricht?

Denn, nur wenn hierüber weitestgehende Einigkeit besteht, ist es möglich, den Blick auf die Frage nach einem guten Fernunterricht und einer guten virtuellen Lehre zu richten. Anders gefragt: Wodurch wird und wann ist Unterricht „gut"?

Um nochmals bei Hattie anzusetzen, können die *Glaubwürdigkeit des Lehrenden*, seine im Lernprozess gegebenen *Rückmeldungen an die Lerngruppe*, die *Anregung zur Diskussion* im Unterricht, eine *verständliche und klare Sprache* des Lehrenden sowie – wie oben bereits angedeutet – regelmäßiges *Feedback von Seiten* der Lernenden als die fünf wichtigsten so genannten inferenten Faktoren betrachtet werden (vgl. Hattie, 2012, S. 251–254). Hilbert Meyer hat diese Erkenntnisse in seiner Hattie-Analyse durch die ältere Lehrerbildungs-Metaanalyse von Seidel & Shavelson (vgl. Seidel/Shavelson) bestätigt. Und fordert daraus für einen guten Unterricht: Er ist durch ein angemessenes *Lerngerüst* – scaffold leitet er aus der englischsprachigen Unterrichtsforschung ab – gekennzeichnet. Dieses „Geländer" garantiere sowohl den individualisierenden wie den kooperativen Unterricht, freilich in einer gelungenen Mischung: „Wichtiger als der leidige Streit über die Frage, ob offener Unterricht besser als der herkömmliche lehrerzentrierte Unterricht ist, ist die Frage, welche Lerngerüste in allen Grundformen aufgebaut werden" (Meyer, 2013, S. 9).

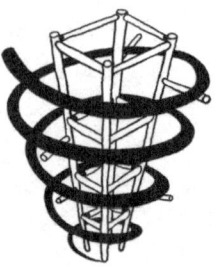

Abb. 1: Scaffolding durch ein Lerngerüst

Mit diesem Hinweis wird auch klar, dass es nicht *das* eine verbindliche Rezept für den guten Unterricht geben kann. Doch es bestehen bewährte Ansätze, die auf die virtuelle Lernwelt zu übertragen lohnenswert sind. Denn sie formulieren Prämissen, die unabhängig von Alter und Schulart sowie ebenso von Unterrichts- und Studienfach gelten. Ein weitestgehend geteiltes pädagogisches Axiom ist das Verständnis von *Unterricht als Bildungsgeschehen*. Wird dieser Auftrag vom Lehrenden verinnerlicht, so wird bereits dieser Begriff fragwürdig, da sich das „Lehren von etwas" bereits auf die Prozesshaftigkeit des „Lernens von" verschiebt. Insofern ist es konsequent, wenn die *Erziehung zur Selbstständigkeit* als eines der nächsten Ziele abgeleitet wird. Wolfgang Klippert hat diesen Ansatz zu den Visualisierungen „Lernspirale" und „Haus des Lernens" ausgebaut (vgl. Klippert, 2001). Beide sind aufgrund ihrer Bildsprache anschaulich und eingängig: Mit Hilfe der *Lernspirale* „bohrt" sich der Lernende in seiner Geschwindigkeit in das Thema – im besten Fall in eine für ihn individuell motivierende Herausforderung – hinein. Um dieses komplett „gebohrt" zu bekommen, bedarf es mehrerer Schritte, auch des „Herausziehens" des Werkzeuges, sodass sich diese Methode durch ihre Strukturierung und ihre bewusste Mehrstufigkeit – in Analogie zum Werkunterricht: Anreißen, Vorbohren, Nachbohren, Entgraten – auszeichnet. Ein solches Vorgehen ist zudem nur durch eine Mischung aus Schüleraktivierung, individualisiertem und kooperativem Lernen möglich. Es braucht Phasen der Begleitung und Förderung, Zeit für Rückfragen und Bestätigung. Somit fordert Klippert bereits mit dieser – einen – Methode Kompetenzorientierung. In seinem *Haus des Lernens* bringt er diesen Ansatz in eine Struktur: Das *eigenverantwortliche Arbeiten und Lernen* – „EVA" – gelingt nach Klippert dann, wenn *Fach-, Sozial- und Methodenkompetenz* gleichwertig im Bildungsprozess berücksichtigt werden. Die Lernarbeiten der Schüler und die Organisationsformen des Lernens werden so gewählt, dass sie alle drei Kompetenzen gleichermaßen erfüllen. Das pädagogische – bildlich im Dachgeschoss angesiedelte – Ziel so verstandenen Lehren und Lernens ist die ausgeprägte *persönliche Kompetenz* des Schülers mit fundierten, fachlich übertragbaren *Schlüsselqualifikationen*.

Forscher wie Franz Weinert unterstützen diesen praktischen Ansatz, wenn sie fordern, „träges Wissen" in „intelligentes Wissen" zu überführen, ebenso Neurowissenschaftler wie Manfred Spitzer, wenn sie vom Aufbau „synaptischer Wissensstrukturen" sprechen. Doch was bedeuten diese Erkenntnisse in der unterrichtlichen Praxis? Selbststeuerung und Handlungsorientierung, die Balance von Schüleraktivierung und Lehrerlenkung, ebenso von Fordern und Fördern, eingeleitet durch gute Inputs, unterstützt durch wechselnde Sozialformen, mit Zeit zur Kooperation und zum eigenständigen Üben und Vertiefen, und immer wieder Feedback.

An dieser Aufzählung wird deutlich, dass guter Unterricht eine Kunst ist. Er gleicht einem guten Klavierstück, das zwar jedes Mal nach denselben Noten vorgetragen wird, das sich aber immer neu und variiert darstellt. Insofern erscheinen wesentliche Leitkategorien – gleichsam als „Gerüst" – auch für Lehrende in ihrer Aus- und Weiterbildung sinnvoll.

Der Unterrichtsforscher Andreas Helmke fasst seine Untersuchungen in zehn Merkmalen guten Unterrichts zusammen:

1. *effiziente Führung* der Lerngruppe unter Berücksichtigung der Zeitstruktur,
2. ein lernförderliches *Unterrichtsklima*,
3. *Motivierung* auf vielfältige Weise,
4. verlässliche *Struktur* und Klarheit,
5. Wirksamkeit und *Kompetenzorientierung*,
6. *Schülerorientierung* und individuelle Unterstützung – in weiterführender Literatur als Lerncoaching bezeichnet –,
7. Förderung zum *selbstständigen Lernen*,
8. ein dem Lernziel angemessener Einsatz von Sozialformen und *Methoden*,
9. *Konsolidierung* des Inhalts und Übungsphasen sowie
10. das Herstellen von *Passungen* (vgl. Helmke, 2006).

Abb. 2: Stufenkonzept in Anlehnung an Helmke 2006

Mit anderen Worten: Ein guter Unterricht aktiviert und motiviert die Lernenden. Er lebt von einer Ausgewogenheit von Inhalten, Ritualen, Anleitung und Selbstständigkeit. Er sorgt für die nötige Klarheit und Sicherheit im Bildungsgeschehen und ist methodisch gestützt. Dabei wird hinreichend Zeit für das Erlernen der Methoden eingeplant. Reflexion und Rückmeldung sind selbstverständliche Bestandteile guten Unterrichts. Durchaus: ein „dickes Brett". Die Herausforderung besteht jedoch in dieser grundsätzlichen Komplexität dessen, was – guter – Unterricht ist und wie er methodisch-didaktisch reflektiert – also vor- und nachbereitet – wird. Die Übertragung auf die virtuelle Lernwelt erscheint vor diesem komplexen Anspruch keine allzu große Hürde zu sein, bedarf allerdings, ebenfalls wie die Frage nach gutem Unterricht, der Anbindung an pädagogische Grundlagen.

Kapitel 1

Methodik oder Didaktik?

Denn oft beginnt es mit dieser grundsätzlichen Unschärfe: Man redet von Didaktik, meint aber eigentlich methodische Fragestellungen. Oder man lässt sich über Methoden aus, ohne ihren Einsatz didaktisch zu reflektieren. Freilich: Beide Fachbegriffe gehören zusammen, doch meinen sie nicht Dasselbe. Deshalb ist vor methodisch-didaktischen Überlegungen diese Klärung wichtig, ohne dabei „schulmeisterlich" wirken zu wollen. Eine Referendarin äußerte sich nach einer Lehrprobe so:

> *„Das war so genial vorbereitet, die Schüler waren voll dabei und ich habe fast alle meine Ziele erreicht. Ich verstehe nicht, wieso sie immer wieder auf diesem einen Punkt (ob das auch für die Schüler bedeutsam war) rumgeritten sind. Vermutlich wollten sie es mal wieder nur runterdrücken."*

Eine Unterrichtsstunde ist ein einmaliges Geschehen, das so nie wiederholt werden kann – auch darin besteht der Reiz und die Lebendigkeit des Unterrichtens –, das aber deshalb auch nur bedingt vorzubereiten ist. Viel ist von der Atmosphäre und natürlich auch von dem eigenen Umgang mit der Besucher- und Bewertungssituation abhängig, ebenso wichtig ist aber die klare, von den methodisch-didaktischen Überlegungen gesteuerte Strukturierung. Und diese wird umso präziser, je klarer das Verständnis über Methodik und Didaktik ist.

In der Regel zieht sich ansonsten diese Unschärfe – bei allem gründlichen Korrekturlesen als Mentor – durch das Unterrichtsgeschehen, teils in die Formulierung der Arbeitsaufträge, in den Umgang mit unvorhersehbaren „Störungen" … sowie in die im Prozess sich ergebende Änderung der Zielebene hinein.

Die Kunst zu lehren

Im Gespräch mit einer virtuell Studierenden wurde deutlich, wie sehr die Aneignung des persönlichen Bildungsziels und die tagtägliche Verwirklichung im Unterrichtsgeschehen eine tragende Rolle spielen:

> *„Das Lernziel sei das und das und das (…) es ist für mich das persönliche Lernziel   ein anderes, würde ich sagen. Das hat weniger nur mit Nachahmen zu tun, sondern einfach auch damit, was man über sich selber lernen möchte"* (Lanig, 2019, Anhangband 3, S. 29).

Interessant ist daran, auf welche Weise die Studierende eine Abgrenzung der Aneignung zum „Nachahmen" zieht. Dass diese Subjektivierung in der virtuellen Lehre eine ganz neue Sicht auf die im Grunde alte Forderung der Individualisierung von Unterricht wirft, zeigt sich im Distanzlernen ganz besonders. Dieser Bogen in der Historie der Didaktik soll an dieser Stelle geöffnet werden:

Didaktik als Wissenschaft des Lehren und Lernens entstammt dem griechischen Wort – für „Lehren" – *didáskein*. Dieser Ursprung verweist darauf, dass es bereits in der antiken Bildung selbstverständlich war, sich differenziert Gedanken darüber zu machen, was Lehre bedeutet und wie Lernen funktionieren – oder um es weniger mechanistisch zu formulieren: glücken – kann. Dieses Erbe sehen wir als Verpflichtung. Denn jeder Praktikant, Referendar und auch noch

Junglehrer kennt das Phänomen, tagelang nach „geeignetem Material" Ausschau zu halten, Arbeitsblätter zu bunkern, zum pädagogischen „Jäger und Sammler" zu werden – um darüber diese Grundfrage leider aus dem Auge zu verlieren. Nimmt man – beispielhaft – die Leitfrage von Hilbert Meyer und Werner Jank zugrunde, so wird die Einschränkung dieser oft tagelangen Suche und (vermeintlichen) Optimierung deutlich:

Wer soll *was, wann, von wem, mit wem, wo, wie, womit* und *wozu* lernen?

So lässt sich nach den beiden Schulpädagogen Didaktik in einem Satz fassen (vgl. Meyer/Jank, 1994, S. 17). Sowohl für den klassischen Lehrer in Ausbildung als auch – in diesem Kontext – für den ins Virtuelle einsteigenden Kollegen kann diese Leitfrage die Struktur und Priorisierung vorgeben. Beispielhaft lag in der angeführten Bemerkung die – klassische – Verengung auf das „Was" vor, das Diktum von Hilbert Meyer und Werner Jank indes kann den Blick zuallererst auf die Gruppe – das „Wer" – lenken. Denn mit dieser „Adressatenanalyse" sollte jede gute Planung beginnen. Die zitierte Kollegin in Ausbildung hatte ihren Unterricht für die konkrete Klasse zu „steil" angelegt. Die Schüler gingen – um nicht zu sagen: „spielten" – zwar mit, aber ihre Antworten waren nicht authentisch.

Dem aufmerksamen Leser wird nicht entgangen sein, dass der Unterschied zwischen Methodik und Didaktik damit noch nicht beantwortet ist. Seit Comenius – der als „Vater der modernen Didaktik" gilt (und die Kunst des Lehrens übrigens auch noch von der Kunst des Lernens – „Mathetik" – abgegrenzt hat), haben sich viele „Didaktiken", didaktische Schulen und Modelle entwickelt. Obwohl dies pädagogisch bedeutsam war, hat das aber auch einen Haken: Unübersichtlichkeit. Ein Lehramtsstudent sagte am Ende seines Schulpraktikums:

„Vielen Dank, ich habe bei Ihnen so viele Methoden kennengelernt. Das lief immer wie von selbst bei Ihren Schülern. Und die Methoden haben immer auch zu klasse Ergebnissen an der Tafel geführt. Ich denke, ich habe meine Didaktik genial verbessert. So kann ich gut in's Ref. einsteigen und werde es sicher auch top hinkriegen."

Diese Begeisterung für Methoden bestätigte ein Studienleiter wie folgt:

„Es gab Jahre, da haben Referendare einen wahren Methodenzauber veranstaltet. Ich muss zugeben, es hat auch so manchem imponiert und man war auch als gestandener Lehrer und Ausbilder ein wenig abgelenkt und hat sich dann vielleicht nicht immer auf alle Prinzipien bei seiner Analyse konzentriert."

Um den – auch didaktisch wichtigen – Spannungsbogen nicht überzustrapazieren: Was oben das „Was" war, ist hier das „Wie". Und da diese Vermengung gerade am Anfang von Lehre und Unterricht kontraproduktiv ist, halten wir es mit Wolfgang Klafki, der das „Wie" aus der Didaktik konsequent herausgenommen hat. So wichtig ihm die – in einem Buchtitel gefasste – didaktische Analyse ist, so eigenständig ist für ihn die Frage nach der Anbahnung und der Organisation der Lernprozesse. Und genau diese „Wie"-Frage bezeichnet die Methodik. (vgl. Klafki, 1986). Das Wie allein ist auf unzählige Weisen möglich. Zugleich ist für die Motivation und die Begeisterung, den Weg zum Ziel hin zur Ergebnissicherung und die adäquate Planung und Gestaltung des Wie zentral, dass es neben anderen „W's" nicht untergehen sollte.

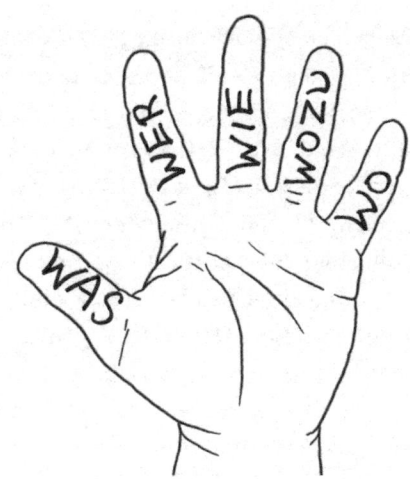

Abb. 3: „5 W – was in eine Hand geht"

5 W – was in eine Hand geht

So umfänglich der oben erwähnte Leitsatz war, so schnell kann er – besonders Referendare und Junglehrer, aber auch besonders die neuen Dozenten-Kollegen in der virtuellen Lehre – überfordern. Denn der virtuelle Lernraum verlangt nach einer noch stärkeren Konzentration und damit didaktischen Reduktion – wie später noch aufgezeigt werden soll. Deshalb bietet sich die Elementarisierung auf die zentralen W-Fragen an, die buchstäblich in eine Hand gehen. Es erscheint legitim, an der Frage anzusetzen, WAS zu vermitteln ist. Denn Bildungspläne und Curricula sind vorhanden und binden den Lehrenden an Inhalte. In der Schule mag dies verbindlicher sein als in der Hochschullehre, doch die Frage nach dem WER als erster mag idealtypisch und vielleicht auch ein wenig weltfremd sein. Doch sie sollte zumindest als zweite Perspektive aufkommen. Denn selbst, wenn kein Unterricht zu planen sondern „nur" ein Vortrag zu halten ist, geht es nicht – erfolgreich, also mit Wirksamkeit – ohne die Frage: Wer wird „mir" gegenüber sitzen? Die Frage nach dem WIE ergibt sich bei dieser einfachen Herangehensweise von selbst: Wie bekomme „ich" das „Was" zum „Wer"? Hier kommen geeignete Sozialformen, Methoden und Tools zum Einsatz bzw. werden als „Weg vom Was zum Wer" geplant. Noch bevor weitere „W's" in den Blick genommen werden, sollte hier auf eine für die Lernenden und den Lernprozess optimale Stimmigkeit geachtet werden. Freilich stehen „Was" und „Wer" fest, jedoch lässt sich das erste W-Prinzip noch elementarisieren und individualisieren, wie sich das zweite „W" durch Gruppenzusammensetzung und Ansprache – entsprechend der Ziele und Gegebenheiten – steuern lässt. Mit der Zielebene gelangt man in der Vorbereitung, Planung und Durchführung des Unterrichts weiter zum WOZU. Die Ziele des Unterrichts sind dabei nicht mit der Frage nach dem WARUM zu verwechseln. Sie sind als Ober- und Unterziele differenzierbar und orientieren sich daran, was die Schüler bzw. die Studierenden nach dieser geplanten Unterrichtsstunde können sollen – auf die Anbindung an das Kompetenzmodell wird später noch hingewiesen. Während das „Wozu" die Ziele in den Blick nimmt, bündelt die Frage nach dem „Warum" die Analyse der Gründe, warum sich der Lehrende an dieser oder jener Stelle so oder so entschieden hat. Diese Fragestellung kennt der oben zitierte Leitsatz von Meyer/Jank nicht. Die Frage nach den Motiven – neben die der Ziele – zu stellen, ergibt sich aber Beobachtungen wie dieser, einem Hinweis im Lehrcoaching durch einen Praktikanten im 8. Semester:

> *„Ich könnte die Methode mal ausprobieren oder ich mache es frontal. Ist vom Ergebnis doch gleich, es muss nachher halt irgendwie an der Tafel stehen."*

Unterricht ist keine industrielle Fertigung. Die Perspektive der Ziele ist wichtig, doch nicht alles. Diese Fixierung löst beispielhaft das Phänomen aus, dass ein Junglehrer genau eine bestimmte Antwort erwartet – erwarten können muss, um in seiner angedachten Stunde weiterzukommen. Unterricht ist Dynamik. „Warum wäre eine geeignete Methode an genau dieser Stelle des Unterrichts besser als ein Lehrervortrag?" Mit dieser Gegenfrage kam der genannte Student von selbst darauf, dass ein von ihm initiiertes Gruppengeschehen ganz andere Erkenntnisse befördern würde, als wenn er diese als Input bringen würde. Ebenso ist beispielhaft die – nicht unbedeutende – Frage der zeitlichen Strukturierung nicht vom „Wozu" abhängig. Vielmehr davon, warum dieser Sequenz mehr Zeit einzuräumen ist als jener. Das WOZU bündelt also gewissermaßen alle weiteren oben genannten Fragen, ohne sich aber auf zu viele Nebenschauplätze zu begeben. Denn was für genau diese Stunde relevant ist, erschließt sich so induktiver und stimmiger.

Für den virtuellen Raum und einen, den jeweiligen Selbst- und Gruppenlernprozessen angepassten gelungenen Mix aus Präsenz- und Fernunterricht, ist jedoch die Frage nach dem WO wichtiger als die nach dem „Warum". Sie antizipiert eine Klärung über die Frage nach synchronem und asynchronem Lernen. Insofern soll dieses Kriterium hier alternativ leitend sein (vgl. Hanstein, 2018, in: https://www.youtube.com/watch?v=19qIP6-Ue1s&feature=youtu.be; Zugriff: 02.05.2020).

Sozialformen, Methoden und Tools

Der Begriff der Methoden wird in den letzten Jahren in der Lehre sehr amorph verwendet. Er kommt aber in aller Regel immer dann zum Einsatz, wenn sich Lehrende Gedanken um das „Wie" ihrer Vermittlung machen. Und damit wird er grundsätzlich richtig verwendet. Allerdings sei hier auch an die Unterscheidung zwischen Sozialformen und Methoden erinnert, die auf den Schulpädagogen und Schulentwickler Heinz Klippert zurückgeht (vgl. Klippert, 2002). Als Sozialformen gelten hier der frontale Lehrervortrag, das Unterrichtsgespräch bzw. Plenum, das Lehrer-Schüler-Gespräch bzw. der fragend-entwickelnde Unterricht, die Einzel-, Partner- und Gruppenarbeit. Alles, was darüber hinausgeht bzw. sich in *LV, UG, LSG, EA, PA* oder *GA* methodisch einbindet, sind Methoden. Man könnte es bildlich so ausdrücken: Die Sozialformen des Unterrichts geben als Fundament die erste methodisch-didaktische Struktur vor. Alles Weitere baut sich darauf auf. Diese Ordnung scheint hier wichtig. Denn nicht selten spiegelt sich im Unterrichtsverlauf das wider, was der Lehrende in der Vorbereitung, Planung und Organisation durcheinandergebracht hat. Eine Referendarin bemerkte das so:

> *„Ich habe im Seminar das Speed-Talking kennengelernt. Das hat voll Spaß gemacht. Ich wollte es dann ausprobieren, hab' gedacht, ich bau' es wie eine Pro und Contra Debatte auf, aber es lief nicht lange gut. Zuerst waren sie gut dabei, dann wurde es irgendwie wild. Alles durcheinander und am Ende auch irgendwie kein Ergebnis da."*

Im Coaching analysierte die Kollegin die Gründe. Sie hatte vor allem nicht bedacht, dass es ihre Aufgabe ist, Regie und Ergebnissicherung zu übernehmen. Die Methode verlief auf der Ebene einer Gruppenarbeit (GA), doch an wen hätte sie zum Beispiel die Prozesssteuerung übertragen können (EA/PA) und wann wäre es ihre Aufgabe gewesen, die Ergebnisse (wo, wann und wie) festzuhalten und zu kommunizieren (UG/LSG/LV)? – Durch diese Leitfragen kam die Kollegin auf die erste methodisch-didaktische Ordnung, und konnte von dieser her ihren Unterricht klar analysieren und die weitere Planung optimieren.

Darüber hinaus ist der Begriff Tools aus der Coaching-Sparte in die Pädagogik eingeflossen. Dieses Phänomen hat die bestehende Unübersichtlichkeit zwar nochmals gesteigert, aber auch innovative, kreative und originelle Beispiele hervorgebracht. Diese sind insbesondere für virtuelle Formate wertvoll – eine Auswahl findet sich im methodischen Teil dieses Buches. Um den Eindruck eines „alle für alles" aber nicht zu unterstützen, steht eine Systematik und Anbindung an bisherige Methoden in aller Regel aber noch aus. Manche dieser Tools lassen Lehrende glauben, man könne sie leicht auf den eigenen Fall übertragen, indem man sie für sich adaptiert. Das „technische" Denken freilich steckt bereits im Begriff – weshalb an dieser Stelle dafür (bzw. dagegen) sensibilisiert werden soll.

Kapitel 2

Angemessenheit statt „Methodenzauber"
Elementarisiert planen – handlungsorientiert vorgehen

Der augenzwinkernde Hinweis auf die Versuchung zum „Methodenzauber" macht deutlich, dass diese – zum Teil unübersichtliche – Fülle an praktischen Möglichkeiten auch die Gefahr in sich birgt, den Rahmen zu sprengen. Insofern ist es für die Planung des Unterrichts und die Übersichtlichkeit der Durchführung selbst wichtig, elementare Bausteine zu entwickeln. Im virtuellen Raum kommen Verdichtungs- und Beschleunigungsdynamiken wie von selbst auf. Von daher ist ein elementarer Zugang auch für diesen – für viele Kollegen noch neuen – Kontext unvermeidlich. Lernprozesse könnten andernfalls so unübersichtlich werden, dass sie für die Lernenden keinen Mehrwert besitzen, sondern diese in der Irritation buchstäblich hängen bleiben. Oder sie könnten – wie im „Corona-Homeschooling" vielfach geschehen – zur reinen „Material-Versorgung" verkommen.

Vor dieser Herausforderung soll hier ein mittlerweile zwar in die Jahre gekommenes, aber bewährtes religionspädagogisches Konzept aufgegriffen werden. Der Elementarisierungsansatz geht auf die sogenannte theologische „Tübinger Schule" zurück (vgl. Schweitzer, 2003). Die Religionspädagogen Friedrich Schweitzer und Karl Ernst Nipkow knüpften – als konzeptionelle Vorreiter – an die kritisch-konstruktive Didaktik nach Wolfgang Klafki an. Dieser hatte in den 80er Jahren des letzten Jahrhunderts die drei Interdependenzen: Lehrender, Lernender, Lerngegenstand ins Zentrum gerückt (vgl. sein sogenanntes „Didaktisches Dreieck"). Auf der seither „mitlaufenden" Frage nach dem Elementaren von Unterricht bauten Schweitzer und Nipkow ein strukturiertes Konzept auf.

Was ist der „Sache Kern"?

Mit dieser pointierten Fragestellung (nach Schweitzer) richtet sich die Unterrichtsplanung auf den ersten Aspekt der Elementarisierung, die *elementaren Strukturen.*

> *Ein Autor dieses Buches unterrichtet Ethik. In der Corona-Krise wurden deshalb auch Fragestellungen aus dem konkreten alltäglichen Erleben aufgegriffen: „Worin besteht das ethische Dilemma der Politik bei der Kontakteinschränkung?"*

Mit einer solchen Leitfrage, die an den „Kern der Sache" geht, ließ sich insbesondere bei einer Fülle an (täglich neu verfügbarem) Material der „rote Faden" bewahren. Je komplexer, umso wichtiger ist daher dieser Zugang durch die Frage nach elementaren Strukturen.

Was spricht Lernende authentisch an?

Mit dem Blick auf die Vorerfahrungen der Lernenden richtet sich die zweite Betrachtung auf die Frage nach den *elementaren Erfahrungen.*

> Am Beispiel der Einheit in Ethik: Sich in die Rolle eines Finanzministers oder gar der Kanzlerin hineinzudenken, wäre – in weitergehenden Rollenspielen – zwar möglich, aber ein für Schüler

und auch Studierende abstrakter Zugang. Nicht anders eine Wiederholung des Grundgesetzes aus dem Gemeinschaftskundeunterricht. Also wurde der Unterricht *induktiv*, von den eigenen Erfahrungen der Lernenden her, entwickelt. Mit Kernbegriffen wie „Presse-, Meinungs- und Versammlungsfreiheit", „Freizügigkeit" „Unverletzlichkeit der Wohnung" – auf Karten – ließen sich leicht biographische, kreative, ästhetische und spielerische Methoden einbinden.

Erst, wenn sich die Relevanz nicht nur kognitiv erschließt, sondern auch authentisch spürbar wird, ist die Bedeutsamkeit des Themas auch über die folgenden Unterrichtsstunden hinaus gesichert. Doch nicht nur das: Ein solcher Unterricht anhand der elementaren Erfahrungen der Lernenden ist – best case – durch und durch erfahrungsorientiert. Das heißt, dass der Unterrichtsprozess auch bei fortschreitender Komplexität und Abstraktion immer wieder an diese Frage nach den elementaren Erfahrungen rückgebunden werden sollte. Denn sie hat den „Sitz im Leben" des Themas im Blick.

> *„Jede Videobotschaft hat mich ermutigt und inspiriert – sie hat mich dazu herausgefordert, das Beste zu geben und mich noch intensiver zu beschäftigen und nachzudenken"* (Lanig, 2019, Anhang Band 1, S. 43).

Es wäre vorschnell, das Medium der Videobotschaft und den bereits diskutierten „Methodenzauber" als Begründung für die Zugänglichkeit zu nehmen. Denn in diesem Zitat wird exemplarisch die *Individualisierung* als zwischenmenschlicher Zugang rückgemeldet. In den einzelnen Schritten dieser Entwicklung sind biografische Entwicklungen zu sehen, die sich in den Handlungen der Lernenden zeigen. Die empathische Nähe von Lehrenden und Lernenden ist ein Anspruch, der gerade in der vermeintlichen „sozialen Distanz" eines digitalen Lerngeschehens eine hoffnungsvolle Renaissance erlebt.

Wie das Thema zugänglich aufbereiten?

Mit der dritten Leitfrage des Elementarisierungsansatzes greift der Lehrende in der Planung seines Unterrichts noch weiter aus: zur Perspektive der *elementaren Zugänge*.

> Im Beispiel des Faches Ethik bezieht diese Perspektive Modelle des „moralischen Urteilens" (z. B. von Lawrence Kohlberg, Fritz Oser, Detlef Garz, Tilmann Habermas o. a.) in die Adressatenanalyse mit ein.

Entwicklungspsychologische Grundlagen sind hierbei zu berücksichtigen, sodass sich ein Unterricht in der Sekundarstufe I bereits von den Zugängen der Lernenden her ganz anders gestaltet als in der Oberstufe. Analog verhält es sich zur Hochschullehre.

Was erzeugt persönliche Gewissheit?

Mit der vierten Fragestellung ist zweifelsohne eine theologische Besonderheit angeschnitten: die Frage nach den *elementaren Wahrheiten*.

> In der angedeuteten ethischen Unterrichtseinheit gab ein junger Mann bereits in der zweiten Woche der Corona-Krise seine Einschätzung bekannt: *„Also, das kann kein Land mehrere Monate so durchhalten. Die Wirtschaft ist dann doch am Boden."*

Politik und Gesellschaft befanden sich in einer neuartigen Situation. Es gab keine Erfahrung, auf die man sich hätte berufen können; natürlich auch kein Schulbuch, das hierfür geeignet gewesen wäre. Mit anderen Worten: kein Richtig und kein Falsch. Die wahrhaftige Meinung der Lehrenden ernst zu nehmen und zum „Thema" des Unterrichts zu machen, stärkt deren Kompetenzen – und zwar alle.

Welche Lernformen unterstützen dies?

Die fünfte Perspektive des Elementarisierungsansatzes fragt – erst jetzt, allein das ist wichtig wahrzunehmen – nach den *elementaren Lernformen*.

> Aufgrund der persönlichen Betroffenheit wurden die angesprochenen Ethikstunden zu Beginn stets von den alltäglichen Erfahrungen her aufgebaut: *„Wie kommen Sie und Ihre Familienmitglieder mit den Einschränkungen klar?"* – *„Wo besteht bei Ihnen im Ort Unterstützungsbedarf und wer kümmert sich darum?"* – *„Mit wem sprechen Sie sich über Ihre Empfindungen aus?"* Zusätzlich wurden vom Lehrer Fallbeispiele aus der lokalen Presse vorbereitet und an passenden Stellen eingeführt.

Auch wenn beide Ansätze unabhängig voneinander entstanden sind: Die Elementarisierung führt automatisch in die Handlungsorientierung. Denn sie nimmt die Lernenden als Subjekte, Akteure und – mehr noch – Experten des Lern- und Bildungsprozesses ernst. Was so leicht über die Lippen geht, ist weder Methodik noch Didaktik – sondern pädagogische Haltung.

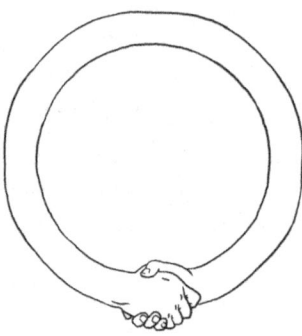

Abb. 4: Hand in Hand: Zweck und Ziel

Von der Handlung her denken

> „Jemand agiert mit jemandem, in bestimmter Weise, in einer bestimmten Situation, in Bezug auf etwas, mit einem bestimmten Zweck und Ziel" (Pfister, 1993, S. 38).

Mit diesem anschaulichen Satz beschreibt der Pädagoge Hans-Jürgen Pfister die konkreten Auswirkungen dessen, was unter dem Namen *Handlungsorientierung* bekannt geworden ist. Mit diesem berufspädagogischen Unterrichtskonzept knüpfte die Erziehungswissenschaft an wesentlichen Erkenntnissen aus der Philosophie und Anthropologie an: Die Schweizer Hans Aebli und Jean Piaget hatten beispielhaft auf den dialektischen Zusammenhang von Denken und Handeln verwiesen. Demnach sei der Ursprung des Handelns nicht im Denken zu sehen – sondern genau anders herum: Der Vorgang der *Assimilation* beschreibt demnach die Anpassung der Inhalte, welche die Umwelt bereithält, an die eigene kognitive Struktur. Der Prozess der kognitiven *Akkommodation* ist wiederum die Anpassung der eigenen kognitiven und sensomotorischen Fähigkeiten an die Inhalte, welche die Umwelt bietet. Entscheidend ist der dialektische Charakter dieser Wechselbeziehung beider Bewegungen. Denn er bietet ein treffendes Bild dafür, wie handlungsorientierter Unterricht aussehen sollte: Lernenden wird es – durch eine entsprechende Planung und Durchführung des Unterrichts – ermöglicht, über – ihrer Entwicklung gemäße – Handlungsprozesse zum Aufbau innerer Denkstrukturen zu gelangen (vgl. ebd.).

Dieses Wechselspiel von Assimilation und Akkommodation eignen sich die Lernenden im berufsbildenden Bereich in der Auseinandersetzung mit der berufspraktischen Relevanz des Gelernten an. Ein lebenspraktisches Beispiel aus dem Bereich Grafik kann dies beispielhaft verdeutlichen:

> *„Ich denke so: ‚Hey ich habe doch für Semantik jetzt das so und so gemacht' (...) Ich frage mich, wie wäre es, wenn ich das irgendwie mit in meinen Berufsalltag integrieren könnte. Wo mein Chef dann auch mich mal anguckt und sagt: ‚Wo hast du denn jetzt diesen Move her ...?'"* (Lanig, 2019, Anhangband 1, S. 46)

Lernen als handelndes Lernen

Dieses Verständnis mündet in einer pädagogischen Haltung, das Lernen grundsätzlich als lernendes Handeln zu verstehen – was meint: als selbstgesteuertes, als entdeckendes und als reflektiert-reflektierendes Lernen. Damit lässt sich handlungsorientiertes Lernen als ganzheitliches Lernen definieren, „bei dem kognitive, affektive und psychomotorische Lernprozesse ineinander verzahnt sind, möglichst viele Sinneskanäle angesprochen werden, soziale Lernprozesse die individuellen Lernaktivitäten ergänzen und in Lernaufgaben eingebunden sind, die mehrere Wissensbereiche umfassen" (Henning/Schannewitzky, 1994, S. 52). Handlung zielt also – auch im berufsbildenden Kontext – nicht rein auf das Produkt ab. Dieser Hinweis scheint wichtig, weil gerade in der beruflichen Ausbildung und in Studienfächern mit praktischer Ausrichtung auch immer die Gefahr „Materialisierung" von Bildung besteht – wird doch in diesen Bereichen in erster Linie für den „Markt ausgebildet" (allein das Verb ist verräterisch).

Abb. 5: „Das magische Dreieck der Handlungskompetenz" nach Wolff

Das grundsätzliche Ziel handlungsorientierten Unterrichts und – hier auch für den virtuellen Kontext geforderter – handlungsorientierter Lehre besteht in der kreativen Erweiterung der (schon qua Mensch bestehenden) Handlungskompetenz der Lernenden – als Subjekte des Bildungsprozesses. Nach dem so genannten „magischen Dreieck der Handlungskompetenz" erstreckt sich diese auf die *Subkomponenten* Fach-, Human- und Sozialkompetenz. Hinzu kommen die *instrumentalen Kompetenzen* Methoden-, Lern- und Sprachkompetenz. Nach dem Grundsatz, dass das Denken aus dem Handeln hervorgeht, gelangen die Lernenden durch die Wechselwirkung der drei Subkomponenten und mit Hilfe der – in Lernprozessen erworbenen und weiterentwickelten – instrumentalen Kompetenzen zum eigentlichen Ziel des handlungsorientierten Unterrichts: zum handlungskompetenten Individuum (vgl. Wolff, 1996, S. 17–19).

Die Wechselwirkung der Kompetenzen im handlungsorientierten Ansatz macht den Sitz und die Bedeutung der – in einem Methodenbuch wesentlichen – *Methodenkompetenz* deutlich. Sie besitzt eine sozusagen „dienende" Funktion. Das ist keine Herabsetzung, es bewahrt nämlich vor einem Methodenzauber, der am Ziel vorbeigehen würde. Und dieses heißt: die „Bereitschaft und Fähigkeit (…) in privaten und beruflichen Situationen (…) sachgerecht zu handeln" (ebd., S. 19). Denn genau darin gibt sich das handlungskompetente Subjekt zu erkennen. Dass dieser Prozess im Grunde kein Ende hat, mag vielleicht manch ehrgeizigen Junglehrer ernüchtern. Doch darin zeigt sich das humanistische Erbe dieses Ansatzes, das – genau genommen – auch viel Entlastung in sich birgt. Denn so dürfen Fehler sein. Fehler, an denen sich – im besten Fall alle – Kompetenzen weiterentwickeln können.

Fehler sind erlaubt – und notwendig

Der pensionierte Gymnasiallehrer Hans Klaffl bezeichnet sich selbst als „Staatskabarettist auf Lebenszeit". Mit viel Humor, einer tüchtigen Prise Sarkasmus, aber vor allem Erfahrung nimmt er seit Jahren in seinen Auftritten den Berufsstand des Lehrers selbstkritisch aufs Korn (vgl. beispielhaft https://www.youtube.com/watch?v=WMt4NlbjC4U; https://www.youtube.com/watch?v=bLF6eUcJfsQ, Zugriff: 06.05.2020). Wer sich diese Clips gern – als Lehrer – selbst anschaut und darin Lohnenswertes zu finden meint, der möchte sie natürlich auch teilen. Dabei hat ein Autor dieses Buches eine interessante Entdeckung gemacht: Es gibt gewisse Passagen, über die lacht der einzelne Lehrer, aber, wenn man den Clip in einer Lehrerfortbildung oder an einem pädagogischen Tag einbinden möchte, muss man gut beraten sein. Denn es kann sein, dass die große Mehrheit schweigend oder gar mit verbissenem Gesicht dasitzt, während sich nur einzelne an dem Lachen des Referenten beteiligen. Kann es sein, dass der Berufsstand des Lehrers nicht sehr selbstkritisch ist? Und wenn ja, woran liegt das? Ein erfahrener Fachberater äußerte sich in einem Coaching wie folgt:

> *„Wissen Sie, was ich mittlerweile glaube? Dass viele von uns deshalb in diesen Beruf gegangen sind, weil sie so ihre eigenen Schulerfahrungen verarbeiten können. Nach dem Motto: kein Beruf, sondern eine Prognose. Und sind wir doch mal ganz ehrlich: Ist es nicht ein gewisses Machtgefühl, seinen Rotstift ansetzen zu können? Ich kenne Lehrer, denen gibt das regelrecht Befriedigung (…) Nicht die Fehler zu suchen, sondern sich über das zu freuen, was an Originalität da ist und als offensichtlicher Lernfortschritt, das sollte uns doch beflügeln."*

Die klassische Lehrerausbildung und der klassische Lehreralltag sind zum großen Teil davon bestimmt, Fehler zu suchen, aufzuspüren und anzukreiden (wieder ein verräterisches Wort der Umgangssprache). Das kann so weit gehen, dass die Korrektur eines Deutschaufsatzes durch den fehleranalytischen Blick die Freude für das, was inhaltlich an Originalität in einen Guss gebracht worden ist, nicht mehr zulässt. Man sieht – buchstäblich – nur noch Rot (das Wort ist ebenso interessant). Insofern gehört in die Ausbildung und das Onboarding von Lehrenden die Bewusstseinsarbeit der Fehlerfreundlichkeit. Am experimentellen Lernen lässt sich erkennen, dass Fehler lernpsychologisch wichtig und sogar notwendig sind. Martin Wagenschein hat bereits vor 100 Jahren angestrebt, dass Lernende „grundlegende

Ideen und Strukturen durch eigene Aktivitäten hervor(zu)bringen und (zu) prüfen, insbesondere im Handeln und im kommunikativen Austausch" (Köhnlein, 1998, S. 16) – aber das funktioniert nicht ohne eine wertneutrale Haltung gegenüber Fehlern. Denn sie sind lediglich ein Ausdruck dessen, was – und warum es – nicht funktioniert hat. Und damit ein Hinweis darauf, es auf andere Weise zu versuchen. Dieser experimentelle und exemplarische Unterrichtsansatz geht der Leitfrage nach: „Wie bewältigen Kinder von sich aus Phänomene, die ihnen auffallen, wie bauen sie Wissen auf, gewinnen Erfahrungen, und wie versuchen sie schließlich, sich die Sachverhalte verstehend zu eigen zu machen?" (Ebd., S. 9)

Wagenschein war Naturwissenschaftler, aber vor allem Pädagoge mit einem epistemischen Interesse. Aus Quellen wie diesen kann auch heute noch geschöpft werden, wenn es gilt, im Schul- und Hochschulwesen das zu etablieren, was seit Jahren politisch beschworen wird – Digitalisierung. Denn Elementarisierung, Handlungsorientierung und ein fehlerfreundliches pädagogisches „trial-and-error-Prinzip" sind Ansätze, die sich nicht auf das analoge Lehren und Lernen beschränken müssen. Vielmehr hat die digitale Gestaltung und Erschaffung von Wirklichkeit längst begonnen. Die Frage ist nur, wie lange einer der wichtigsten Pfeiler der Gesellschaft – die Aus- und Weiterbildung – hier hinterherhinken will (bzw. es sich erlauben kann und zu welchem Preis).

Wer lernt, befindet sich – und dies ist eine Haltungsfrage mit Konsequenzen für Lernende wie Lehrende – im Status der *Unvollkommenheit*. Die ausgewählten pädagogischen Ansätze wissen um diese Prämisse. Ihnen ist gemeinsam, dass Bildungsprozesse vor allem die Reduktion auf das Wesentliche benötigen, eine dem Lernen und der Selbstständigkeit angemessene Struktur, auch Raum zum Erkunden und soziales Lernen – und all dies „läuft" auch in virtuellen Räumen: mit gutem Willen, Gelassenheit und ein wenig Geduld und Zeit.

Kapitel 3

Weg vom mechanistischen Denken

Der Pädagoge Rolf Arnold plädiert für eine „Ermöglichungsdidaktik" (vgl. Arnold, 2012). Ein Individuum zu sein bedeutet nämlich auch, über eine individuelle Denkstruktur zu verfügen. Das heißt: Auch, wenn ein Lehrer meint, seine Schüler bestmöglich zu kennen, so kann er sprichwörtlich nicht „in sie reinschauen". Seine eigene individuelle Denkstruktur wiederum – wenn auch nur unbewusst – auf die Schüler übertragen zu wollen, wäre Wiederholung der „Nürnberger Trichter"-Übung. Arnold appelliert an eine „systemische Pädagogik", die dieses Wissen um die je eigenen Denkstrukturen ebenso ernst nimmt wie Gruppenprozesse. Basis dieses Modells bildet die Investition in die Selbstlernkompetenz der Schüler/Studierenden, was aber dem Lehrenden eine neue Rolle zuschreibt: „Die systemisch-konstruktivistische Pädagogik drängt uns zu einer Neubestimmung des Verhältnisses von Lehren und Lernen" (ebd., S. 120). Während eine „mechanistische Didaktik (…) auf Einheit, Inputsteuerung und Standardisierung setzt" (ebd.), baut die systemische Ermöglichungsdidaktik auf dem Prinzip der Selbstständigkeit durch Aneignen.

Diese Didaktik fußt auf Erkenntnisse, die die neurophysiologische Kognitionsforschung bereits vor Jahren vorgelegt hat, zum Beispiel: „Das Hirn konserviert keinen Abdruck von außen; es generiert sich ‚seine' Welt, in der es Außensignale bestimmten internen Verhaltensmechanismen zuordnet, diese damit modifiziert und so eine Einheit produziert, die wir in dessen Effekt, dem Verhalten, studieren können" (Breidbach, 1996, S. 7; vgl. auch Breidbach/Rusch/Schmidt, 1996). Und so kann es nicht wundern, was ein Oberstufenschüler während der „Homeschooling"-Phase im Coaching berichtete:

> *„Ich bin so froh, dass das SOL mit uns schon vorher geübt wurde. Sonst hätten mich die Arbeitsblätter voll überfordert. Du musst ja erstmal wissen, wie und wo du dir das noch holst, was du zum Lösen brauchst (...) auch, in welchen Schritten man da drangeht und so (...) Aber dann zu checken, dass es so passt und der Lehrer es dir auch so zurückmeldet, dass es so passt, das hat schon was."*

Abb. 6: Lernende und Lehrende konstruieren Wirklichkeit

Selbstständigkeit will verstanden sein

Das hier exemplarisch erwähnte SOL-Prinzip (selbstorganisiertes und kooperatives Lernen nach Landherr/Herold) setzt auf einen systematischen Kompetenzaufbau, insbesondere in Lerntechniken, die die Selbstlernkompetenz und die Kooperationsfähigkeit stärken.

„Und was sich jetzt verändert hat in dem Jahr, ist, dass ich mir denke, ‚Alter, ja, ich bin gut. Ich bin wirklich gut'. Und ich war es damals nicht in der Art, wie ich es jetzt bin. Ich habe mich aber natürlich auch wirklich weiterentwickelt" (Lanig 2019, Anhangband 3, S. 104).

So kann sich auch die Erfahrung einstellen, von der Lernende berichtet haben und die die Forschung als „Matthäus-Effekt" bezeichnet: Die Erfahrung von Erfolg gebiert Erfolg. Und sie motiviert. Was so einfach klingt, fällt aber nicht als Geschenk vom Himmel. Es ist Arbeit, die zu Beginn des Prozesses bei den Lehrenden liegt. Insofern ist – in den schulischen Kontext hinein gesprochen – die Erziehung zur Selbstständigkeit eine Frage der pädagogischen Haltung bei den Lehrenden. Denn sie verändert die Rolle: weg vom Fachmann, hin zum Regisseur, Begleiter, Gelingens-Coach.

Systemtheoretisch betrachtet (vgl. Luhmann, 1991) sind Lerngruppen Einheiten, die sich selbst organisieren (können). Das setzt aber zweierlei voraus: bei den Lernenden, Selbstorganisation gelernt zu haben und bei den Lehrenden, Selbstorganisation zu fördern (und zu wollen). Was die Hirnforschung und Zellbiologie unter Autopoiesis/e verstehen, gilt auch für soziale Systeme: Sie generieren ihre Lösungen aus sich selbst heraus. Von den Lehrenden aus gilt zu beachten, dass sich dieser selbstreferentielle Charakter nicht in das verkehrt, was Arnold unter der „ärgerlichen Tatsache der systemischen Geschlossenheit" (Arnold, 2012, S. 118) versteht. Dann nämlich kreisen sich die Lernprozesse nur noch um die Referenzpunkte, die das System bereits als Option verinnerlicht hat. Originalität und Innovation würden so durch diese systemischen Beharrungstendenzen blockiert werden.

Selbstorganisation fraktal umsetzen

Ziel des SOL-Prinzips ist eine möglichst maximale Eigensteuerung der Prozesse durch die Lernenden selbst. Dies wird mit dem Prinzip der „Fraktalen Unterrichtsorganisation" erreicht. „Fraktale" bilden als kleine Einheiten das Ganze ab, sind aber nicht zu groß, sich selbst noch hinreichend zu steuern. So ist effiziente Zielorientierung ebenso möglich wie die Optimierung des Gruppen- und die Selbstreflexion des eigenen Lernprozesses. Ein Student hat das so gespiegelt:

> *„Und (…) dann hat mir die Frau T. einen ziemlich simpel klingenden, aber sehr guten Tipp gegeben. Die meinte: ‚Na ja, fange halt klein an. Du kannst nicht mehr an dem großen, dicken, roten Faden anknüpfen. Ist wie bei Spinnen auch. Du musst da wieder mit einem kleinen Faden anfangen und irgendwann wird der wieder dicker'. Und das habe ich dann gemacht. Und ich habe dann sehr schnell (…) wieder einen roten Faden gehabt, der aber ein ganz anderer war"* (Lanig 2019, Anhangband 3, S. 96).

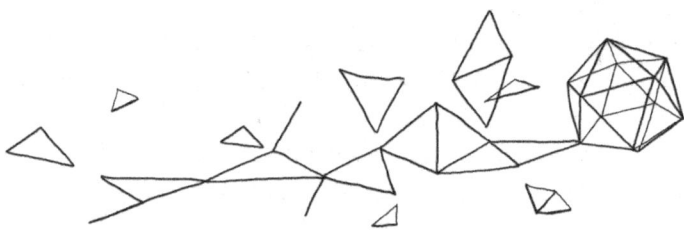

Abb. 7: Selbstorganisation fraktal umsetzen

Für den virtuellen Raum ist dieser Grundsatz insofern von Bedeutung, da die Unübersichtlichkeit mit dem beginnenden Gruppenprozess erhöht und die Rückkopplung durch die digitalen Formate verringert wird. Insofern ist die Phase der Bildung von Gruppen, die Transparenz über den Gruppenauftrag, die verfügbare Arbeitszeit und vor allem die Möglichkeit der Anforderung des Lehrenden sehr gründlich zu planen. Das gilt für Schüler und Studierende gleichermaßen. Der Lehrende gibt zwar die Verantwortung für den Prozess an die einzelnen Gruppen ab, bleibt aber als Lernbegleiter zu jeder Zeit erreichbar (vgl. https://lehrerfortbildung-bw.de/u_gestaltlehrlern/ projekte/sol/fb1/04_organisation/; Zugriff: 12.05.2020).

Die Forderungen nach selbstständigem Lernen sowie Individualisierung sind nicht neu. Warum wiederholen wir sie so ausführlich? Weil diese Prinzipien im Kern auch für die virtuellen Bildungsbiografien gelten. Daher kann ein Methodenbuch sich nicht – wie viele, sehr hilfreiche Titel – allein auf die Mikroebene einer Online-Veranstaltung konzentrieren. Denn das würde zu kurz greifen. Stattdessen ist unser Ansinnen, die Kernfragen an eine anspruchsvolle Methodik des virtuellen Unterrichtens in die Makroebene einer Lerneinheit einzubetten. Daher war es notwendig, die Prinzipien der handlungsorientierten Pädagogik zu vergegenwärtigen, um auf deren Basis eine bildungstheoretische Perspektive für die anstehende lehrpraktische Herausforderung aufzuspannen.

Ein Beispiel mag diesen theoretisch klingenden Anspruch illustrieren: Vermutlich haben Sie während der unzähligen „Online-Ersatz-Unterrichte" des Jahres 2020 festgestellt, dass eine klassische Disziplinierung zur Notwendigkeit des Übens in einem dezentralen Unterricht deplatziert wirkt. Vielleicht haben Sie sich auch gefragt: „Ist dieser Lehrinhalt tatsächlich so relevant, dass er diesen Aufwand der externen Motivation rechtfertigt?" – Möglicherweise haben Sie insgeheim gemerkt, dass die Frage nach dem „Wozu?" (vgl. Kap. „5 W – was in eine Hand geht", S. 29) in der Einstiegsphase Ihres Unterrichts noch nicht ausreichend geklärt und diskutiert war.

An einer Situation wie dieser wird deutlich, dass der Ausgangspunkt eines Lehr- und Aneignungsprozesses die authentische Aushandlung der Bedeutsamkeit ist. Und selbstverständlich werden diese Fragen nicht immer gütlich für die bestehenden Lehrinhalte ausgehen können. Und aus diesem Grund hat das Jahr 2020 eine so grundsätzliche Chance für die epistemische Erneuerung von Bildungsabsichten wie auch die Gefahr besteht, nach den ersten Erfahrungen im „Schock"-Zustand (vgl. Kap. „Phasen der Implementierung", S. 85) in das Muster von Entweder (analog) oder Digital (virtuell) zu verfallen.

Diese diskursive Aushandlung von Relevanz ist in der Erwachsenenbildung eine gängige Praxis. Denn hier kann Bildung nicht gelingen, ohne eine – meist berufspraktisch gedachte – Relevanz im Gespräch zu bestimmen. Der Begriff der „Bildungsdienstleistung" (vgl. Rippien, 2012, S. 24–33) umschreibt diesen beidseitigen Aushandlungsprozess in Anlehnung an den Dienstleistungsbegriff aus dem Marketing: Er betont die Rolle der Kooperation. Das verändert die Dynamik didaktischer Medien und Funktionen, die über die technologischen Entwicklungen in Bewegung kommen.

Wichtig für das Vorhaben unseres Methodenbuches ist, dass alle Ebenen – von der höchsten Ebene bildungstheoretischer Überlegungen bis „hinunter" auf die situative Interaktion des Unterrichts – beteiligt sind. Diese Fragestellung haben wir in unsere eigene Lehrpraxis in virtuellen Studiengängen hineingetragen. Ein zentrales, wenig überraschendes Ergebnis ist, dass die Parallelität von fachlichen und personalen Entwicklungen auch in virtuellen Bildungssozialisationen empirisch nachzuweisen ist. Ohne diese Parallelität gelingt der Entwicklungsprozess nicht – und Lernende scheitern aus diesem Grund. In dieser Studie hat sich gezeigt, dass diese im Grunde klassische humanistische Entwicklung keineswegs auf einen physischen Rahmen in Form von Schulgebäuden und die Synchronizität eines Stundenplans angewiesen ist. Dieser Befund ist deshalb so prägnant, weil er aus einem Bereich stammt, der traditionell auf die Physis sinnlicher Erfahrungen und den intensiven sozialen Austausch im Atelier wert legt. Dass beispielhaft selbstbewusste Gestalterinnen und Gestalter innerhalb eines grundständigen virtuellen Bachelorstudiengangs entstehen, ohne dass eine Hochschule „aus Stein und Glas" beteiligt ist, ist die historische Neuerung dieses Forschungsergebnisses (vgl. Lanig 2019).

Im anschließenden Exkurs „Ist digitale Schul- und Hochschulbildung mehr als eine fantastische Erzählung?" sollen die empirischen Ergebnisse durch die narrative Folie eine Lernbiografie exemplarisch nachgezeichnet werden. Die Übertragbarkeit auf den schulischen Bereich steht natürlich unter Fragezeichen, handelt es sich schließlich um zwei verschiedene Organisationen und Systeme. Allerdings glauben wir, dass Aspekte dieser Überlegungen auch für die Schullandschaft von morgen relevant sein können. In dieser Empirie wurde deutlich, dass die Mikroebene eines kompetenten Umgangs im virtuellen Klassenzimmer nur *ein* Bestandteil in einer Reihe von Faktoren ist. Es wurde deutlich, dass die Konzentration auf eine berufspraktische und individuell ausgehandelte Bedeutsamkeit von Lehrinhalten ebenso wichtig ist wie eine lebendige, über Medien vermittelte Verbindung zwischen der Lerngruppe und Lehrenden.

Kompetenzorientierung – systematisiert und zugewandt

Fach- und überfachliche Kompetenzen sind aufeinander bezogen und bedingen sich. Das heißt für die Schullandschaft, dass möglichst vollständige Handlungsketten geplant werden sollten, die sich an Kompetenzrastern niveaudifferenziert ausrichten. Motivationsforschung und Neurowissenschaft haben der Pädagogik in Erinnerung gerufen, dass erst die Erfahrung eines „Ich kann" – also die klassische Zielformulierung bei unterrichtlichen Verlaufsplänen – neuen Erfolgserlebnissen den Weg bahnt. Wenn diese „Ich kann"-Erfahrung sich auf einen vollständigen Handlungskreislauf – aus Benennen, Planen, Entscheiden, Durchführen und Bewerten – erstreckt, ist der Kompetenzaufbau gesichert. Dieser Lernprozess schließt aber das Gespräch mit ein. Der Neurowissenschaftler Joachim Bauer plädiert im schulischen Bereich für eine unbedingte Annahme des Lernenden, noch vor jeder Leistungsmessung. Er bezieht sich auf die aktuelle Motivationsforschung, wenn er sagt: „Motivation entsteht, wenn ein junger Mensch sich gesehen fühlt in einem tiefen Sinne (…), merkt, ich werde als Person wahrgenommen" (https://www.youtube.com/watch?v=01 mOnK Q5 RMQ; Zugriff: 16.05.2020).

Lernerfolge durch Empathie

Diese Beziehungsdidaktik in den virtuellen Lernbereich zu übertragen, ist von zentraler aktueller Aufgabe. Wo sich der Einzelne hinter der Technik „verstecken" kann, wird auf kurz oder lang der Kompetenzaufbau ins Stocken geraten – sowohl fachlich, personal wie sozial.

> *„Also das heißt (…), das, was ich mache, ist nicht einfach irgendwo virtuell und kommentarlos (…), sondern es wird von den anderen mitgetragen und kommentiert (…) dadurch fühlt sich das dann wieder echt an und weil dieses Feedback, diese Rückmeldung durch die anderen dann eben echt ist. So ein Nähegefühl stellt sich dann ein. Ich finde, dass trotz dieser räumlichen Distanz eine persönliche Nähe entsteht mit den anderen"* (Lanig 2019, Anhangband 3, S. 67).

Das bedeutet zum Zweiten: Kompetenzbildung ist soziale Bildung, ist ein Lernen mit- und voneinander. Die moderne Schulpädagogik unterscheidet in verschiedene – meist drei – Niveaustufen, die sich durch alle Phasen und Inhalte ziehen. Was für Lehrende einen großen Aufwand darstellt, wird von Schülern in der Regel schnell angenommen. Denn es fördert sie in ihrer Eigenständigkeit, sich für Niveaus zu entscheiden, vor allem aber die Selbsteinschätzung im jeweiligen Fachgebiet. An solchen Erfahrungen im analogen Raum lässt sich erkennen: Kompetenzaufbau bedarf der Reflexion. Für den schulischen Bereich heißt diese Erkenntnis, eine noch größere Bedeutung auf Lernberatungsgespräche – oder Lerncoachings, die Bezeichnungen variieren je nach Schulart und Bundesland – zu legen. Unsere Unterrichts- und Coachingerfahrungen im virtuellen Raum lauten an dieser Stelle: Zugewandtheit und Empathie „gehen" auch im „Homeschooling". Auch wenn die Sinne durch die Technik eingeschränkt sind, man sich nicht physisch „riechen" kann, ist es möglich, sich „persönlich" zu begegnen, sich „anzuschnuppern" und „riechen zu lernen" – weitere O-Töne von Lehrenden im Kollegialen Coaching. Wenn Empathie ein „Mitschwingen" bedeutet (vgl. Hanstein, 2016, S. 22), ist dieses „Einschwingen" auf die anderen und die Atmosphäre im Raum auch über virtuelle Formate möglich – eben nur anders und in einer veränderten Zeit.

Die Persönlichkeits-System-Interaktionen-Theorie (PSI) von Julius Kuhl integriert neuere Ansätze aus der Motivations- und Persönlichkeitsforschung und den Neurowissenschaften. Kuhl arbeitet mit dem Konzept der Handlungs- und Lageorientierung (vgl. Storch/Kuhl, 2013). Es geht davon aus, dass die Fähigkeit zur Selbststeuerung des Menschen von seinem Grad der Handlungs- bzw. Lageorientierung abhängig ist. Eine selbstgesteuerte Regulation der Affekte ist demnach nur in der Handlungsorientierung möglich. Menschen indes, die ihre Affekte nicht selbstgesteuert verändern können, verharren in der – ggf. unerwünschten – affektiven Lage, und in den entsprechenden Mustern. Junge Menschen aus dieser sozialen „learned helplessness" durch Bestätigung und kleine, selbst erlangte Erfolge nach und nach herauszuführen und die alten Muster in neue Lernerfahrungen zu überführen, ist nicht nur eine pädagogische, sondern auch eine gesellschaftliche Aufgabe. Sie könnte „nach Corona" gar noch größer und wichtiger sein. Dabei ist es immer wieder beglückend zu erleben, welche persönlichen Schübe junge Menschen machen können. Diese Erfahrung gilt gleichermaßen für den schulischen Bereich wie für die virtuelle Fernlehre:

> *„Wie kann das sein, einen Zweier in Deutsch? Ich hatte mein Leben lang nur Vierer, meistens Fünfer. An dieser Schule und bei Ihnen läuft es irgendwie anders. Ich hab' keine Ahnung woran das liegt"* (Berufsschüler, der im Übergangssystem [berufliches Vorbereitungsjahr] zuerst den Hauptschulabschluss erworben hat, dann [über die Berufsfachschule] den mittleren Bildungsabschluss, und schließlich seinen Weg ins berufliche Gymnasium [Abitur] gegangen ist).

> *„Und das ist irgendwie nicht nur so ein Studium, es ist auch so ein bisschen wie so ein (tiefes Einatmen) … also wie so ein total abgefahrener riesengroßer Selbstfindungstrip auf der kreativen Ebene, die natürlich aber eben auch sich in andere, ja, Persönlichkeitsbereiche mit hinüberzieht"* (Lanig 2019, Anhangband 3, Abs. 50).

Strukturierung nach dem Sandwichprinzip

Es geht uns um eine vergleichende Parallelführung Ihrer bisherigen Lehrerfahrung und den anschließenden Transfer in die virtuelle Lehre.

Damit baut sich diese Zukunft auf dem Fundament ihrer bisherigen Lehrerfahrung auf. Es wäre nämlich widersinnig, seinen charakteristischen Duktus zugunsten einer Mediatisierung und Technisierung der Lehre aufzugeben – es soll vielmehr umgekehrt darum gehen, dieses Potenzial auf eine digitale Ebene zu führen.

Daher möchten wir an dieser Stelle ein Konzept wiederholen, das einen planerischen Kern unsere Arbeit ausmacht und daher nicht neu ist. Aber gerade, weil es ein Kernbestand ist, ist es hier wert, wiederholt zu werden: Das Sandwichprinzip.

Abb. 8: Zeitliche Unterrichtskonzepte durch das Sandwichprinzip

Die Überlegung beginnt mit einer lernpsychologischen Grundlage: Wie lange können wir unsere Aufmerksamkeit auf ein Thema richten? Die Lernpsychologie sagt uns, dass dies maximal 15 Minuten sind. Daher schichten bzw. „sandwichen" wir: Dieses strukturbildende Element bildet den Grundaufbau für eine 45-minütige Unterrichtsstunde, die ihrerseits aus einer für die Lernenden rezeptiven Phase (z. B. einem Theorie-Impuls) von etwa 15 Minuten besteht und einer anschließenden für den Lernenden aktiven Phase des Verarbeitens, Speicherns und Anwendens. Aufgaben und Übungen müssen sein, um die Informationen wirklich bei den Lernenden ankommen zu lassen und aktiv zu Erkenntnissen zu verarbeiten. Dabei spielen die subjektive Aneignung über eigene Ideen sowie das wechselseitige Gespräch in der Lerngruppe eine zentrale Rolle. In diesem gemeinsamen Tun, nämlich dem gemeinsamen Nachdenken und Üben, entsteht der eigentliche Lernertrag. Im gelungenen Fall verbindet sich die positive Lernerfahrung der aktiven Phase mit dem zunächst passiv angebotenen Theorie-Impuls.

Daran schließt sich ein erstes Dilemma an: Gerade in der virtuellen Lehre ist die vermeintliche Passivität der Lehrperson in der Einzelarbeit oder Gruppenarbeit noch schwerer auszuhalten – gerade dann, wenn Sie eine stark kommunikationsorientierte Lehrperson sind. Dennoch ist es wichtig, am grundsätzlichen Methodenmix festzuhalten, der sich aus der Grundstruktur unserer Aufmerksamkeit in den Viertelstunden-Einheiten ergibt.

Dabei sei gerade den kommunikationsstarken Kollegen die vorbereitende und nachbereitende Phase ans Herz gelegt: Das Benennen von Zielen, das Erörtern des inhaltlichen Kontextes der Unterrichtsinhalte sowie der Ablaufplan des Unterrichts ist eine zentral wichtige Tätigkeit: Hier stellen sich die Lernenden auf das Thema ein, als Lehrperson aktivieren Sie deren Vorwissen und knüpfen an vergangene Schulstunden und Vorlesungen an. Dieses Abholen ist im „Sandwichdeckel" einer virtuellen Veranstaltung sogar noch wichtiger. Denn hier ist es die Aufgabe, die Lerngruppe aus einem privaten, familiären Zusammenhang in eine halböffentliche Lehrveranstaltung zu bringen. Analog dazu ist die nachbereitende Phase des „Sandwichbodens" gleichermaßen eine der Lehrperson zufallenden Moderationsaufgabe: In dieser Ergebnissicherung fassen Sie Thema und Ertrag zusammen, formulieren zentrale Erkenntnisse und schaffen einen Ausblick in kommende Veranstaltungen. Im virtuellen Feld hat dies zusätzlich den Anspruch, eine nicht abziehbare Zwischenzeit zu planen.

Nichtlineares Lernen mit dem Advance Organizer

Erfolgreiche selbstorganisierte Lernformen leben von einer organisierten Vorbereitung und einer strukturierten Durchführung. Für gehirngerechtes Lernen ist es dabei wichtig, solche Strukturen zu nutzen, die sich lernförderlich visualisieren lassen. Die einzelnen Steps des Lernprozesses werden im Advance Organizer als Art Landkarte dargestellt. Entscheidend ist, dass der Lernprozess als nicht linearer abgebildet wird. Ähnlich wie bei der Ausbildung neuer synaptischer Verknüpfungen im Gehirn des Lernenden wird im Advance Organizer vorhandenes Vorwissen an neue Lerninhalte angebunden, sodass dem Lernenden eine erweiterte Struktur angeboten wird. Ähnlich einem Brainstorming oder Mindmap werden zur Erstellung dieser Struktur begriffliche und graphische Assoziationen, Bilder und Symbole herangezogen. Denn das Gehirn baut sein Wissen anhand vorhandener Schemata auf. Die nach dem Prinzip des Advance Organizer entstehende Lernlandkarte macht die Vernetzung der Stoffgebiete anschaulich, bindet neue Inhalte in bestehende (neuronale) Strukturen ein, und schafft so die Voraussetzung für Transfer und Langzeitwissen.

Eine aus diesem lernpsychologischen Grund beliebte Software ist „Prezi". Hier kann in einem recht überschaubaren Rahmen ein großes Bild beliebig ins Detail gezoomt werden. Die kognitive Orientierung an einem Übersichtsbild, das sich im Laufe der Besprechung in seinem Detailreichtum immer stärker offenbart, ist eine ganz natürliche Metapher der Bildung von Schemata. Im oben besprochenen „Sandwichprinzip" machen Sie möglich, dass die Lernenden sich aktiv und konstruktiv in dieses Bild einbringen, indem sie online auf diesen Advance Organizer zugreifen und eigene Assoziationen und Einfälle einbringen. So verbinden sich beide Methoden zu einem komplexen Lernarrangement.

Dieses Prinzip macht exemplarisch deutlich, dass es nicht vorrangig die Arbeit an Inhalten ist, die gutes Lernen ausmacht. Von Lehrenden ist – bildlich gesprochen – zuerst der Boden zu bereiten, auf den die Saat aufgebracht werden kann. Da jeder Lernende seinen eigenen „Boden" hat und diese sich hinsichtlich vermeintlicher „Fruchtbarkeit" sehr unterscheiden, ist die individualisierte Zuwendung mit dem Ziel des Aufbaus von Lernstrukturen die vorrangige pädagogische Aufgabe. Fachlicher Transfer und Vertiefung können erst eintreten, wenn die entsprechenden fachwissenschaftlichen Strukturen – bei jedem einzelnen Lernenden – aufgebaut und gepflegt worden sind. Andernfalls bleibt erlerntes Wissen angelernter „Stoff" – und damit passives, träges Wissen (Weinert), handlungstheoretisch und -praktisch also nicht oder nur wenig nutzbar (vgl. https://lehrerfortbildung-bw.de/u_gestaltlehrlern/projekte/sol/fb1/04_organisation/; Zugriff: 12.05.2020).

Kompetenzaufbau auf der Makro- und Mikroebene

Heinz Klippert hat anschaulich begründet, weshalb sich auch die Organisation des Aufbaus von Kompetenzen einer inneren Struktur unterwerfen sollte (vgl. Klippert, 2002). Die aktuellen Erkenntnisse der Lernforschung unterstützen diesen Ansatz. Klippert unterschied daher auch methodisch in Makro- und Mikromethoden. Makrome-

thoden, wie Projektarbeit, Planspiele o. ä. bauen dabei auf Mikromethoden auf. Das erklärt, weshalb ein Schüler zum Beispiel inhaltlich noch so perfekt ein Referat vorbereiten kann, es dann aber am
Vortrag scheitert. Die Arbeitstechnik eines Referats und die mentale Einstimmung darauf wurden unter Umständen nicht geübt, sondern einfach vorausgesetzt. In solchen Fällen wird die Forderung zu
einer Makromethode pädagogisch betrachtet nicht zur Förderung,
sondern vielmehr zur Schädigung. Die eventuell sozialisierte Learned helplessness wird nolens volens vom Lehrenden bestätigt. Beispiele wie diese machen den, an anderer Stelle angedeuteten, basalen
Aspekt einer gelebten Beziehungsdidaktik deutlich. Denn Lehrende
können nur mit Methoden fördern, wenn sie um den status quo der
Lernenden wissen (W-Frage „Wer").

Klippert gliedert das Methoden-Training in die vier Bereiche: inhalt-
lich-fachliches, affektives, methodisch-strategisches und sozial-kom-
munikatives Lernen. Erfolgreich und nachhaltig zu lernen bedeutet
nach Klippert, seine Methodenkompetenz zu erweitern, da sie der
Weg zum Ziel – unabhängig vom Fach – ist. Das bedeutet gleichermaßen für Lehrende und Lernende, Methoden zu vermitteln, anzu-
wenden und ihre Anwendung wie den durch sie stimulierten Lernprozess reflektieren zu können. Erst wenn diese Schritte erfolgt sind,
können sich neuronale Verknüpfungen zwischen methodischem und
fachlichem Lernen einstellen.

Bei den bisherigen Reflexionen zum erfolgreichen Lehren und Lernen und der Anbahnung von Lern- und Bildungsprozessen kam der
Frage nach dem Lernraum keine – bis maximal eine indirekte – Bedeutung zu. Diese Beobachtung kann nicht weiter wundern, denn obliegt
klassisch die Ausstattung dem Schulträger, während pädagogische Fragen dem Dienstherrn – bei den (Hoch-)Schulbehörden und letztlich
dem entsprechenden Landesministerium bzw. in der Lehrerausbildung den entsprechenden Seminaren – vorbehalten sind. Dieser Hin-

weis ist nicht als formale Zuständigkeit abzutun, sondern beschreibt auch auf struktureller Ebene nicht weniger als einen epochalen Paradigmenwechsel (der bei Organisationen seine Zeit brauchen wird).

Abb. 9: Anbahnung von Lernprozessen
auf zwei Ebenen

Ist digitale Schul- und Hochschulbildung mehr als eine fantastische Erzählung?

Nachdem die Bedarfe skizziert und die didaktischen Besonderheiten erörtert sind, soll hier ein erzählerischer Exkurs unternommen werden. Ihnen als Lesern ist sicher aus eigener Erfahrung der Weg von Schülern durch das Schulsystem vom Eintritt bis zum Abschluss bekannt. Weniger geläufig dürfte diese Sozialisierung in virtuellen und teilvirtuellen Bildungseinrichtungen sein. Das liegt schlichtweg an der noch geringen Verbreitung dieser Einrichtungen und damit der bildungsbiografischen Wege. Aus diesem Bedarf heraus möchten wir hier einen Weg vorstellen, um eine ganzheitliche Vorstellung einer personalen Kompetenzentwicklung einerseits und einen fachlichen Kompetenzgewinn andererseits nachzuzeichnen.

Die oben referierte empirische Studie zeigt: Kompetenzentwicklung gelingt auch ohne einen physischen Rahmen. Im Untersuchungszeitraum von drei Jahren wurden Studierende begleitet und zu ihrem Studium befragt. Damit stellt die Studie eine umfassende Darstellung dieses neuartigen bildungstheoretischen Phänomens dar. Damit verfolgen wir die Absicht, die Theorie über eine Empirie abzulösen, um auf dieser Basis argumentativ die Methoden im nächsten Kapitel zu begründen.

Wie keine andere Disziplin besteht das Design – speziell das Grafik-Design – auf das Haptische und Soziale als notwendige Bedingung der Designausbildung (vgl. Mareis, 2011, S. 37). Dieses Paradigma bekommt seine ikonische Qualität im Symbol des Ateliers: Hier kommen an einem symbolischen Ort Lehrende und Lernende zusammen, um über das direkte sinnliche Erfahren und einen kritischen sozialen Austausch Gestaltungskompetenz zu entwickeln.

Die Digitalisierung entlarvt Glaubenssätze

Die Fachwelt war noch vor einem Jahrzehnt einhellig der Überzeugung, dass ohne die direkte sinnliche Erfahrung der in einer im Atelier versammelten Studierendengruppe eine Kompetenzentwicklung nicht möglich ist. Diese Interviewstudie zeigt erstmalig, dass es innerhalb des Fernstudiums mit virtualisierten Präsenzphasen durchaus möglich ist, eine differenzierte gestalterische – fachliche wie persönliche – Entwicklung zu erreichen.

Als Autoren und Lehrende ist es uns ein Anliegen, diesen vermeintlich unumstößlichen Glaubenssatz als Traditionalismus zu entlarven. Denn erst dann ist es möglich, die Virtualisierung der Designbildung in ihrem persönlichkeitsbildenden Potenzial ernst zu nehmen. Und erst dann ist es uns als Lehrenden möglich, die hybriden Formen zukünftiger Bildungssysteme konstruktiv zu formen. Polemisch ausgedrückt: Wer sich als Lehrperson nicht aus diesem Traditionalismus löst, dem wird es unmöglich sein, über Potenziale der Digitalisierung in der Bildung nachzudenken. Was hier am Beispiel des Grafik-Designs pionierhaft aufgezeigt werden soll, hat – unserer Überzeugung nach – eine fachübergreifende Bedeutsamkeit. Auf seinem berühmten „Oldenburger Vortrag" stellte John Hattie fest: Auch wenn es sehr unterschiedliche Inhalte in einzelnen Fächern gebe, so seien – wie er es mit dem Blick auf Methoden basierte Kompetenzen nannte – Instrumente, die den Lernprozess ermöglichen, doch erstaunlich ähnlich! Das Innovative und durchaus auch Provokative liegt in der hier vorgenommenen Positionierung, dass ganzheitliche Kompetenzentwicklung im Prinzip auch virtuell möglich ist.

Diesen Nachweis des persönlichkeitsbildenden Potenzials vollzieht dieser Exkurs auf einem indirekten Weg: Es stehen hier nicht etwa hochmoderne Medientechnologien oder eine überdurchschnittlich progressive Mediendidaktik im Zentrum des Forschungsinteresses, sondern die personale Entwicklung (vgl. Rittelmeyer, 2016). Damit muss auf den durchaus beschränkten – für diese Pionierarbeit aber hinreichend repräsentativen – Zuschnitt freilich hingewiesen werden. Die untersuchte Gruppe waren hier Studierende, die mit einem ersten beruflichen Abschluss und zum Teil jahrelangen Berufserfahrungen in das virtuelle Studium kamen. Eine direkte Übertragbarkeit auf den schulischen Bereich und vor allem den Sekundarbereich I soll und kann damit nicht beansprucht werden. Hier stehen entsprechende Untersuchungen – „nach" Corona – noch aus. Allerdings erlaubt es diese Untersuchung, aussagekräftige Hypothesen zu generieren.

Faktoren der virtuellen Kompetenzentwicklung

Die vielschichtigen Entwicklungsfaktoren sind kaum im Rahmen eines nur wenige Seiten umfassenden Kapitels darzustellen. Das wäre hier auch nicht zielführend – dafür sind die Wirkungszusammenhänge zu komplex. Aber über eine narrative Rahmung kann es besser gelingen, dieser Vielschichtigkeit gerecht zu werden. Eine solche narrative Rahmung ist zum Beispiel das „Heldenepos". Das Heldenepos stellt für Kollegen aus den zeitbasierten Medien eine Erzählstruktur dar, die in ihren drei Teilen eine komplexe menschliche Entwicklung nachvollziehbar macht. Über den Deutsch-Unterricht hinaus wird das Heldenepos auch im Personal Coaching eingesetzt (vgl. Hanstein, 2018, S. 156–159). Denn die im Original (vgl. Campbell, 1953) 17 Stufen umfassende „Heldenreise" kann als Mustererzählung für biografische Entwicklungen verstanden werden. Damit ist sie zur Rekonstruktion und zur narrativen Inszenierung der hier präsentierten Forschungsergebnisse geeignet. Denn die in der Filmtheorie als „Heldenreise" operationalisierbar gemachte Erzählstruktur ist mehr: Sie geht zurück auf kulturgeschichtliche Quervergleiche von mystischen, religiösen und kultischen Erzählungen und Texten. Sie wurde erstmalig von Campbell 1949 in seiner Monographie „Der Heros in tausend Gestalten" formuliert. Im Jugendbuch „Krabat" hat beispielhaft Otfried Preußler eine alte sorbische Vorlage ausgebaut, um die archetypischen Muster der Heldenreise gerade in die Zeit des Übergangs zur Adoleszenz anwendbar zu machen. Liest man Romane mit der Brille der klassischen Heldenreise, so wird man auch jedes Mal typische Muster finden, die in Entwicklungs-, Krisen- und Veränderungsprozessen auch heute noch greifen.

Diese knappen erzählstrategischen Anmerkungen sollen hier als Einleitung genügen, um die Kompetenzentwicklung in die drei Teile „Initiation", „Aufbruch" und „Rückkehr" gliedern und als klassische Lebensphasen strukturieren zu können. Denn diese drei Phasen einer menschlichen Entwicklung sind auch ein Bild für die drei Studienjahre eines Studiums zum Bachelor-Abschluss (und könnten es ähnlich für eine duale Berufsausbildung oder die Jahre in der schulischen Oberstufe sein). Die drei Jahre waren daher der Beobachtungszeitraum, der in der Forschungsarbeit zum Nachvollziehen personaler und gestaltungspraktischer Entwicklungen angelegt wurde. So wurden im ersten Studienjahr freiwillige Probanden gesucht, die bis in die Abschlussphase ihres Studiums interviewt wurden. In dieser Art wurden 18 Probandinnen und Probanden in leitfadengestützten Interviews begleitet. Die daraus resultierenden Transkripte wurden inhaltsanalytisch untersucht und zu Schlüsselkategorien verdichtet. Dies geschah in einer methodischen Kombination von qualitativer und quantitativer Analyse, die an die Grounded Theory nach Anselm Strauss (vgl. Strauss, 1998) angelehnt war. In diesen intensiven Gesprächen wurde deutlich, wie umfassend diese komplexen Zusammenhänge sind – und wie diese einzelnen Faktoren miteinander in Beziehung stehen.

Unsere „Helden" werden im Folgenden als „Personas" charakterisiert – und essayistisch näher vorgestellt:

- **„Persona 1"** ist eine Mitarbeiterin einer kleinen Druckerei im ländlichen Raum. Sie hat nach der Schule dort ihre betriebliche Ausbildung absolviert und arbeitet bereits seit einem Jahrzehnt als nunmehr leitende Medienmanagerin. Da sie familiär an ihre Heimatregion gebunden ist, belegte Persona 1 ein virtuelles Studienprogramm. Mit dem Karriereschritt zur Abteilungsleiterin ergab sich die Notwendigkeit einer akademischen Qualifikation – darüber hinaus stand für sie die Veränderung ihres Arbeits- und Führungsstils an.

- Bei **„Persona 2"** handelt es sich um einen Mann mittleren Alters, der im Hauptberuf langjähriger Pilot ist. Auf seinen Strecken zwischen Amerika, Europa und Asien fand er Zeit zwischen den Zeitzonen, um seinem Interesse nachzugehen. Die akademische Qualifikation war bei dieser Persona nachrangig, es ging ihr um die Verwirklichung des gestalterischen Interesses.

- **„Persona 3"** ist eine in den USA lebende junge Frau, die als ausgewanderte Deutsche ihr Studium in einem Wohnmobil absolvierte. Ihr Motiv zum Studium war der international anerkannte Abschluss bei gleichzeitig persönlicher Verwirklichung größter Freiheitsgrade.

Alle drei Personas lehnen sich an real interviewte Probanden an. Es wird in der Untersuchung deutlich, dass es in diesen Bildungsbiografien um das Verwirklichen von Habitusfragen geht: Allen drei ist gemeinsam, dass sie in einem Studienprogramm eine persönliche Entwicklung durchlaufen. Und ganz nebenbei zeigen diese Geschichten, dass das virtuelle Studium die Raum- und Zeitschranken eines traditionellen Atelierstudiums aufbricht, wie dies Schulmeister dargestellt hat (vgl. Schulmeister, 2004). Gleichzeitig wird auch deutlich, dass diese Personas nicht dem klassischen Bild des Designstudierenden: „Studierende (…) zwischen 19 und 24 Jahre alt (…) Abitur, kinderlos, aus Deutschland kommen[d] und in einem Präsenzstudium in Vollzeit studieren]" (Engelke/Müller/Röwert, 2017, S. 7, [Umstellung im Sinne der Lesbarkeit durch die Autoren]) entsprechen.

Gleichzeitig wird erkennbar, dass die hier dargestellten Entwicklungen auf sehr unterschiedlichen Ebenen Einflussfaktoren aufweisen. Im Sinne der Lesbarkeit und um in der „Story" zu bleiben, sollen auf den folgenden drei Stufen der Heldenreise ausgewählte externe und interne Einflussfaktoren vorgestellt werden. Studierende durchlaufen die in den drei Teilen „Initiation", „Aufbruch" und „Rückkehr" schematisierten Entwicklungsstufen. Daher werden die empirischen Befunde in einer ebenfalls schematisierten Erzählung verdichtet. Diese wurde einer fiktiven Studierenden namens „Neon" zugeschrieben.

Für die erste Stufe der „Initiation" wird zur Verdeutlichung der Startpunkt der Heldenreise herangezogen. Dabei sei an die Figur des Neo im Film „Matrix" erinnert. Dieser Film eignet sich auf dem Hintergrund der Gespräche, da er die komplexen Faktoren einer menschlichen Entwicklung an der Figur des Neo abbildet. An den drei Entwicklungsphasen des ersten Teils der Filmtrilogie sind in der „Initiation", seinem „Aufbruch" und der eigentlichen Konfliktbearbeitung mit den weiteren Handelnden als „Rückkehr" beschrieben. Den Reiz als analytischen Rahmen hat der Film darin, dass er seinerseits die komplexen internen und externen Faktoren auf erzählerischer wie auf philosophischer (was aber in diesem Exkurs nicht berücksichtigt werden kann) und sozialer Ebene verdichtet. Insbesondere die sozialen Faktoren sollen hier von besonderer Bedeutung sein.

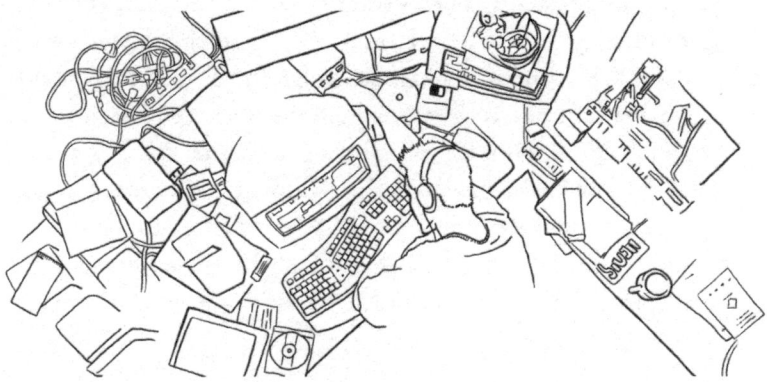

Abb. 10: Die Szene „Erweckung" aus dem Film Matrix – der spätere Held erfährt seine „Anrufung", die er zunächst zurückweist. Diese „Anrufung" liegt zwischen einem unbewussten Wunsch nach Veränderung und Verwirklichung und der Verweigerung, das aktuelle System zu verlassen.

Neon wächst in einer süddeutschen Kleinstadt auf. Ihre bisherige Bildungsbiografie ist geprägt von dem Einfluss ihrer Eltern, die nach wechselhafter schulischer Laufbahn bis zur Fachhochschulreife ihr gestalterisches Talent zwar registriert haben, es aber als berufliche Perspektive kategorisch ausschlossen: Ein künstlerischer Beruf war nach ihrer Einstellung unsolide. Auf Druck der Eltern begann sie also eine Ausbildung als Hörgerätetechnikerin. In den folgenden Berufsjahren wurde deutlich, wie Neon ihr gestalterisches Talent über das Hobby hinaus zu einer Professionalität verhelfen musste. Es folgte eine jahrelange Suche nach entsprechenden Bildungsmöglichkeiten. Diese scheiterten regelmäßig an der wirtschaftlichen Möglichkeit, sich aus einem zwischenzeitlich etablierten beruflichen Leben für einen weiteren Abschluss herausziehen zu können. Mehrmals verwarf Neon das Vorhaben, ein gestalterisches Studium aufzunehmen. Die Tabuisierung des gestalterischen Berufs drängte sich erneut in den Vordergrund, als Neon einem attraktiven beruflichen Angebot ins Ausland folgte und den Einflussbereich ihres sozialen Umfelds sowie ihrer Familie verließ: Sie greift die Recherche nach einem nebenberuflichen Studium wieder auf und wird fündig: Sie meldet sich zu einem virtuellen Fernstudium im Studienfach Grafik-Design an. Ihre Eltern haben nach wie vor Zweifel. Aber ihr in den fast zehn Jahren gewachsenes Selbstbewusstsein lässt diese Skepsis der Eltern überwinden. Sie bricht auf in einen neuen Lebensabschnitt.

Kompetenzentwicklung bedarf der Reflexion und Transflexion

Im ersten Schritt der personalen Entwicklung spielte sich ein innerer Dialog ab: Kann ich Designerin werden, wenn ich nirgends hingehe? Kann ich Grafik-Designerin werden und im Grunde vor meinem Computer sitzen bleiben? In Studienberatungen zu dieser wenig geläufigen Studienform konnte festgestellt werden, dass Interessenten diese Fragen teilweise ein bis zwei Jahre beschäftigen, bis tatsächlich eine Entscheidung fällt. Der notwendige Rückbezug auf sich selbst ist die notwendige Reflexionsfläche. Hinzu kommt aber die komplexere Überlegung, wie sich dieses Selbstbild in der Zukunft verändern soll. Hier spielen komplexe Überlegungen über eine wünschenswerte Zukunft des Selbst, berufspraktische Spekulationen und Intuitionen eine Rolle. Diese sehr komplexe Reflexion läuft in den seltensten

Fällen linear ab. Daher ist der Prozess treffender mit dem Begriff der „Transflexion" zu bezeichnen. Und zu dieser Nichtlinearität gehört auch, dass das Vorhaben zeitweise zur Ruhe kommt. Denn analog zur Figur des Neo im Film Matrix verweigert der Protagonist seine „Anrufung" zunächst.

Das Dilemma traditioneller Vorstellungen über die Designbildung gibt es demnach nicht nur bei Lehrenden, sondern auch bei Studierenden. Die Umgestaltung des privaten Raums zum Atelier ist eine physische Manifestation der Statuspassage im ersten Studienjahr. Diese geht einher mit dem zeitlichen Umwidmen vormals rein privater Lebensbereiche. Über diese beiden organisatorischen Schritte vollziehen die Helden die Statuspassage zum Studierenden. Damit durchleben sie die in der Narration der Heldenreise als „Initiation" benannte Entwicklungsphase. Der Wunsch nach Entwicklung und Veränderung wird in einer Internetrecherche wachgerufen: Die darauffolgenden Schritte zur tatsächlichen Entscheidung verlaufen in Stufen und meist mit der anfänglichen Verweigerung. Diese liegt in der vermeintlichen Unmöglichkeit aufgrund des traditionellen Glaubenssatzes begründet, (Design) nicht ohne einen physischen Rahmen studieren zu können.

Abb. 11: Das Werk aus den Grundlagenfächern des ersten Studienjahres ist eine Projektionsfläche des neuen Selbstbildes als Grafik-Designer. Damit ist das Visuelle eine theoretische Zentralität der in der Phase der Initiation liegenden Statuspassage.

In der zweiten Etappe des „Aufbruchs" kommt dann bereits das Konzept des hybriden Studios vor, das nicht nur ein räumliches, sondern auch eine mentale Metapher ist.

Neons Einstieg ins Studium war geprägt von euphorischen Erlebnissen: Endlich ist sie mit Gleichgesinnten zusammen. Gleichzeitig hat sie noch immer leise Zweifel, den neuen Anforderungen auch genügen zu können. Im ersten Studienjahr richtete Neon in ihrer Wohnung ein Atelier ein; sie funktionierte einen großen Tisch so um, dass auf ihm die Arbeiten aus dem Studium liegen bleiben konnten. Diesen Tisch richtete sie am Licht aus, sodass er möglichst gut beleuchtbar war und – an Sonntagnachmittagen – ein gutes Tageslicht zum Zeichnen hatte. Sie organisierte ihren Tagesverlauf um: Sie arbeitete in den Morgenstunden bis zu zwei Stunden für ihr Studium, um die Energie des Vormittags für das Studieren zu nutzen. Gleichzeitig reduzierte sie ihre Arbeitszeit, um dies zu kompensieren. Ihre ursprüngliche berufliche Identität loszulassen, fiel Neon nicht schwer, da sie zwischenzeitlich das Studium ins Zentrum ihres Lebens gerückt hatte.

Intensive Kontakte zu Kommilitonen halfen ihr dabei, die zeichnerischen und malerischen Grundlagen der Darstellung intensiv zu praktizieren: Mit Kommilitonen organisiert sie regelmäßige virtuelle Treffen am Abend, indem sie sich über Videokonferenzen verbinden und gemeinsam an Werken arbeiten. In diesen „Kreativsessions" entsteht ein gemeinsamer Klangraum, in denen gemeinsam Musik gehört wird und sich punktuell über das Entstehen der jeweiligen Werke unterhalten wird. Neon schätzt diese Atelieratmosphäre sehr, die über digitale Medien plötzlich in ihre Wohnung Einzug findet – denn sie fühlt sich dadurch „ganz als Designstudentin".

Die entstehenden Werke präsentiert sie stolz in ihren Social-Media-Kanälen, in denen sie durchweg positives Feedback auf ihre Arbeiten erhält. Dies bestärkt ihr Selbstbild als professionelle Gestalterin.

All diese positiven Erfahrungen im ersten und zweiten Semester bestärkten Neons Entscheidung, diesen Weg nun endlich gegangen zu sein. Euphorisch investierte sie einen großen Teil ihrer Freizeit in diesen neuen Aspekt ihres Lebens.

Die Statuspassage in virtuellen Lernräumen ist ein kommunikativer Akt. Studierende postulieren die veränderte Version ihres Selbstbildes. Da das soziale Gegenüber (vgl. Arnold, 2012) der Lerngruppe anfänglich fehlt, kommunizieren Studierende ihre angestrebte Identität im näheren sozialen und familiären Umfeld, naturgemäß heute aber auch in den sozialen Medien. Studierende im ersten Studienjahr posten ihre Arbeiten aus den Grundlagenfächern, um damit die subjektiv neuen künstlerischen Übungen zu zeigen.

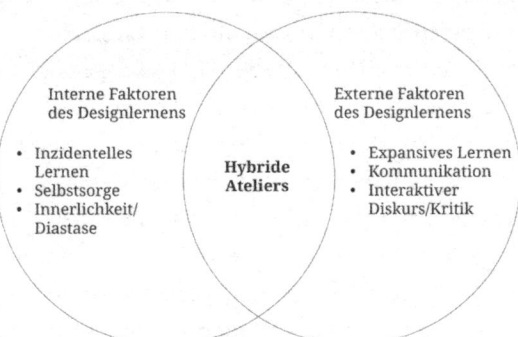

Abb. 12: Das hybride Atelier in der Schnittmenge interner und externer Faktoren des Designlernens

Fallen beide Handlungen – die räumliche und zeitliche Umwidmung vormals privater Bereiche und deren Kommunikation – zusammen, ist die Statuspassage vollzogen.

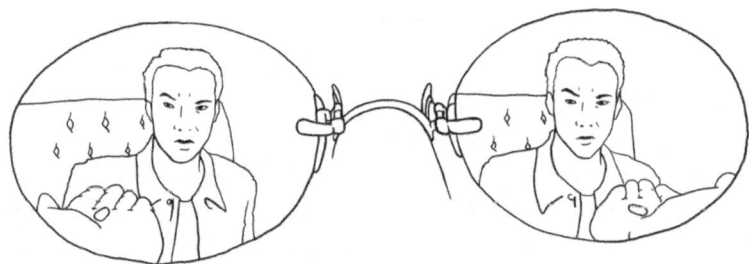

Abbildung 13: In dieser Szene wird die zweite Phase der Erzählung versinnbildlicht – das Subjekt wählt eine eigene Identität.

Auf der zweiten Stufe zeigen sich Spannungserfahrungen und Krisen, die für die Identifikation für das eigene Bildungsprojekt zentral sind. Gleichzeitig kann in diesen Spannungen auch das spezifische gestalterische Handeln über die „Diastase" gezeigt werden. Der Begriff der „Diastase" ist ein zentraler und komplexer Begriff, der in dieser Übertragung aus dem Werk von Bernhard Waldenfels stammt (vgl. Waldenfels, 2002): In diesem vorwiegend unbewussten Entwicklungsprozess stellen sich – in diesem Fall als Kernaspekt betonte – Ideen als gestalterische Erkenntnisse ein. In der Beschreibung dieses Prozesses betont Waldenfels das ganzheitliche Involviertsein von Körper und Geist. Damit liefert er die empirischen Indizien des negativ erfahrenen Leidens in der Erfahrung dieses intensiven Prozesses. Dies ist deswegen relevant, da im empirischen Prozess auch die Schlüsselmomente des Leidens untersucht wurden. Aus dieser erkenntnistheoretischen Beschreibung ist zu begründen, warum personale Entwicklungen im gestalterischen Studium oft mit einer gewissen Krisenhaftigkeit einhergehen (vgl. zur „Krisis" Hanstein/Lanig, 2020a, S. 55–60).

Im zweiten Studienjahr waren bei Neon die anfängliche Leichtigkeit und die Euphorie verflogen: Neon empfindet die gestiegenen

Anforderungen in den Projekten zunehmend als stressig. Gerade die Aufgabe, die Themen für die einzelnen Projekte selbst zu wählen, lässt sie an ihrem eigenen Anspruch zweifeln. Sie empfindet großen psychischen und physischen Stress dabei, sich die Themen auszudenken und sich auf etwas festzulegen – mehrfach verwirft sie Ansätze und hat ständig das Gefühl, nicht voranzukommen. Die Kommilitonen sind dabei keine Hilfe mehr. Mehr noch: Sie hat zum ersten Mal das Gefühl, „allein in der eigenen Blase" zu sitzen. In den Projekten selbst ist ihre Intuition wie „verflogen" – gestalterische Entscheidungen verlangen wegen der theoretischen und methodischen Einordnung der Gestaltungstechniken ein komplexes Nachdenken. Aufgrund der freien Themenwahl sind die Gespräche mit Dozenten und Kommilitonen belastend, da Hinweise zu ihren Gestaltungsentscheidungen als persönliche Kritik ankommen – was umso schwerer wiegt, weil sie in ihrer behüteten privaten Umgebung fachliche Kritik nicht gewöhnt war. Neon kann nicht mehr, wie noch im ersten Studienjahr, ihrer Intuition vertrauen, sondern muss ihre gestalterischen Entscheidungen im Rahmen der Projektbesprechungen gegenüber ihrer Studiengruppe argumentieren und auch kritisch hinterfragen lassen. Diese neue Situation bringt sie regelmäßig in tiefe Unzufriedenheit, bis an den Rand der Verzweiflung.

In diesen Phasen scheinbarer Passivität gab es auch immer wieder die „hellen" Momente, in denen ein Ideenansatz für ein Projekt, eine formale Idee oder ein genereller Lösungsansatz wie aus dem Nichts erscheint (vgl. zur „Inspiration" Hanstein/Lanig, 2020a, S. 81–84). Auf diese Momente folgte eine Phase freudigen Schaffens, die an die euphorischen Flow-Erlebnisse aus dem ersten Studienjahr erinnerte. Etwas anders waren diese Momente jedoch: Neon hatte das Gefühl, sich mit der Themenwahl und dem sich entwickelnden Projekt auch selbst zu verändern. Es scheint ihr, dass diese sehr fordernden Phasen im Studium der Preis für ein gelingendes Werk sind. Umso stärker werden die entstehenden Werke ein Teil von ihr.

Diese Schilderung illustriert den Vorgang, wie sich die Designkompetenz in virtuellen Lernprozessen infolge von Spannungserfahrungen bis hin zu Krisen entwickelt. Die dann angeeignete Gestaltung trägt die Signatur eines intensiven, individuellen Entwicklungsprozesses. Ein integraler Teil dieser Aneignung sind die gewonnenen gestalterischen Techniken. In den biografischen Berichten wird deutlich, wie stark die identifikatorische Wirkung der gestalterischen Entwicklungen ist. Im Ergebnis entsteht eine personale Dimension der Gestalterpersönlichkeit. Das bedeutet, dass dieses Ergebnis der „Gestalterpersönlichkeit" die Synthese von einem neugewonnenen gestalterischen Repertoire ist, aber zugleich eine Veränderung des Selbstbildes beinhaltet. Damit ist die Aneignung neuer gestalterischer Ausdrucksmöglichkeiten immer verbunden mit dem Erfahrungskontext, in dem sie gewonnen wurde. Die sozialen Prozesse der kritischen Projektbesprechungen spielen dabei eine zentrale Rolle bei der Ausformung des Selbstbildes. Gleichzeitig hat die Studienmitte passive und stille Phasen, in denen intensive gestalterische Prozesse unterhalb der Bewusstseinsschwelle ablaufen. Diese werden von Studierenden als physischer und psychischer Stress erfahren.

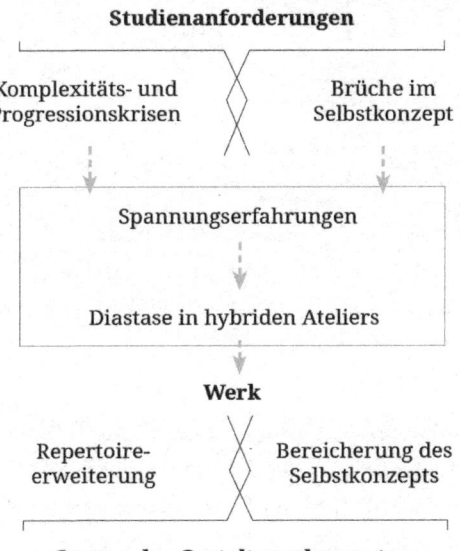

Studienanforderungen

Komplexitäts- und
Progressionskrisen

Brüche im
Selbstkonzept

Spannungserfahrungen

Diastase in hybriden Ateliers

Werk

Repertoire-
erweiterung

Bereicherung des
Selbstkonzepts

Genese der Gestaltungskompetenz

Abb. 14: Die Genese der Gestaltungskompetenz über die Diastase in hybriden Ateliers: In dem Zentrum der „Black-box" stehen einerseits Spannungserfahrungen als Indiz eines Entwicklungsprozesses, aber vor allem die Diastase als innerlicher Vorgang. Das Besondere ist, dass dieser innerliche Vorgang nach außen nicht sichtbar ist. Lediglich das Ergebnis der Repertoireerweiterung wird vom Subjekt erkannt und kann damit auch beforscht werden. Der eigentliche Aneignungsprozess jedoch nicht.

Abb. 15: Die Filmerzählung schließt ebenfalls mit dem dritten Stadium der Heldenreise, der Rückkehr als verändertes Subjekt.

Auf der dritten Ebene wird als „Rückkehr" die Rekonstruktion der Identität dargestellt. Hier soll das Thema der Selbstkonstruktion angeschnitten werden, die sich in der Schnittstelle von inneren (das sind die oben als „Diastasen" beschriebenen Entwicklungsprozesse) und äußeren (die sozialen Aushandlungsprozesse in der Lerngruppe und mit den Lehrenden) Prozessen ergibt:

> Die in dieser Phase gemachten Spannungserfahrungen waren für Neon zwar große Herausforderungen, aber rückblickend die Schlüsselmomente ihrer persönlichen Entwicklung. Denn in diesen Krisen ist es ihr gelungen, über Ideen in den Entwurfsprojekten eine Lösung zu finden: Dies gelang ihr meist dadurch, dass sie eine neue gestalterische Technik gefunden hat, um die jeweilige Anforderung zu erfüllen. Über diese schweren Momente hat Neon auch gelernt, sich autodidaktisch gestalterische Techniken anzueignen – etwa über YouTube oder die Kontaktaufnahme mit Expertinnen – oder selbst zu entwickeln, etwa durch Experimente in ihrem nunmehr routinierten Atelier.
>
> Neon wurde in diesen Krisen deutlich, dass sie ihre bisherige Identität als Gestalterin selbst infrage stellte. Doch sie selbst war

gleichzeitig diejenige, die aus sich selbst heraus eine Identität über einen gestalterischen Akt verändern konnte – und musste. Schließlich gab es in ihrem Atelier in diesen Krisen kein physisches Gegenüber, dem sie sich in dieser Tiefe hätte mitteilen können. In diesen Krisen hat sie auch gelernt, sich selbst gegenüber die Pflicht zur Selbstfürsorge zu leben – denn zu „besessen" durfte diese Schaffensphase nicht werden – auch das hatte sie leidvoll in ihrem selbstorganisierten Studium erfahren müssen.

Eine solche Selbstkonstruktion hat zum Ergebnis, dass sie die kreative Lösungskompetenz über diese selbstorganisierten Lernerfahrungen erweitert. Diese schlagen sich im Selbstbild nieder und erweitern die Designkompetenz: Diese dritte und letzte Entwicklungsphase der „Rückkehr" ergibt sich dadurch, dass sich das Selbstbild der Lernenden neu konstruiert. Zu diesem Selbstbild gehört neben der eigentlichen innerfachlichen Entwicklung auch das Wissen um den eigenen Entwicklungsweg: Dieser führt die Lernenden durch Krisen und zu individuell bedeutsamen Themen, die Teil der Gestaltung werden (können und sollen). Dabei ist stets die Selbstkompetenz im hybriden Atelier basaler Teil dieser Kompetenzentwicklung.

Gerade die Erfahrung eines Entwicklungsbedarfes und die gleichzeitige erfolgreiche Aneignung der dafür notwendigen inner- wie außerfachlichen Kompetenzen ist daher ein lehrbuchmäßiges Beispiel für das „expansive Lernen". Da dieses Lernen in der Hauptsache auf Seite der Lernenden geschieht, erhöht dies die eigene Wertschätzung dieses Wissens und das eigene Selbstvertrauen in die sich ausbauende Gestaltungskompetenz.

Der bildungstheoretische Unterschied zum Atelierlernen ist jedoch, dass diese tiefen Veränderungen im gestaltungspraktischen Repertoire ohne Beteiligung eines sozialen Gegenübers geschehen. Aus diesem Grund ist die Innerlichkeit ein Potenzial dieser Bildungsform – an anderer Stelle als „spirituelles Selbstmanagement" von den Autoren beschrieben (vgl. Hanstein/Lanig, 2020a). Wie auch dort ausgeführt und von der Empirie vielfach bestätigt, zeigt sich, dass eine gestalterische wie personale Entwicklung nicht ohne Krisen oder zumindest Spannungserfahrungen ablaufen kann. Die Lernenden schreiben sich diesen Kompetenzgewinn selbst zu. Gleichzeitig reflektieren sie, dass die Kompetenz, auf unbekannte Situationen gestaltend zu reagieren, einer eigenen kognitiven Entwicklung entspringt.

Teil dieser (Selbst-)Reflexion ist, dass es wenig externe Faktoren braucht, um eine solche intellektuell-kreative Leistung zu vollbringen. Es benötigt stattdessen Selbstorganisation, Selbstreflektion und Selbstsorge. Dieses Prinzip der positiven und produktiven Selbstbezüglichkeit stellt aus bildungstheoretischer Perspektive ein hohes Maß an Autonomie des Lernens dar. Diese Tatsache zeigt letzten Endes – und das ist der Bezug zur Überschrift dieses Exkurses –, dass innerhalb eines 7- bis 8-semestrigen Bachelorstudiums gereifte Gestalterpersönlichkeiten entstehen, die ihr eigenes gestalterisches Knowhow durch diese personalen Selbstkompetenzen nachhaltig weiterentwickeln können.

Schließlich stellt diese Bildungsautonomie als Ergebnis eine humanistische Qualität dar, fern von teilweise ideologischen Strukturen traditioneller Kunstakademien einen eigenen gestalterischen Weg zu beschreiten. Dies ist die eigentliche innovative Qualität dieses neu entstehenden Bildungsraumes. Die Voraussetzung ist freilich, dass die eigenen Ressourcen, intrinsischen Antriebe und innovativ-kreativen Potenziale der Lernenden als eigenständiger, wertvoller Teil des Bildungsprozesses anerkennt und berücksichtigt werden. Dieser Gedanke ist indessen nicht neu und wird auch als „expansives Lernen" bezeichnet (vgl. Birkenbihl, 2013). Er macht deutlich, dass die Rolle von Lehrenden in traditionellen Institutionen die Tendenz hat, überschätzt zu sein. Vielmehr muss es darum gehen, sich als Lehrende im besten Sinne des Wortes – das ist unsere leidenschaftliche Überzeugung – überflüssig zu machen – auch, wenn dies ein schmerzhafter Prozess für die Selbstbilder von Lehrenden sein kann.

Die Dezentralisierung von Lernprozessen birgt für die Angemessenheit und Zukunftsgewandtheit von Lernprozessen Potenziale: Durch die Induktion des expansiven Lernens ist die grundsätzlich angestrebte Anwendungs- und Kompetenzorientierung gewährleistet. Denn nur wirklich bedeutsame Lernbedarfe gelangen in diese Expansion. Wie ein Filter sortieren Lernende die Glaubenssätze aus Jahrzehnten eigener Lernerfahrung heraus: Nur was für das Erreichen eines bestimmten Lernziels nötig ist, wird geübt. Nicht mehr und nicht weniger – und vor allem nicht das, was wir als Lehrende und damit Theoretiker dieses Tuns als notwendige Übung erachten. Selbstkritisch müssen wir als Lehrende deshalb wohl anerkennen, wie wir einer Wahrnehmungsverzerrung unserer eigenen schulischen Lernerfahrung erliegen. Überhöht wird das „fleißig sein", das gedankenlose Üben, ohne eine wirkliche Bedeutsamkeit des Geübten zu sehen. Mit Blick auf eine naturgemäß unklare Zukunft können wir nicht wissen, welcher Teil dieser Übung tatsächlich relevant ist. Das expansive Lernen aber nimmt uns diese epistemische Last – durch Induktion. Die Würdigung des Lernenden als Expertin oder Experte des eigenen Tuns – so wie es in den Ansätzen zur Elementarisierung und Handlungsorientierung beispielhaft unternommen wird – hat einen wesentlichen Nebeneffekt, und zwar die Selbstorganisation und Selbstmotivation zu stärken. Damit ist der Blick auf das eigene Tun die Reflektion, die Ausrichtung des Lernens an einer ungewissen Zukunft die Transflexion.

Zusammengefasst bedeutet diese exemplarische Tiefenbohrung: Es muss auch in den „hybriden Ateliers" eine Abfolge von ästhetischen Erfahrungen (vgl. Hanstein, 2008) geben, um ganzheitliche Kompetenzentwicklung anzuregen und zu ermöglichen. Denn während des gesamten Bildungsprozesses entwickelt sich die Persönlichkeit eines Designers ständig weiter. Dies ist eine Folge des autonomen Kompetenzerwerbs „mit Bordmitteln", der von den Lernenden zunächst durch die Interaktion mit Kommilitonen sowie Lehrenden sozial aufgebaut wird. In einer dritten Phase geschieht dieser Prozess rein innerlich als autonomer Bildungsvorgang. Dieser Rahmen erst bringt selbstbewusste – das heißt dem Wort gemäß: sich ihrer eigenen Wirkung und Gestaltung bewusste – und reflektierte Designer hervor (vgl. Lanig, 2019).

Auch deshalb ist die Erforschung alternativer Design-Lernräume relevant und notwendig für die Fortentwicklung designpädagogischer Theorien. Diese didaktischen Prinzipien, etwa die Pflicht zur aktiven Zurückhaltung der Lehrenden in der „Diastase", können auch den traditionellen Unterricht im Atelier bereichern: Der in dieser Untersuchung vorgestellte designdidaktische Rahmen macht die Integration in die „traditionelle" Designpädagogik vielversprechend und wünschenswert. Damit dies nachhaltig geschehen kann, müssen die Lehrenden aber auch bereit sein, ihre eigenen lehrpraktischen Überzeugungen auf den Prüfstand zu stellen. Und diese Prämisse gilt fachübergreifend!

Fächerübergreifende Hypothesen und Erkenntnisse

Aufschlussreich sind diese Erkenntnisse zudem für die Bedeutsamkeit von Kompetenzen. Wie oben angedeutet, herrschen bis heute Dispute zwischen Vertretern reiner Fachinhalte und Verfechtern des kompetenzorientierten Lernens vor. An dieser Untersuchung aus dem Bereich des – virtuellen – Grafik-Design-Studiums wird nicht nur deutlich, wie die einzelnen Kompetenzen miteinander verwoben sind, sondern auch, dass eine Weiterentwicklung der inhaltlich-fachlichen Ebene ohne die Entwicklung in allen anderen Kompetenzbereichen – insbesondere der personalen und sozialen Kompetenz – (so) nicht stattgefunden hätte bzw. übertragen: nicht stattfinden kann. Der wesentliche Baustein bildet dabei – in Anlehnung an Heinz Klippert – die Reflexion des eigenen Lern- und Entwicklungsprozesses. Die dargelegte Untersuchung macht deutlich, wie wesentlich die Unterstützung dieses Reflexionsprozesses – hier durch den Dozenten – doch ist. Der Lehrende wird an diesem Punkt zum Coach (vgl. Truninger, 2019). Diese Rolle ermöglicht ihm, sich „asketisch" mit Fachinhalten zurückzuhalten und das zurückzuspiegeln, was ihm anvertraut wird. Da die Krisenerfahrung eine existenzielle und mitunter heikle Phase sein kann (vgl. Waldenfels, 2002, vgl. zur Bedeutung der „Krisis": Hanstein/Lanig, 2020a, S. 56–57), ist die reflektierte Rolle des Lehrenden an diesen Knotenpunkten und Scharnierstellen besonders relevant. Diese Entdeckung führt zurück zur – einleitend – ersten Fragestellung, ob es „auf die Lehrenden" ankommt. Als Erkenntnis kann gesagt werden: Ja, doch es stellt sich die Frage nach dem „Inwiefern". Die Selbst- und Rollenreflexion der Lehrenden gehört damit – neben der Selbstreflexion der Lernenden – zentral in die Lehr- und Lernbeziehung mit hinein. Ein Lehrer/Dozent, der mäeutisch vorgeht, lässt hinreichend Spielraum für die eigenen Entdeckungen der Lernenden. Er steht aber gleichzeitig dann bereit, wenn er – als Coach – benötigt wird. Der Rekurs auf die Mäeutik – nach dem Philosophen Sokrates als *maieutiké téchne* benannt – ist insofern naheliegend, da die Erkenntnisse der Studierenden, wie oben aufgezeigt, erst prozesshaft „geboren" werden mussten. Ein guter Lehrer fungiert damit im Bild gesprochen als „Hebamme" – übertragen: als empathischer, „mitschwingender" Lernbegleiter.

Das Zusammenspiel und Ineinander der Kompetenzen kann ebenso wie an der Hochschule für den schulischen Bereich konstatiert werden. In einer Unterrichtsforschung zum Verhältnis von ästhetischer Kompetenz und religiös-kulturell-personalen Bildungsprozessen (vgl. Hanstein, 2008) wurde das religiöse Lernen in gewerblichen Klassen qualitativ-empirisch begleitet. Anhand der Grounded Theory wurden

Kategorien und Konzepte entwickelt, die schließlich mit den klassischen Ansätzen der Ästhetikdiskussion in Abgleich gebracht wurden. Dabei wurde beispielhaft festgestellt:

> „Der Aspekt ‚religiöse Ausdrucksfähigkeit' (…) dockt an ‚ästhetischen Erfahrungen' und einer möglichen ‚Irritation' der, durch diese einsetzenden (inneren) Abläufe an. Der bisherige Blick des wahrnehmenden Subjekts (‚Wahrnehmungsfähigkeit') wird verändert und in den Hintergrund geschoben, sodass sich eine der Situation zuträgliche gewisse Vorurteilsfreiheit einstellen kann. Diese ermöglicht ein offenes Kommunizieren des (verändert) Wahrgenommenen und eine angemessene Bewertung (‚ästhetische Urteilsfähigkeit') dieser Phänomene. ‚Selbsttätigkeit' und ‚Handlungsfähigkeit' bilden den methodischen Schlüssel, da über die aktive ‚Gestaltungsfähigkeit' des Einzelnen die Erfahrungen (mit Irritationen) personal tiefer bearbeitet und zugleich auf eine praktisch-vertraute Weise nach außen getragen werden können. Diese ganzheitliche und berufsbezogene Auseinandersetzung kann eine Nachhaltigkeit der Erfahrungen mit sich bringen, die sich auf die ‚religiöse Identität' des Einzelnen auswirken kann" (ebd., S. 219).

„Religiös" wird vorliegend nicht als klassisches Erlernen von Glaubensinhalten („fides quae", vgl. Hanstein/Lanig, 2020, S. 38–39, 47–48) verstanden, sondern im elementaren Wortsinn als ein „Rückgebunden sein". Gerade in Zeiten der Krise wird diese existenzielle Frage nach den eigenen Lebensankern wachgerufen. Persönliche Religiosität – in der Lesart der Autoren vielmehr spirituelle Kompetenz (vgl. ebd., Titel) beinhaltet damit im Letzten die Unsicherheit, was „mich" durch diese „Durststrecke" trägt, wie es „mich" verändert, inwiefern „ich" nachher ein Anderer sein werde, und was unverkennbar authentisch – in aller Regel nach der Krise an Klarheit noch fokussierter in

Erscheinung tretend – als „Ich selbst" bleiben wird. Auch hier geht es wieder um zutiefst persönliche Entwicklungen und um das Selbstbild Heranwachsender. Auch wenn sich (wie in Hanstein/Lanig 2020a aufgezeigt) Parallelen zwischen dem Design und der ästhetisch-religiösen Bildung erkennen lassen (vgl. weiterführend Dewey/Velten, 1988), so scheinen die – oben in Klammern gesetzten – ästhetischen Prinzipien Aspekte zu sein, die nicht nur diese Fächer verbinden, sondern die es fachübergreifend ermöglichen können, kompetenzorientierte, ganzheitliche Prozesse des Lehren und Lernens und damit letztlich von (Selbst-)Bildung anzubahnen.

Nach der Überzeugung der Autoren ist dies in virtuellen Formaten nicht weniger möglich als im analog-physischen Raum. Daher stellt sich im Folgenden die Frage nach dem „virtuellen Wie".

Phasen der Implementierung

Bis zur Drucklegung dieses Buches war ein gewisser Dualismus in der Bewertung des „Homeschoolings" nicht zu übersehen: Präsenz versus Virtuell. Die diesbezüglichen Diskussionen wurden (auch und im Besonderen in der akademischen Welt) teils sehr emotional geführt – was andeutet, worum es (auch) ging: um Verlustangst. Dieses Phänomen kann hier ganz wertneutral gesehen werden. Denn zum einen ist es aus dem Organisations-Coaching bekannt, zum anderen aus dem Aufbau virtueller Lernformate im Kontext der Hochschullehre.

In Anlehnung an die klassische „Veränderungskurve" aus dem Change-Management (vgl. https://blog.setzwein.com/2011/03/21/die-gefuhlskurve-in-change-projekten/; Zugriff: 15.06.2020) können wir für die Implementierung der virtuellen Lehre folgende Phasen feststellen:

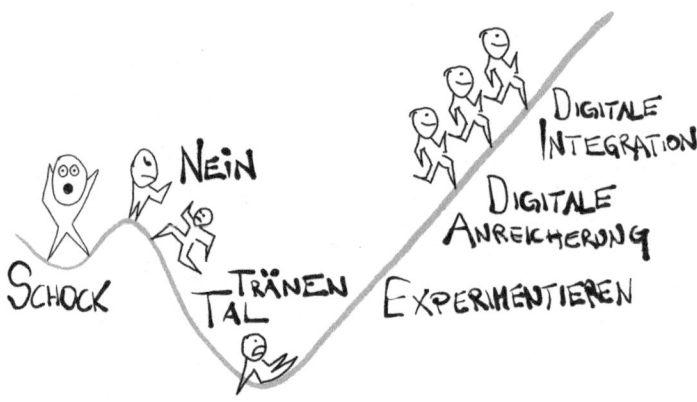

Abb. 16: Gefühlskurve in Veränderungsprozessen in Anlehnung an Setzwein

Wenn die Hypothese zutrifft, dass Bildungsinstitutionen eine ähnliche Veränderungsdynamik durchlaufen wie Individuen, dann stellen spätestens die 64 Tage nach den Corona-bedingten Schulschließungen den Durchgang durch das „Tränental" dar. Ob Ihre Schule bereits wieder einen Aufstieg bewältigt oder noch auf dem Abstieg ist, ob sie ins „bewährte" Analoge zurückgefallen ist, muss jedes Kollegium für sich diskutieren.

Es ist festzustellen, dass dieser Prozess, beginnend mit dem *Schock* und spontanen *Nein* gegenüber virtuellen Formaten, in der Schule notgedrungen ins Rollen kam. Und wie aus der Not schon so manch kreative Lösung entsprungen ist, begannen engagierte Kolleginnen und Kollegen mit der Phase dessen, was wir hier als *digitale Anreicherung* bezeichnen – als der teilweise Übergang in virtuelle Möglichkeiten. Andere hingen womöglich noch im *Tal der Tränen* fest, manche ließen sich mitreißen, andere taten sich schwerer, waren zögerlicher. Doch wo das *Experimentieren* in erste Formen einer – wie wir es konstatieren können – *digitalen Integration* überging, da wurde dieser

Zustand immer daran erkennbar, dass er „irgendwie schon als ganz normal" (O-Ton eines Abiturienten) empfunden wurde.

Nachdem – wenn auch notgedrungen – der erste große Schritt von der experimentellen digitalen Anreicherung *des* Unterrichts zur digitalen Integration *von* Unterricht landesweit gegangen worden ist, erscheint es uns schlichtweg als unwahrscheinlich, dass diese Veränderung einen Rückschritt zum Status quo des März 2020 machen kann. Will man die Corona-Krise für das Schulwesen ernst nehmen, werden hybride Formen von Unterricht der konsequente nächste Weg sein. Denn nur mit einem zukunftsweisenden Sowohl-als-auch kann die Qualität des Unterrichts durch Krisen wie diese hindurch gesichert werden. Die Frage – aus der Perspektive des Change Coaching – lautet daher nicht: Wie kommen wir sicher zurück? Sondern: Was lässt sich in die schulische „nach Corona-Zeit" vom findigen und erfolgreichen Experimentieren hinüberretten? Und wie gelingt dies organisatorisch und methodisch?

Wir fokussieren uns hier – entsprechend des Buchtitels – auf die zweite Frage. Die erste wird von Kolleginnen und Kollegen in der Schulentwicklung zu begleiten sein. Was wir allerdings als Blaupause anbieten können, ist der Blick auf diese Phasen in der Hochschullehre, die wir gemeinsam untersucht und zum Teil mitgeprägt haben. Bei aller Verschiedenheit der Systeme kann der Erfahrungswert womöglich hilfreich sein.

Die Freiwilligkeit der Pionierjahre ab 2010 der virtuellen Lehre war ein großer Unterschied zum Jahr 2020, in dem die Fernlehre den „Sprung ins kalte Wasser" notwendig machte. Durch diese Freiwilligkeit und die damit einhergehende Experimentierfreude war es möglich, einige wenige Progressive im Kollegium zu finden, die erste Erfahrungen machen konnten – und wollten. Das ausschlaggebende und auch für heute geltende Erfolgsprinzip war, die Lernenden in dieses Experiment mit einzubeziehen. So wurde es zu einem kooperativen Unterfangen zwischen erwachsenen Lernenden und erfahrenen Lehrpraktikern. Das mag ein kategorischer Unterschied zur heutigen Konstellation sein – es ist noch fraglich, Schüler zu einer solch vergleichbaren Kooperation bewegen zu können. Entscheidend ist aber die Teamfähigkeit aller Beteiligten im Sinne einer Feedbackkultur. Sicher haben wir in den Aufbaujahren eine große Zeit damit verbracht, mit den Lernenden die Erfahrungen zu reflektieren und zu optimieren. Dieser kommunikative Kreislauf muss auch zehn Jahre später bei jeder (!) Schulentwicklung ein systematisches Prozesselement sein. So kann es gelingen, die „nächste Generation" im Kollegium zu aktivieren, die diese erste „Sturm- und Drang"-Phase skeptisch gesehen haben. Diese zweite Generation Lehrender wird von den Erfahrungen der ersten Generation profitieren – diese „Selbstverständlichkeit" muss jedoch verstetigt und institutionalisiert (siehe „Kollegiales Coaching" weiter unten) werden.

Daraus ergeben sich sieben Aspekte – als grundlegende Empfehlungen:

1. Fortbildungen sichern auch auf digitaler Ebene die Unterrichtsqualität. Entsprechend sollte die Fortbildungslandschaft des Schulwesens – zeitnah – auf digitale und hybride Formate umgestellt werden.

2. Kollegiales Coaching unterstützt Lehrende im laufenden Betrieb bei ihren konkreten Anliegen und technischen und methodisch-didaktischen Fragestellungen. Es ist rein virtuell möglich und kann auch im Schulwesen kostenneutral implementiert werden.

3. Für schulinterne Fortbildungen nach Coaching-Formaten empfehlen wir die Struktur eines systemisch-lösungsorientierten Coachinggespräches, das vom Anliegen des Klienten bzw. hier der Lehrenden ausgeht (vgl. Hanstein, 2018, Abb.

S. 48). Dazu kann die Runde als Expertengruppe genutzt werden (vgl. Methode „Expertengruppe", S. 166).

4. Der erste Impuls ist stets ein externer: Entweder von der Leitung als strategische Ausrichtung oder eben, wie in 2020, verursacht durch eine Krise. Auf diesen äußeren Impuls („top down") muss zwingend an der Basis reagiert werden („bottom up"). Hier müssen Führungspersonen gefördert werden, die als Nonkonformisten den Mut und die Risikobereitschaft haben, im bestehenden System „anzuecken".

5. *Die* virtuelle Lehre gibt es nicht: Jede Institution bildet ihre eigene Version einer Lehr- und Lernkultur aus, innerhalb derer digitale Medien eine unterstützende oder auch zentrale Rolle spielen. Das ist ein Aushandlungs- und kein Reproduktionsprozess. Diese Dynamik in den Kollegien ist ein zutiefst diskursiver Prozess, in dem die üblichen Positionen der Avantgardisten, der Reaktionären wie auch die Traditionalisten einen Veränderungsprozess aushandeln (müssen).

6. Aus den beiden letzten Punkten ergibt sich die These: Neues gelingt dann, wenn wir gemeinsam Fehler machen (dürfen), wir daraus lernen und es in der nächsten Version besser machen. So einfach das klingt, so schwer ist es: In einer von Leistungsdruck und Erfolgspflicht geprägten Bildungswelt ist diese Kultur des Scheiterns immer wieder neu und immer wieder schwer zu vermitteln.

7. Gibt es auch in Ihrem Kollegium Vertreterinnen und Vertreter der Auffassung, das Lernen am Vorbild sei das allein wirksame Vermittlungsprinzip? Wenn Sie selbst dieser Meinung sind, dann können Sie Treiber einer digitalen Kultur im Kollegium sein und Ihrerseits einen konstruktiven und produktiven Sozial-„Druck" zu einem „hybriden Kollegium" erzeugen. Finden Sie hybride Wege und digitale Werkzeuge,

die alltäglichen wie auch diskursiven Prozesse im Kollegium mit digitalen Mitteln effizienter zu gestalten. Nicht, weil
die digitalen Mittel ein Wert für sich sind, sondern weil die
Arbeitsqualität steigt. Und Sie werden vielleicht schon bald
feststellen, wie der anfängliche Druck, etwas Neues wagen
zu müssen, zum Sozial-„Sog" wird.

In diesem langen Anstieg der Implementierung liegt vor allem eins:
jede Menge Arbeit. Es ist naturgemäß mehr Mühe, Unterrichtsme-
thoden in einem Jahre oder gar Jahrzehnte gewachsenen Ablauf in
neue Formate einzubinden. Die Gefahr liegt dabei darin, vor allem
technisch aufzurüsten. Dieser Weg ist trügerisch, denn schlechter
Unterricht wird auch durch die beste Technik nicht besser. Er wird
vielmehr – und im virtuellen Kontext noch deutlicher – eine Kunst
der Improvisation bleiben. Daher besteht unser Beitrag im folgenden Hauptteil dieses Buches aus Ideen für methodische Experimente, Ihren gewachsenen Duktus von Lehre und Unterricht in eine hybride schulische Zukunft zu tragen.

Kapitel 4

Das virtuelle Klassenzimmer – oder: Wie die Gruppe virtuell ins Laufen kommt

An den bisherigen Linien wird – so hoffen wir – erkennbar, dass das virtuelle „Rad" nicht neu erfunden werden muss. Gleichzeitig aber, dass sich herkömmlicher Unterricht nicht Eins zu Eins auf virtuelle Lehr- und Lernprozesse und Formate übertragen lässt. Ein Phänomen des Corona-bedingten „Homeschooling" ließ sich an verschiedensten Orten beobachten: Die Lust am Experimentieren. Diese Erscheinung ist bezeichnend für die Phase, in der Schulen und – die allermeisten – Hochschulen ab dem Frühjahr 2020 standen: das Ausprobieren. Damit ist das bestätigt, was wir diesem Buch vorangestellt hatten: der pädagogische Idealismus der – allermeisten – Lehrenden. Nur wenigen Schulen gelang indes die Anknüpfung an bewährte Formate und bestehende Erfahrungen – fehlte dazu schlichtweg die Struktur. Wie ist es sonst zu erklären, dass es keine vergleichbaren Fortbildungen zum digitalen Lehren und Lernen in der ersten Phase des „Homeschooling" gab? Die – wenigen – Schulen und Hochschulen, die die Phase des Experimentierens und Ausprobierens – seit vielen Jahren – hinter sich lassen konnten, zeichnen sich durch ein Prinzip aus, das seit jeher zur pädagogischen Weisheit gehört: weniger ist mehr. Allerdings darf diese Reduktion nicht einseitig verstanden sein – würde man sich ansonsten wieder mit reinem Frontalunterricht begnügen –, sondern sollte alle Bereiche umfassen, die oben handlungstheoretisch ausgeführt worden sind. Die leitende Frage ist vielmehr – um eine neuere Arbeitsform aufzugreifen, die für den virtuellen Raum zukunftsträchtig sein wird: Wie führen Sie Ihre Lernenden zur Kollaboration – zum gleichzeitigen sowie erfolgreichen, zielgerichteten – und selbstorganisierten Arbeiten?

Insofern soll sich hier – der pädagogischen Reduktion und den oben beschriebenen „5 W" (vgl. S. 29) folgend – auf Unterrichtsprinzipien für die virtuelle Lehre konzentriert werden, bevor der Aufbau dieses Buches über den „hybriden Lernraum" weiter zu „Rezepten, Techniken und Methoden für die virtuelle Lehre" führen wird.

Abb. 17: Digitale Präsenz ist der Kontrastbegriff zur Präsenzpflicht.

Prinzip 1: Am Anfang ist das Wort

„Ich brauch' kein Mikro, da gibt's auch 'ne Chat-Funktion!" Diese selbstbewusste Antwort eines Achtklässlers macht deutlich, dass heutige Schüler natürlich wenig Hemmschwellen im Umgang mit virtuellen Räumen haben. Sie sind mit Social Media – mehr oder weniger –

aufgewachsen und erfassen daher sehr schnell – oft intuitiv –, was ein Format bietet und wo sich Freiräume ergeben. Dieser – ethisch betrachtet wichtige – selbstverantwortete Umgang mit den Chancen und Risiken der Digitalisierung ist aber zugleich ein Aspekt, der für einen gelingenden virtuellen Unterricht bedacht sein muss. Es sagt nichts über die Qualität des betreffenden Kollegen aus, dass die „Unterrichtsstunde" dann auch so ablief: dass keiner der Schüler weder den Ton noch die Kamera anhatte. Der Pädagoge sprach also „ins Off", ohne jegliche Rückmeldung, ob und wie seine Inhalte – und wie er als Lehrer – buchstäblich ankam. – „Know thy impact" – Wisse, was du als Lehrer bewirken kannst! (Hattie)

Eine der allerersten Regeln in unseren virtuellen Schulungen und Coachings lautet daher: Vor dem „Soundcheck" läuft inhaltlich nichts. Am Anfang ist das Wort – und zwar von jedem. Freilich bewirkt dies einen gewissen „Sozialdruck", aber es bedeutet auch Wertschätzung gegenüber „meiner" Lerngruppe und das sich – äußerlich wie innerlich – Einstellen auf den gemeinsamen Lernprozess und -raum. Ansonsten bleibt es lange Zeit bei dem Phänomen, das ein Lehrer mittleren Alters nach bereits neun „Homeschooling"-Wochen im Coaching berichtete:

> *„Ich rede irgendwie viel zu viel (…) fange an, begrüße ganz freundlich, zeige den Ablauf und alles, was ich mir ausgedacht habe (…) doch es bleibt dabei. Es traut sich irgendwie keiner sich mit Ton dazuzuschalten, die Kameras bleiben eigentlich immer aus (…) Es ist ganz egal, ob ich mit Schülern eine Konferenz mache oder mit Eltern einen virtuellen Klassenpflegschaftsabend."*

Prinzip 2: Der virtuelle Raum will gefüllt werden

Was der Kollege hier unbewusst durch seine (gut gemeinte) aktive Steuerung bestätigte, ist die Tatsache, dass der virtuelle Raum zur Passivität einlädt. Es ist anfangs eine Hürde, sich aus dem privaten Raum in den virtuellen zuzuschalten. Dieses Zuschalten ist nämlich kein rein technischer Vorgang. Da jeder in seiner „Blase" sitzt, müssen diese „Blasen" von denen, die den Prozess im Raum steuern, zusammengeführt werden. Was wir im virtuellen Raum als Faszinosum erleben, ist das Diffundieren von Räumen. Es kommen also nicht „nur" die jeweiligen Menschen zusammen, sondern alle einzelnen Räume – die zugleich private sind (was eine zusätzliche Qualität besitzt). Anders als im analogen Raum ist es in der eigenen, im Grunde isolierten „Blase" auch nicht möglich, beim Angesprochen werden nach rechts oder links auszuweichen – wie wir es in unseren Lerngeschichten von klein auf aber gewohnt sind. Diese Radikalität der Isolation ist ein entscheidender Grund für das, was der Veranstalter als „keinen Mut" oder „Passivität" wahrnimmt. Es liegt an ihm, diese Hürden zu bewältigen, und zwar bei jedem einzelnen Teilnehmer.

Der oben genannte Kollege füllte den Raum durch das, was er – durchaus gründlich – im Vorfeld vorbereitet hatte. Er war auch methodisch bereits so weit, dass er kleine Umfragen durchführte – die er aber selbst verbal auswertete. Und so kam er aus dem Kreislauf des „ewigen Dozierens" nicht heraus. Das „Füllen" indes ist ein einladendes wie forderndes. Es ist ein Abgeben des „Balles" an – möglichst – alle Teilnehmer. Und vor allem auch des Druckes, der Hauptakteur zu sein. Dass die Kameras im beschriebenen Fall nicht eingeschaltet wurden, stellte der Kollege als Faktum fest. Im Coaching erarbeitete er sich einen Vergleich zum „normalen" Unterricht – und erkannte:

„Das ist ja schon verrückt. Im ‚richtigen‘ Klassenzimmer würde ich es auch nicht zulassen, dass jemand sein Gesicht versteckt oder den Mund sozusagen auslässt. Es sei denn, er ist krank (…) Aber kann ich es denn einfach einfordern?"

Die klare Antwort hier hieß: ja, selbstverständlich. Denn Sie steuern, und je klarer Sie dies tun, umso mehr können Sie sich im Prozess zurücknehmen. Betrachten Sie es schlichtweg als Dienstleistung für einen gelingenden Unterricht.

Prinzip 3: In den Input investieren

Ein gelungener Input ist die „halbe Miete". Damit holen Sie alle Lernenden gleichsam ab und binden sie an das von Ihnen eingeführte Thema. Scheuen Sie sich nicht vor karikierenden oder auch überzeichnenden Darstellungen. Nutzen Sie den Reichtum von Visualisierungen oder auch von – thematisch passenden – Witzen. Entscheidend ist dabei, dass dieser Input auch auf möglichst vielen Sinnen „anspringen" kann. Hier gilt als Grundsatz: Worüber man spricht, das sollte auch sichtbar sein. Der Lehrende tritt dann also in den Hintergrund, der Raum steht beispielhaft nicht mehr im „Diskussionsmodus", sondern auf ‚Freigabe‘ – und Sie beginnen auch erst mit dem Input, wenn er erschienen ist.

Einsteiger machen immer wieder den Fehler, den danach entstehenden Moment nicht lange auszuhalten. Sie binden ihn schnellstmöglich an sich zurück, anstatt das, was an Wirkung im Raum entstanden ist, aufzugreifen und es von den Lehrenden ins Wort nehmen zu lassen. Bedenken Sie hier: Die Zeit in den virtuellen Unterrichten ist für den diskursiven Austausch über die Anwendbarkeit von Wissen reserviert. Und die Assoziationen, die bei einem guten Input entstanden sind, sind bereits Ansätze von Wissensstrukturen. Sie aufzugreifen und im fragend-entwickelnden Gespräch zu vertiefen, bringt Sie und Ihren Kurs auch inhaltlich zum Ziel.

Prinzip 4: Auf Gestik und Mimik achten

Mit der Corona-Krise sind eine Reihe Cartoons und Witze darüber entstanden, dass man sich auch bei beruflichen Meetings nur noch „oben rum schick machen" muss. Was hier so witzig verarbeitet wird, bedarf einer näheren Betrachtung. Zur Lehrerausbildung gehört auch die Reflexion der Körperwahrnehmung und -erfahrung. Im Raum zu stehen, unter Spannung zu reden, seine Atmung wahrzunehmen, die Interferenztonlage kennenzulernen – Aspekte, die zum „Sprechen im Raum" dazu gehören. Kein Lehrer wird seinen Unterricht im Sitzen hinter dem PC verbringen – zumindest nicht dauerhaft. Er steht „vor" der Klasse, bewegt sich im Raum, geht zu einzelnen Schülern und Arbeitsgruppen. Und jeder dieser buchstäblichen Schritte hat eine Wirkung, zum Beispiel Überblick über den Arbeitsstand zu bekommen, der Lerngruppe binnendifferenzierte Unterstützung anzubieten und vieles mehr.

Im virtuellen Raum beschränken sich diese Möglichkeiten indes auf den Kopf und die Brust des Lehrenden. Diese somatische Fixierung hat eine Auswirkung: Gestik und Mimik wirken im virtuellen Raum anders. Und diese virtuelle Andersartigkeit muss wahrgenommen und reflektiert werden. Eine junge, motivierte Dozentin in der Hochschullehre reflektierte es so:

> „Ich weiß immer nicht, wo ich mit meinen Armen hin soll. Im Vorlesungssaal rede ich mit Händen und Füßen. Hier wirkt das eher unruhig und nervös, aber das bin ich eigentlich gar nicht."

Wenn es stimmt, dass die Körpersprache bis zu 80 Prozent menschlicher Kommunikation ausmacht, sollte diese natürlich nicht verschwinden. Denn sie sagt sehr viel – über Sie und darüber, was und wie Sie etwas vermitteln wollen. Vor allem aber ist es viel Energie, die Ihr Körper freisetzt, und die nicht verpuffen sollte. Im Selbstcoaching kann es gelingen, sich auf diese somatischen Energien zu konzentrieren – und sie teilweise umzulenken: in Ihre Stimme, Ihre Intonation und Modulation, in die Geschwindigkeit Ihrer Worte. Da sich die Lernenden mehr als im analogen Raum auf Ihre Stimme konzentrieren müssen, können Sie über diese den Lernprozess steuern und führen. Hierbei gilt: Stimme, Gestik und Mimik wirken im virtuellen Raum anders. Entdecken Sie dieses Phänomen auch für sich und nutzen Sie es für einen abwechslungsreichen, durch eine lebendige Art und Weise Ihres Stimmeinsatzes genutzten Unterricht.

Prinzip 5: Virtueller Unterricht ist multidimensional

Was man als Teilnehmer einer Online-Konferenz womöglich nicht für möglich halten würde, ist eine Erfahrung aller Einsteiger in die virtuelle Lehre: „irgendwie alles auf einmal checken" zu müssen, wie es ein – durch und durch virtuell-affiner Junglehrer formulierte:

> *„Da musst du die [Teilnehmer] freischalten, musst im Blick haben, wer später kommt, den Überblick behalten, dein Zeug hochladen (…) gleichzeitig freundlich begrüßen, aufpassen, dass dein Ton nicht abklatscht (…) und dann ist da noch der Chat, den habe ich anfangs erst viel später bemerkt (…) wobei die sich auch nicht mündlich zu Wort gemeldet haben."*

Aus dieser Erfahrung lässt sich als Grundsatz ableiten: Virtuelle Lehre ist ganz besonders mehrdimensional. Denn sie bedeutet – neben den technischen und organisatorischen Aspekten, „Moderator", „Regisseur", „Techniker" und „Kameramann" in einem zu sein – den ganzen Lernzyklus zu gestalten: Über der Mikroebene des Unterrichts selbst steht die Makroebene der Veranstaltung: Sie erstreckt sich vom Spezifizieren der Lernziele bis zu deren Anbahnung und Überprüfung. Dazwischen liegt als Mesoebene die Interaktion der Lernenden untereinander und mit Ihnen – alle drei Ebenen liegen in Ihrer Hand. Ein gewaltiges Unterfangen, dem man sich nur mit der nächsten Regel stellen kann:

Prinzip 6: Murphy, Pausen und zeitige Wechsel

Eine Elternbeirätin meldete beim (ersten) Wiedereinstieg nach der Corona-Krise an einen Lehrer zurück:

> *„Freilich ist noch Luft nach oben, aber das wird sich sicher noch alles optimieren. Sie mussten das ja auch erstmal lernen (…) in ein paar Wochen läuft das sicher bei allen (Lehrern) wie am Schnürchen."*

Was hier als gut gemeinter Mutmacher gedacht war, hat den Haken des Anspruchs an einen perfekten Unterricht. Deshalb müssen wir diesen „Zahn" bereits an dieser Stelle „ziehen": So wie es auch im Analogen keinen perfekten Unterricht geben kann, weil sich Lernen immer im Stadium des Unvollkommenen bewegt, so sehr wird dieser Charakter im Virtuellen nochmals verstärkt. Denn es ist immer etwas, das nicht funktionieren kann: Die Internetverbindung, die gestern noch top war, ein Rückhall, der nicht zu beseitigen ist, ein Dokument, das sich nicht hochladen lässt … es gibt hunderte Möglichkeiten. Da aber bereits die Multidimensionalität bereits in besonderen Stress versetzen kann, würde sie über all diese eventuellen Ausfälle nochmals gesteigert werden. Daher sind Sie gut beraten, sich Murphys Law zu verinnerlichen. Dieser Grundsatz spricht keineswegs gegen eine gründliche Vorbereitung, sondern es führt in eine Haltung der Gelassenheit. Wir schlagen deshalb vor, sich immer einen Plan B (oder auch C) zurecht zu legen: für den Fall, dass beispielhaft ein PDF-Dokument – aus welchen Gründen auch immer – nicht geladen werden kann, es in einer Cloud, in einer Dropbox, im Online-Campus oder anderswo nochmals hinterlegt zu haben. Denn eine gelungene Improvisation ist die hohe Kunst der Pädagogik, im virtuellen Raum unter veränderten Konstanten.

Je passiver die Teilnehmenden sind, je stärker ist der Lehrende – oft selbst unbemerkt – im Druck „liefern" zu müssen. Was er in aller Regel auch mit viel Elan tut. Nur, dass er seine Wirkung nicht mehr einschätzen kann. Er sieht, hört und spürt – diesen Begriff verwenden wir hier bewusst – die Teilnehmenden nicht, und ist deshalb im Grunde mit sich allein. Im Coaching sind immer wieder Phänomene zu beobachten, dass dieser Zustand dazu führt, die Distanz fallen zu lassen, die man im analogen Raum hätte. Pausen und zeitige Wechsel der Sozialformen und Methoden sind auch deshalb wichtig, damit Sie sich immer wieder neu in den Raum und Ihre Gruppe hineinspüren können. Und auch methodisch-didaktisch sind lehrerzentrierte Phasen durch Wechsel unterbrochen. Denn nur die Teilnehmeraktivierung sichert die Ergebnissicherung und den Transfer. Und diese muss aufgrund der Tendenz zur virtuellen Passivität zeitiger erfolgen als in analogen Räumen und Lernprozessen.

Prinzip 7: Virtuelle Lehre kommt durch das ‚Wie' zum ‚Was'

Was oben über die „5 W" ausgesagt wurde, verbindet sich mit der virtuellen Passivität und Multidimensionalität. Bedenken Sie dabei: Die Lehrinhalte sind größtenteils verfügbar und müssen nicht durch Sie referiert werden. Sie stehen vielmehr gleichermaßen im Raum. Die Kunst besteht darin, sie aufzuspüren und präsent zu machen. Dabei werden Sie als Lehrender, die Themen als Inhalt und die Medien zur Unterstützung der Methodik im virtuellen Raum gleichzeitig aufgefordert zu dominieren. Diese Dominanz durch ein geeignetes „Wie" an die Lerngruppe zurückzugeben, ist eine entscheidende Aufgabe Ihrer Lernregie. Dabei ist zu beachten: Lebendige virtuelle Lehre lebt auch besonders von der kooperativen Konstruktion von Kompetenzen. Denn Sie begleiten mit Ihrer Lehre das Lernen von (im besten Fall) lernwilligen, reifen Personen. Dabei besitzt jede Lerngruppe ihre eigene Dynamik, was allerdings zeitversetzter als im analogen Unterrichtsraum wahrgenommen wird. Achten Sie dabei auf eine gleichmäßige Begleitung der Lernprozesse sowie der Lernergebnisse.

Zur methodisch-didaktischen Frage nach dem „Wie" gehört auch die Reflexion der eigenen pädagogischen Wirksamkeit. Denn Lehrende brauchen im virtuellen Lernraum eine komplexe Vorstellung von den Entwicklungen der Lernenden, um Entwicklungen zu antizipieren und zu moderieren. Dazu ist ein bildungstheoretisches Konzept notwendig, weil die Intuition – und damit die Lehrerfahrung – ein (wie in der Corona-Krise zu beobachten war) immer weniger verlässlicher Referenzrahmen für das Lehrhandeln geworden ist.

Prinzip 8: Der Lehrende prägt die Atmosphäre

Dieses Prinzip ist argumentativ schwierig, denn es ist im besten Sinne „weich": Die Lernpsychologie betont regelmäßig, wie sehr eine positive Grundstimmung nicht nur ein förderlicher Faktor, sondern sogar eine Grundbedingung für gelingende Interaktion ist. In diesem Zusammenhang kommt der Atmosphäre in virtuellen Lehrveranstaltungen eine besondere Bedeutung zu: „Am Anfang steht das Wort" (siehe Prinzip 1). Das bedeutet im Umkehrschluss, dass viele Nebenaussagen, die situativ rhetorisch wirken, sozusagen auf der medialen Strecke bleiben.

Umso wichtiger ist es, an einer bewussten Wirkung über Ton und Bild zu arbeiten. Nicht in erster Linie der Selbstdarstellung willen, sondern um Atmosphären und Gruppenstimmungen systematisch steuern zu können. All dies muss technisch durch das Nadelöhr von Bild und Ton – seien Sie sich dessen bewusst, dass vieles einer professionellen Zugewandtheit sich am anderen Ende der Lehrer-Webcam als Kontaktangebote und elementarer Sympathie (respektive Antipathie) auswirken wird. Dieser „weiche" Faktor der Herstellung von Resonanz (vgl. Rosa, 2016) ist in diesem Prinzip angesprochen: Der Lehrende wird in diesem Setting zum Moderator lernförderlicher Atmosphären, die eine zutiefst individuelle Signatur der Lehrpersonen tragen muss.

Denken Sie zurück an Ihre eigene Schulzeit: Welche Faszination es auslöste, sich in diese ideelle wie auch menschliche Landschaft eines einzelnen Lehrers einzulassen. Der nur in dieser individuellen „Großwetterlage" funktionierende typische Humor eines Lehrers zum Beispiel steht hier in engem Zusammenhang einer virtuellen Vermittlungsambition, in der die Lernbereitschaft über Resonanz hergestellt werden muss. Diese Komplexität soll das Ziel dieses Prinzips der „Lernatmosphäre" in einer virtuellen Welt sein. Ihre Wirkung erzielt sie – im Kontrapost zur virtuellen Mehrdimensionalität (vgl. Prinzip 5) – durch Fokussierung und Entschleunigung, Bewusstmachung bedeutender Lernmomente und Zäsuren. Dazu gehört auch eine gründliche Portion Ambiguitätstoleranz: Sie müssen, gerade mit dem Einstieg ins Virtuelle, nicht alles verstehen. Lassen Sie Unklarheiten und vielleicht auch Irritationen zu und bewerten Sie sie nicht als Störung. Auch nehmen Sie sich keine Autorität, wenn Sie einen fragenden Stil einnehmen. Was Sie aber im Blick behalten sollten, ist den Fokus auf das zu legen, was Ihnen in der Gruppenführung und für die Lernatmosphäre momentan wichtig erscheint.

Prinzip 9: Stuhlkreis 4.0

Dieses Prinzip möchten wir in Kontrast zu den sicher langjährigen Erfahrungen aus der Präsenzlehre setzen: Sie „spüren" die Gruppe, indem Sie Gestiken und Mimiken und die Atmosphäre im Raum „lesen". Von diesen Beobachtungen machen Sie abhängig, ob und wann Sie eine Methode beginnen, pausieren oder beenden. Sie „spüren", dass die Diskussion vorläufig zu Ende gekommen ist oder ob sich bei Einzelnen, bislang noch stummen Teilnehmern eine Äußerung „herausbildet". Diese pädagogische Erfahrung ist Ihnen derart in „Fleisch und Blut" übergegangen, dass Sie sie im Alltag nicht – oder kaum – mehr reflektieren. Sie reagieren und handeln intuitiv, und ihre pädagogische Intuition sichert – neben allem Fachlichen und Methodischen … – Ihre Professionalität. Etliche Phänomene beim Einstieg ins „Homeschooling", die wir im Coaching wahrnehmen durften, ergaben sich aus genau dieser neuartigen – aber nicht immer reflektierten – Unsicherheit: sich auf diesen Erfahrungsschatz im neuen Raum nicht mehr verlassen zu können. Das erklärt es für uns auch, weshalb so mancher dienstältere Kollege lieber „die Finger davon" gelassen hat.

Da im virtuellen Unterricht immer nur einige wenige Mikrofone angeschaltet sein können (um Störungen durch Rückhall zu vermeiden), bleibt Ihnen für diese Wahrnehmung nur das Sehen. Das Problem dabei ist: Die eigentlichen Indikatoren für die Gruppenstimmung sind dabei unsichtbar. Diese technische Problemlage lässt sich nicht lösen, aber kompensieren: Und zwar, indem Sie unterrichtliche Dynamiken vorwegnehmen und analog zu einer filmischen Dramaturgie antizipieren. Das Instrument dafür stammt aus der Konzeption von Filmen – das Storyboard. Um die Handlungen, Interaktionen, Methoden und Medien in einem zielführenden zeitlichen Ablauf ineinander zu fügen, hilft die „Sandwichmethode" (vgl. Kap. „Strukturierung nach dem Sandwichprinzip", S. 56).

Das Prinzip dahinter ist, die traditionelle als Empathie aufgefasste Zugewandtheit durch eine Zeitdramaturgie anzureichern. Das klingt zunächst vielleicht theoretisch und distanzierend. Ein klares Rollenverständnis wirkt dem Risiko der Technisierung des Unterrichts entgegen:

- Machen Sie klar, welche Rolle in diesem filmischen Geschehen die Lernenden haben.
- Machen Sie etwa deutlich, dass eine Partnerarbeit oder ein Gespräch im Plenum nur durch das Ernstnehmen dieser Rollen gelingen kann.
- Im Umkehrschluss bedeutet dieses Prinzip: Führen Sie dramaturgische Elemente auch in ein „weiches Scheitern", um diese Verantwortlichkeit zu verdeutlichen.

Prinzip 10: Die Gruppe konstruiert Bedeutsamkeit

Der Wirkungszusammenhang über bedeutsame Lerninhalte und effiziente Aneignungsprozesse ist mehr als theoretischer Konsens: Lehrende wissen um die Notwendigkeit, den Unterrichtsinhalten ihren „Sitz im Leben" (vgl. Kap. „Was spricht Lernende authentisch an?", S. 36) zu geben, um die Relevanz des Unterrichts sicherzustellen. Im Distanzlernen haben wir es dabei mit einem Dilemma zu tun: Die soziale Aushandlung dieser lebensweltlichen Relevanz ist gerade bei sehr heterogenen Gruppen eine fast unlösbare Herausforderung. Wie oben bereits (vgl. Exkurs „Ist digitale Schul- und Hochschulbildung mehr als eine fantastische Erzählung?", S. 63) ausgeführt, herrscht in virtuellen Lerngruppen eine Dreiecksbeziehung um das sichtbare Projekt vor, das über Sichtbeziehungen zwischen den Lernenden, der Lerngruppe sowie den Lehrenden hergestellt wird. In diesem Dreieck kommt Ihnen als Lehrendem eine tragende Rolle in der Konstruktion der Bedeutsamkeit zu: Die subjektive Bedeutsamkeit entsteht für die Lernenden dann, wenn die eigene Motivation und Ambition von der Gruppe und dem Lehrenden erkannt und gespiegelt werden.

Das sind zwei Bedingungen, die zusammenkommen müssen: Einerseits die meist implizite Äußerung im Projekt – im Design etwa sind dies visuelle Symbole, in jeder Fachkultur finden sich ihre eigenen Chiffren. Diese Chiffren sollten dann in diesem kommunikativen Dreieck erkannt und gespiegelt werden – erst dann ist hinreichend Bedeutsamkeit „zertifiziert", da sie gegenüber der Gruppe geäußert und gleichzeitig von einer Expertin oder einem Experten als erkannt dargestellt wurde.

Aus dieser mehrdimensionalen Komplexität heraus kann die individualisierte Konstruktion von Bedeutsamkeit geschehen – klar ist auch, dass dies eine höchste Herausforderung ist, diesen Vorgang bei einer Lerngruppe von 15, 20 oder 25 Personen zu durchlaufen. Diese Komplexität braucht schlichtweg Übung und wieder Übung.

Diese Regeln für einen strukturierten und methodisch-didaktisch reflektierten Einstieg in den virtuellen Unterricht sind nicht in Stein gemeißelt. Sie entsprechen zwar unserer langjährigen Erfahrung in der virtuellen Lehre und im virtuellen Lehr- und Lerncoaching, ließen sich aber noch beliebig erweitern. Ebenso wie bei Lern- und Begleitungsprozessen wollen wir damit vielmehr die Reflexion Ihres Unterrichts und Ihrer Lehre im virtuellen Raum unterstützen.

Sie finden daher im Folgenden eine Tabelle, die Sie mit Ihren Erfahrungen, Intuitionen und Assoziationen füllen können. Die „10 Beobachtungen" decken sich bewusst nicht mit den eben ausgeführten „10 Prinzipien". Aber vielleicht können Sie weitere daraus ableiten? Viel Freude dabei:

Beobach-tungen	Ihre Assoziatio-nen/ bisherige Erfahrungen	methodisch-didaktische Konsequenzen
1. Der virtuelle Raum will „gefüllt" werden!	• ...	• gezielt und geplant führen • zeitlicher Ablaufplan mit Methoden • Wirkungen des Einsatzes bedenken • Erfahrungen mit Präsenz-Lehre reflektieren
2. Themen, Medien (und der Lehrende) wollen dominieren!	• ...	• Angemessenheit und Ausgewogenheit von Didaktik („Was?") und Methodik („Wie?") • den „Ball" immer wieder „zurück" spielen • direktes Ansprechen, „Fordern"
3. Gestik und Mimik wirken anders!	• ...	• Fixierung auf Stimme (und Gesicht) bedenken • Andersartigkeit von Gestik und Mimik kompensieren • Möglichkeiten – vorab – planen (Modulation, Pausen, Sprechgeschwindigkeit ...) • durch Stimme führen

Beobachtungen	Ihre Assoziationen/ bisherige Erfahrungen	methodisch-didaktische Konsequenzen
4. (Virtuelles) Dozieren fördert die Passivität!	• …	• zeitig(er)e Methodenwechsel einplanen • gezielte (und ansprechende) Aktivierungen • Balance zwischen „Raum geben" und Präsenz zeigen
5. Jede (Lern-) Gruppe ist anders!	• …	• adressatengerechtes Lehren und Lernen • Lernausgangslagen (soweit möglich) berücksichtigen • entsprechende Zieldifferenzierung vornehmen • ggf. auch Berücksichtigung der Lerntypen
6. Gute (virtuelle) Lehre kommt durch das ‚Wie' zum ‚Was'!	• …	• verstärkt von der Wirksamkeit her denken • Diskrepanzerlebnisse einbauen • Berücksichtigung eigener Praxiserfahrungen • z. B. Angebots-Nutzen-Modell
7. Virtuelle Lehre ist (besonders) mehrdimensional!	• …	• Inhalt … • Technik … • Selbstmanagement – Gruppenmanagement … • mit Emotionen arbeiten, z. B. „innere Bilder" …

Beobach-tungen	Ihre Assoziatio-nen/ bisherige Erfahrungen	methodisch-didaktische Konsequenzen
8. Ein gelungener Input ist die „halbe Miete"!	• ...	• Relevanzerfahrung der Teilnehmenden, „Abholen" • durch Dissonanz, Irritation, auch Provokation für das Thema motivieren, „Einstimmen" • Kommunikation heißt: was geben, gehen Sie in „Vorleistung"
9. Teilnehmer-aktivierung sichert Ergebnis-sicherung und Transfer!	• ...	• Heterogenität der mentalen Programme ansprechen • Anknüpfung an individuelle Vorerfahrungen • Relevanzerfahrung evoziert Sinnerfahrung • befördert Verstehbarkeit (d. h. neue mentale Modelle)
10. Murphy ist (technisch) immer mit dabei!	• **no panic!**	• doppelte Böden einbauen („Plan B") • *Gelungene Improvisation ist die hohe Schule der didaktisch-methodischen Klaviatur!*
11.	• ...	•

Tab. 1: 10 Beobachtungen in der virtuellen Lehre

Didaktische Medientechnologien: Status Quo 2020 – Vision 2030

Mit dem „Sprung ins kalte Wasser" zu Beginn der Corona-bedingten Schulschließungen konnte man als Lehrender das Gefühl haben,
von jetzt auf gleich das „Rad" neu erfinden zu müssen. Diese, durch
die Krise ausgelöste Betroffenheit wurde dadurch verstärkt, dass es
an den Schulen kaum technische und methodisch-didaktische Einführungen in digitales Lehren und Lernen gab. In den wenigsten
Bundesländern wurden parallel zum nun für alle Beteiligten neuen
„Homeschooling" flächendeckende Lehrerfortbildungen angeboten
– was technisch in der virtuellen Form grundsätzlich leicht möglich
gewesen wäre. Aber die bisherigen Strukturen waren – nachvollziehbarer Weise – schlichtweg überfordert und ihre Prioritäten lagen
nun auf anderen Gebieten. Insofern ist wenigstens nun, sozusagen
im Rückblick und zur Reflexion der Entwicklungen ab dem Frühjahr 2020, die Anknüpfung an bestehende Linien in den letzten Jahren angesagt – um nicht in die Falle zu tappen, „nach Corona" wieder
komplett zurückzufallen in die „digitale Steinzeit". Die Medienent-
wicklung hat im Rückblick erfolgreich an der schrittweisen Verklei-
nerung der Raum- und Zeitschranke zwischen Lehrenden und Lernenden gewirkt: Radiosendungen wurden ausgestrahlt, Audio- und
Videokassetten wurden per Post verschickt und im Fernsehen gab es
bereits vor Jahrzehnten „Telekollegs". Diese faszinierende Geschichte des Fernunterrichts zeugt von den leidenschaftlichen Bemühun-
gen, diese Raum- und Zeitschranke kontinuierlich zu verkleinern
(vgl. Dieckmann/Zinn, 2017).

Die Entwicklung steht aktuell an einem Punkt, an dem wir einen
Effekt des „Uncanny Valley" sehen: Die Darstellung unserer Gesprächspartner in den Videokonferenzen ist mittlerweile so nah an der Wirklichkeit, dass dieses Unbehagen bereits als „Zoom-Müdigkeit" (Mohr-

stedt, 2020) diskutiert wird. Dieses Phänomen ist jedoch nicht neu, es ist aus der Robotik bekannt, wo es bei immer höherer Natürlichkeit der Androiden ein gleichzeitig steigendes Unbehagen gegenüber dieser Menschenähnlichkeit gibt. Niemand – nicht wir als Geisteswissenschaftler und auch kein Techniker – kann die Zukunft voraussagen. Aber es ist schlichtweg unwahrscheinlich, dass die Immersion der didaktischen Medien an einem Punkt der Zukunft zu einem Abschluss kommen wird. Vielmehr ist davon auszugehen, dass wir in virtuellen Räumen arbeiten werden, die das Bildungsgeschehen darin zu einer zweiten Natur werden lassen. Die Grenze zwischen „echten Personen" und „künstlichen Intelligenzen" wird in diesen Räumen zunehmend verwischen. Hier kündigt sich ein zweiter „Gruselgraben" an, den die Bildungssysteme durchschreiten werden. Die Frage stellt sich nur – und berührt damit zugleich unsere Motivation zu diesem Buch wie zu seinem Vorläufer (Hanstein/Lanig, 2020a), wie pro- oder reaktiv, wie schleichend oder reflektiert dieser Prozess verlaufen wird.

Die Diskussion um die Stoffdarbietung in einer digitalen Gesellschaft und der Rolle des kritischen Denkens gegenüber einer jederzeit verfügbaren Information zeigt, wie sehr medientechnologische Veränderungen diese epistemischen Entwicklungen im Bildungssystem beeinflussen. Nicht zuletzt ist aus dieser Überlegung abzuleiten, dass sich die Rolle der Lehrenden vom Stoffvermittler über den Lernpartner hin zum coachenden Begleiter in hybriden Lernräumen weiterentwickeln wird. Denn, wie mit der Diskussion des Corona-bedingten „Homeschooling" in den Social Media zu beobachten war, kann unter dem Druck des Neuen die wesentliche Grundlage der Vermittlung (von „Stoff", also dem „Was") rasch ins Hintertreffen geraten. Dann stehen Quantität vor Qualität, Arbeitsblätter vor einer – immer, analog wie digital – basalen Beziehungsdidaktik.

Dieser kurze Ausblick macht verständlich, wie wichtig das Experiment innerhalb der neuen Formate des Lehrens ist. Und wie bedeutend die kreative Epoche der Pandemie ab 2020 einzuschätzen ist: Als ein wichtiger Quantensprung im lebendigen Füllen dieser neuen medientechnologischen Räume. Daher appellieren wir an dieser Stelle: Seien Sie sich bei der Planung und Durchführung Ihres virtuellen Unterrichts immer bewusst, dass Barrieren, Krisen und andere Hemmnisse in virtuellen Lernräumen zur individuellen Begleiterscheinung des Lernens dazugehören. Diese wahrzunehmen, anzuerkennen und in die Lernbegleitung zu integrieren, ist aber eine völlig neue – weil nun digital zu meisternde – Herausforderung. Vielleicht kann dabei tröstlich sein: Interne und externe Hemmnisse der Digitalisierung sind stets dieselben.

Um diese aber immer wieder ins Gleichgewicht zu bringen, soll hier an die TZI-Theorie von Ruth Cohn erinnert werden (vgl. https://www.ruth-cohn-institute.org/tzi-konzept.html; Zugriff: 22.05.2020). Im „TZI-Dreieck" der Themenzentrierten Interaktion stehen sich „Ich", „Wir" und „Es" an je einer Spitze eines gleichschenkligen Dreiecks gegenüber. Umgeben ist dies von einem Kreis, der das „Umfeld" visualisiert.

Abb. 18: TZI-Dreieck nach Cohn

Übertragen auf Lehr- und Lernprozesse bedeutet das: Jeder einzelne Lernende („Ich") muss mit seinen individuellen Voraussetzungen in den Prozess eingebunden sein. Hieran lehnen sich pädagogische Konzepte wie beispielhaft Modelle zur individuellen Förderung an. Jede Lerngruppe („Wir") wird als eigenständiges System verstanden. Sie wird von einem Lernziel, aber auch von einem mehr oder weniger ausgeprägten Gemeinschaftsgefühl getragen. Es war bereits Wolfgang Klafki, der weit vor den modernen pädagogischen Ansätzen konstatiert hat: Individualisiertes und kooperatives Lernen gehören zusammen! Insofern ist es vor den aktuellen Herausforderungen digitalisierter Lehr- und Lernprozesse auch besonders wichtig, wie die vierte Dimension, das „Umfeld", gefasst, gestaltet, strukturiert … und priorisiert wird.

Kapitel 5

Rezepte, Techniken und Methoden für das digitale Lehren

In die prinzipielle – und virtuell noch potenzierte – Unvollkommenheit des Lernens hinein wollen wir zum Abschluss ausgewählte Tools unterbreiten, die sich nach unserer Erfahrung bewährt haben. Auch analoge Lernräume können je nach Modernität und Ausstattung der Schulen variieren, aber ihr grundsätzliches pädagogisches Equipment ist relativ gleich. Bei virtuellen Räumen, Formaten und Anbietern kann dies deutlicher variieren. Insofern können wir das jeweilige Übertragen dieser Angebote in „Ihren" virtuellen Raum nicht leisten – das bleibt Ihre Transferaufgabe. Beim ersten Anlauf mag dies nach viel Arbeit aussehen (die es zweifelsohne auch ist), aber indem Sie diese Anwendbarkeit prüfen, adaptieren und ggf. noch optimieren, planen Sie gleichzeitig – handlungsorientiert – Ihren eigenen Unterricht. Ein Lehrer, dem noch vor der Drucklegung dieses Buches ein paar Auszüge und Methoden an die Hand gegeben wurden, meldete in den Wochen des Corona-bedingten „Homeschooling" zurück:

> *„Eure Erfahrung hat mir den Einstieg gut möglich gemacht. Der Ansatz, bewährte Methoden aus dem klassischen Unterricht für den Fernunterricht zu überprüfen, ist klasse. Das hätte ich in ein paar Wochen nicht packen können. Dazu braucht man sicher einige Jahre. Eine solche Sammlung hätte ich mir damals nach meinem Ref. auch für den normalen Unterricht gewünscht."*

Diesen, auf kollegialer Ebene begonnenen Pfad wollen wir hier systematisch und gebündelt für eine weitere Verwendung anbieten. Uns ist klar, dass es nur ein Anfang sein kann – aber ein Anfang, der gesetzt werden muss.

Unterricht visualisiert antizipieren

Aus der Gestaltpsychologie wissen wir, dass sich geschlossene Gestalten unmittelbar und positiv auf die Verarbeitung im Gehirn auswirken. Anders als offene Gestalten, die „Löcher" in der Verarbeitung, Anknüpfung, Reproduktion und letztlich im Transfer lassen. „Gehirngerecht" zu lernen bedeutet daher, auf das Prinzip einer vollständigen Lernhandlung zu setzen (vgl. KMK, 2017) und dies unter den Prinzipien von Individualisierung sowie innerer und äußerer Differenzierung. Wenn Lernen als „aktiver, selbstgesteuerter, konstruktiver, situativer und sozialer Prozess" (KuMi, 2015, S. 7) verstanden werden kann, müssen sich Planung und Durchführung an der Frage messen lassen, inwiefern die Anbahnung des so verstandenen Lernens erfolgreich und das Lernen selbst nachhaltig war.

Der australische Pädagoge John Biggs hat vor einigen Jahren das didaktische Konzept „Constructive Alignment" entwickelt (vgl. Biggs/Tang, 2011). Es erscheint für die Weiterentwicklung der virtuellen Lehre besonders geeignet, denn es verändert grundlegend das Rollenverständnis der Lehrenden. Folgt man in der Analyse von (gutem) Unterricht der Grundstruktur von Heinz Klippert, so basiert der Lernprozess auf dem (gelungenen) Zusammenspiel von Lehrer- und Schülerhandeln. Im Constructive Alignment wird ein besonderer Wert auf die Passgenauigkeit von Lernzielen, die *Learning Outcomes*, gelegt. Neben dem Blick auf die Lernziele richtet sich ein zweiter auf die Lehr-Lern-Prozesse, die *Learning Activities*.

Die dritte Perspektive besteht in der Überprüfung der Leistungen, dem *Assessment*.

Das bedeutet: Erfolgreich ist Unterricht dann, wenn die Lernenden ihr Wissen durch für sie relevante und lernförderliche Lernaktivitäten konstruieren und weiter ausbauen. Erfolgreich sind Planung und Durchführung, wenn Lernarrangements adäquat angeboten, begleitet und ihre Anwendung evaluiert und passgenau optimiert werden. Die veränderte Rolle der (nicht mehr) „Dozierenden" hebelt die klassischen Beobachtungsfelder „Professionswissen" und „Klassenführung" dabei nicht aus, doch sie bedeutet dann Lernen in Achtsamkeit, Empathie, aktivem Zuhören und umfänglicher Akzeptanz zu initiieren und zu begleiten. So verstanden werden Lernprozesse einer Lerngruppe zu kleinen und größeren Erlebnisreisen, die immer wieder zu neuen Entdeckungen und sozialen wie personalen Aha-Effekten führen, für die aber auch eine Art Landkarte als Gerüst und Anker wichtig sein kann. Zum Assessment des Prozesses gehört es dann auch, diese Beobachtungen und Veränderungen zu visualisieren und so gleichsam von hinten her die vollständige Lernhandlung zu reflektieren/evaluieren.

Der „hybride" Lernraum – die Mischung macht's

Bis zu dieser Stelle war vom „virtuellen Unterricht" sowie „hybriden Klassenzimmer" die Rede, in der Wirkung beim Leser vielleicht sogar synonym. Daher an dieser Stelle eine Erläuterung: Unter hybride verstehen wir, dem Wortsinn nach (lat. „*hibrida*"), eine – dem Lehren und Lernen zuträgliche – Mischung mehrerer Komponenten. Jürgen Handke spricht in diesem Zusammenhang von der „digitalen Integration" auf dem Weg der „digitalen Anreicherung" (vgl. Handke, 2020, S. 64–69). Im ersten Schritt und Fall „,erneuern' (die Lehrenden) ihre Lehre mit digitalen statt analogen Elementen" (ebd., S. 65), im zweiten „verschieben sich die zentralen Aktivitäten des Lehrens und Lernens: Auf eine vollständig digitale Phase der selbstgesteuerten Inhaltsvermittlung folgt eine Phase der angeleiteten Inhaltsvertiefung" (ebd., S. 66–67) – oder umgekehrt (Anm. der Autoren). Die im folgenden Teil aufgezeigten Methoden gehen daher nicht davon aus, dass der Lernraum ausschließlich vor dem Bildschirm stattfindet. Sondern, dass er viele Dimensionen beinhaltet. Allen voran die private Lebenswelt, die ihrerseits teils digital, teils analog ist. Denn darin besteht das Wesen der Hybridität: Die lernenden Subjekte gestalten zu einem großen Teil diesen Lernraum mit und entziehen diesen auch Ihrer Steuerung – dieses Phänomen des virtuellen Unterrichts und des hybriden Lernraums ist grundsätzlich verschieden zur festgefügten analogen „Unterrichtseinheit": Der Unterricht im hybriden Lernraum entspricht eher einer räumlichen „Unterrichtsvielheit".

Abb. 19: Die eigene „digitale Blase" mit der des Anderen verbinden

Die zentrale Metapher des hybriden Lernraums ist die „eigene Blase". Die „Semipermeabilität" dieser „Blasen" entscheiden die Lernenden auch selbstgesteuert – denn darin liegt eine zentrale Kompetenz der digital aufwachsenden Generationen. Dieser hybriden Halbdurchlässigkeit demokratisch zu begegnen, sie anzuleiten und diese Kompetenz – im schulischen Kontext – in den Erziehungsauftrag zu integrieren, ist vermutlich die größte Herausforderung für das Rollenbild der Lehrenden (und den Auftrag von Schule). Denn nicht zuletzt verlangt dies eine aktive Zurückhaltung der Lehrenden – in der Sprache des systemischen Coachings: die Haltung der Askese –, was bereits historisch eines der schwersten Übungen für Kollegen ist, denen das „Vorsingen" als erste und vordergründige Aufgabe in Fleisch und Blut übergegangen ist.

Gleichzeitig wollen wir mit dem folgenden Methodenteil exemplarisch zeigen, wie Sie als Lehrende in Ihre eigene „Blase" einladen können und umgekehrt: Wie Sie aufgrund einer zugewandten Art in fremde „Blasen" eingeladen werden. Denn dann ereignet sich diese Semipermeabilität im besten Fall wechselseitig und – wiederum – hybride, indem Räume, „Blasen" und – vor allem – Menschen miteinander verbunden werden.

Methodisch-didaktische Desiderate und Bedarfe im virtuellen Unterrichtsraum

Bedarfsgerechte Planung und passgenaue Anwendung sind nicht nur Prinzipien einer guten Unterrichtsvorbereitung. Sie können ebenso für Prozesse der Qualitätsentwicklung leitend sein. Für diese Publikation wurden zwei Umfragen durchgeführt. Die darauffolgenden methodischen Vorschläge ergeben sich aus den darin aufgezeigten Bedarfen.

Die vorliegenden Daten (vgl. Anlage 1 und 2, S. 331–375) sind Ergebnisse einer eigenen Feldstudie, ein Vierteljahr nach den Coronabedingten Schulschließungen durchgeführt. Einmal wurden Lehrende befragt, die auch Teilnehmer der Kollegialen Coachings für virtuell Dozierende waren. Ein weiteres Mal ging die Umfrage an Lernende im allgemein- und berufsbildenden Schulwesen der Sekundarstufe 2. Bei der zweiten Umfrage handelt es sich nicht um Feedback zum Unterricht der Autoren, sondern um grundsätzliche Aussagen der Schülerschaft zur Wahrnehmung des „Homeschoolings".

Bis zur Drucklegung des Buches lagen 58 Rückmeldungen von Lehrenden und 430 von Lernenden vor (vgl. Anlage 1 und 2, ebd.). Diese Zahl kann natürlich keinen Anspruch auf Repräsentativität erheben. Dennoch zeigen sich bereits erste interessante Trends. Auf diesen aufbauend werden weitere quantitative und qualitative Untersuchungen der Autoren erfolgen, welche aber aus Zeitgründen in dieser Publikation keine Berücksichtigung mehr finden konnten.

Die Befunde im Einzelnen – wobei viele einzelne O-Töne (vgl. ebd.) bereits an sich sehr aussagekräftig sind:

- Im Durchschnittswert wenden die befragten **Lehrenden** 4,1 Methoden regelmäßig in ihrem Fernunterricht an, rund die Hälfte *3–5 Methoden* (Schwerpunkt 3 Methoden). 86 % der Lehrenden bewerten diese Zahl *als ausreichend* für guten Unterricht.

- Die *beliebtesten Methoden* sind: *Vorträge* und *Präsentationen* verschiedenster Art sowie *Diskussionen* und *Gruppenarbeiten* unterschiedlichen Zuschnitts.

- Die *Umsetzungskompetenz* dieser Methoden wird auf einer Skala von 1 (gering) bis 10 (sehr hoch) hauptsächlich (und wieder über

50 %) *im oberen Bereich*, und zwar 7–9, (selbst) eingeschätzt. Die größte Kennzahl lag – mit 37,9 % – bei 8.

- Rund zwei Drittel (66,7 %) aller Lehrenden geben an, bis *zu 40 %* der Unterrichtszeit für die *methodische Planung* einer Unterrichtsstunde zu benötigen (bis zu 20 % und bis zu 40 % fast gleichmäßig viel).

- Die befragten Lehrenden wünschen sich am meisten *technische und methodische* Unterstützung.

- Die größten *Herausforderungen* für lernförderliche Unterrichtsbedingungen liegen in den Bereichen *Technik, Kommunikation und Gruppensteuerung.*

- Den größten *Optimierungsbedarf* sehen virtuell Lehrende auf der *technischen und* der *methodisch-didaktischen* Ebene.

- Die Rückmeldungen der **Lernenden** lagen in den Bereichen *Struktur, Kommunikation* und *Erreichbarkeit* der Lehrenden im *oberen Drittel.*

- Der Schwerpunkt beim Item Strukturierung lag bei 7–10/10, beim Item Kommunikation bei 7–8/10, beim Item Erreichbarkeit bei 7/10 (wobei hier der größte Ausschlag bei 10/10 vorlag).

- Die *Rhythmisierung* des Fernunterrichts wurde schwerpunktmäßig *im Bereich 5–8* von den Lernenden wahrgenommen.

- Beim Item *Methodeneinsatz* lag der *Schwerpunkt bei 5/10*, mit relativ gleichmäßiger Verteilung aller weiteren Antworten im rechten und linken Bereich davon.

- Am meisten haben die Lernenden nach eigener Angabe *vermisst*: *soziale Kontakte* (siehe z. B. O-Töne: „Menschlichkeit", „Von Angesicht zu Angesicht"), *Atmosphäre*, das *Lernen in der Gruppe* (siehe z. B. O-Ton: „das Gefühl, dass ich in einer Schule bin") und eine *Lernstruktur* (siehe z. B. O-Ton: „Schule ist viel strukturierter").

- Die deutlichsten Wünsche an *Optimierung* durch die Lernenden bestehen in einer Verbesserung der *Lernatmosphäre, Struktur und Regelmäßigkeit*, angemessener *Zeitintervalle* und dem *selbstständigen Lernen* (miteinander).

Interpretation: Klarer Auftrag an uns virtuell Lehrende und Coachende

Der Ertrag dieser anfänglichen Feldstudie heißt: Lehrende wünschen sich vor allem (mehr) Unterstützung bei der Aktivierung, der Methodenkompetenz und bei technischen Fragen. Lernende wünschen sich mehr Miteinander mit den Mitschülern, spürbares „Schulleben" (O-Ton), mehr Struktur und Rhythmus, direkte Unterstützung durch die Lehrenden – und ganz zentral: mehr Methoden! Denn auffällig ist die Spannung zwischen einer gewünschten „Unterrichtsvielfalt" (O-Ton) bei den Lernenden und der gefühlten Zufriedenheit mit einigen wenigen Methoden bei den Lehrenden in dieser Erhebung. Aus Schülersicht scheint dies plausibel zu sein, denn erst über die Methoden stellt sich das ein, was Lernende sehr stark vermisst haben: alles, was Schule und Unterricht lebendig macht – im Gegensatz dazu steht z. B. der O-Ton: „Homeschoo-ling" mache „unlebendig".

Im Item Struktur steckt der zentrale Auftrag, eine virtuelle Führung im Unterricht neu zu denken. Die Rhythmisierung lässt sich über die zeitliche Planung des Unterrichts herstellen. Die Herausforderung dabei ist, einerseits auf das situative Geschehen des Unterrichts ein-zugehen und andererseits die im Vorfeld durchdachte Dramaturgie (vgl. hierzu z. B. das „Sandwichprinzip", S. 56) umzusetzen. Dies sind zwei zunächst unterschiedliche und ggf. auch widersprüchliche Krite-rien für guten Unterricht. Da aber der überwiegende Teil der befrag-ten Lehrenden viel Zeit in die Unterrichtsvorbereitung (20–40 % der Unterrichtszeit) investiert, ist dies eine nicht unerhebliche Forderung.

An die Kollegien stellt dies die Forderung, neben einem techni-schen, organisatorischen und infrastrukturellen Support einen stetigen Austausch über die methodisch-didaktische Arbeit zu ermöglichen. Nur so wird es umsetzbar sein, die Zahl der regelmäßig eingesetzten Methoden über den hier angegebenen Durchschnitt von vier Metho-den zu halten. Denn angesichts der bereits jetzt hohen Vorbereitungs-zeit für virtuelle Unterrichtseinheiten erscheint es kaum realistisch, über (noch) mehr Vorbereitungszeit mehr Methoden und eine bes-sere Rhythmisierung zu erreichen. Entlastend erscheint, dass nach wenigen virtuellen Durchläufen die Vorbereitungszeit sich von der Vorbereitung für den Präsenzunterricht kaum mehr unterscheidet. Darin, wie in den klaren Wünschen der Lernenden, dürfte hinrei-chend Motivation bestehen.

In der Erhebung bei den Schülern zeigt sich vor allem der (zu) gering empfundene Kontakt zwischen Lernenden und Lehrenden – diese Wahrnehmung haben auch Lehrende. Dies macht erneut deut-lich, wie zentral systematisches Kollegiales Coaching über die Bedarfe und Besonderheiten im virtuellen Lehr- und Lernraum (neben not-wendigen Fortbildungen und Schulungen) ist.

Mit Blick auf diese Ergebnisse sehen wir den Bedarf einer Systematisierung hauptsächlich in zwei Dimensionen – im Folgenden ausgeführt. In der Unterrichtsvorbereitung stellen wir uns über die „5 W-Fragen" (vgl. Kap. „5 W – was in eine Hand geht", S. 29) antizipierend auf die Lernenden ein. Die folgende Kategorisierung sichert zusätzlich Struktur und Standard.

Zielanalyse des stimmigen Wie:
Die didaktischen Leitkategorien Wer, Was, Wo und Wozu methodisch sichern

Guter Unterricht kann sich dann ereignen, wenn von den Lehrenden auf eine ausgewogene Balance zwischen Lernprozessen und Lernergebnissen geachtet wird. Ein Überhang auf der einen wie der anderen Seite wird zu einem einseitigen Geschehen: Junglehrer konzentrieren sich oft – weil ihre Planung sehr zielgeleitet ist – auf die Erreichung der Ergebnisse. Der Blick für die Bedürfnisse der Lerngruppe kann da aus schon mal verloren gehen. Ebenso ist es möglich, eine Lerngruppe rein mit Methoden zu „bespaßen" – und die Frage nach den Zielen des Unterfangens sind weder transparent noch – worst case – reflektiert und bekannt.

Das methodische Differenzial:
Der Positionierungsraum der Lernabsichten

Aufbauend auf der didaktischen Analyse der „5 W" erschließen wir die methodischen Dimensionen des Online-Unterrichts. Erfahrungsgemäß ist es eine Hilfe, nicht in erster Linie in einem „Online-Unterricht" zu denken. Vielmehr sollte die Überwindung der Raum- und

Zeitschranken die wesentliche Überlegung dabei sein. Über diese Fragestellung bieten sich manche Methoden an, andere sind aus diesem Grund ausgeschlossen. Die folgende Methodensammlung ordnen wir deswegen zusätzlich in folgendes methodisches Differenzial ein:

	Starke Ausprägung	Mittlere Ausprägung	Neutrale Ausprägung	Mittlere Ausprägung	Starke Ausprägung	
Synchron						Asynchron
Zeitlich befristet						Zeitlich unbefristet
Individuell orientiert						Gruppenorientiert
Spezialisiert						Generalisiert
Ergebnisorientiert						Entwicklungsorientiert
Öffentlich						Privat

Tab. 2: Methodisches Differenzial

Über dieses Differenzial können wir nicht nur die Methoden sortieren, sondern wir nutzen ihn auch als morphologischen Kasten. Über diese systematische Kreativitätstechnik kommen wir so organisch auf neue Methoden. Schließlich sind auch wir Lehrenden alle noch am Anfang unserer Online-Lernkurve – und damit selber Lernende.

Mit beiden Dimensionen, den didaktischen Leitfragen und dem methodischen Differenzial, wollen wir unsere Methodensammlung übersichtlich halten. Daher haben wir uns für eine alphabetische Gliederung entschieden. Für den praktischen Transfer in Ihren Unterricht finden Sie zu jeder Methode auch eine Visualisierung vor. Wir verstehen die Beschreibung und die Abbildung im Sinne des experimentellen Lernens. Ihre je eigenen Lernkontexte und speziellen Fächer werden – best case – eine Fortschreibung der Methoden erlauben. Ebenso haben wir uns nicht hauptsächlich auf Methoden gestürzt, die in den letzten Monaten in den Social Media entstanden und geteilt worden sind. Dieses Phänomen hat eine unglaubliche und hocherfreuliche Kreativität unter den Lehrenden gezeigt. Wir hoffen, dass diese Lust am Experimentieren auch „nach Corona" nicht abreißt. Bei den hier empfohlenen Methoden haben wir uns aber mehr von der **Leitfrage** leiten lassen: → Was funktioniert gut im bisherigen, analogen Raum? Und was sollte im virtuellen – bzw. hybride geweiteten – Klassenzimmer nicht untergehen? In diesen Fällen wird sich die Mühe lohnen, über die virtuelle Adaption und eine fachbezogene Modellierung nachzudenken.

Aufgrund unserer Begleitungen im Kollegialen Coaching und unserer Beobachtungen mit dem Corona-bedingten „Homeschooling" möchten wir, bevor wir in das Kapitel Methoden einsteigen, noch einen Hinweis geben: Im Frühjahr 2020 twitterte ein Nutzer in eine sehr quirlige und vor Innovationsgeist nur so sprudelnde Junglehrerschaft hinein: „Wenn Ihr so weitermacht und Tag und Nacht neue Tools herzaubert, sind wir bald alle ausgebrannt." – Eine kollegiale Warnung, die sich nicht gegen die Digitalisierung an sich wandte, sondern gegen den Übereifer, der auch immer dort aufkommen kann, wo Menschen im Flow sind. Insofern hoffen wir, dass wir mit unserer Sammlung keinen weiteren Druck in diese Dynamik hinein aufbauen, sondern Unterstützung mit erprobten Methoden geben können. Wir würden uns freuen, wenn Sie die Erprobung unserer Vorschläge in Ihrem Unterricht als – im besten Sinne – Experimentieren verstehen könnten. Denn dann bleibt eine Fehlerfreundlichkeit, die es Ihnen leichter macht und die keinen Druck nach Perfektion aufkommen lässt. Beachten Sie dabei bitte auch das, was Jürgen Handke (vgl. Kap. „Der ‚hybride' Lernraum", S. 115) hinsichtlich der Möglichkeiten und Schritte der digitalen Umsetzung konstatiert hat. Vielleicht gelangen auch Sie schon bald über die „digitale Anreicherung" Ihres Unterrichts in die „digitale Integration" – und vor allem, das wünschen wir Ihnen, in die Lust daran!

Eine Auswahl von 64 Methoden für das digitale Lehren

In Abgleich des theoretischen und empirischen Teils wird zur besseren Anwendung folgende Gliederung vorgenommen. Die darunter befindliche Zuordnung der Methoden zeigt an, dass manche Bereiche durch ein- und dieselbe Methode gleichzeitig angesprochen werden können. Sicher kommen Sie durch eigenes Experimentieren zu weiteren Überschneidungen.

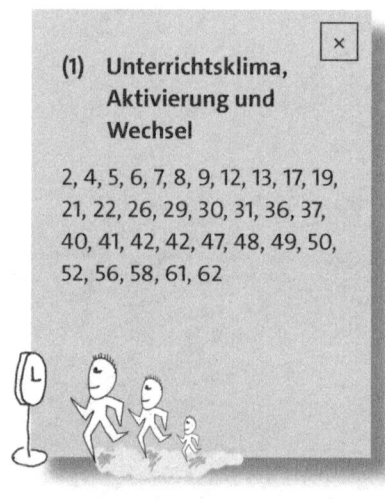

(1) Unterrichtsklima, Aktivierung und Wechsel ☒

2, 4, 5, 6, 7, 8, 9, 12, 13, 17, 19, 21, 22, 26, 29, 30, 31, 36, 37, 40, 41, 42, 42, 47, 48, 49, 50, 52, 56, 58, 61, 62

(2) Führung und Zeitstruktur ☒

1, 10, 16, 20, 24, 27, 28, 32, 38, 40, 55, 57

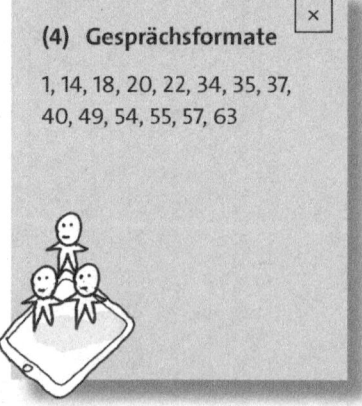

(4) Gesprächsformate ☒

1, 14, 18, 20, 22, 34, 35, 37, 40, 49, 54, 55, 57, 63

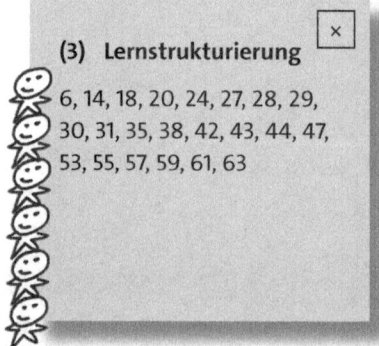

(3) Lernstrukturierung ☒

6, 14, 18, 20, 24, 27, 28, 29, 30, 31, 35, 38, 42, 43, 44, 47, 53, 55, 57, 59, 61, 63

**(5) Kompetenzorientie-
rung**

3, 6, 8, 20, 24, 26, 27, 28,
38, 42, 45, 47, 51, 53, 55, 59,
60, 63

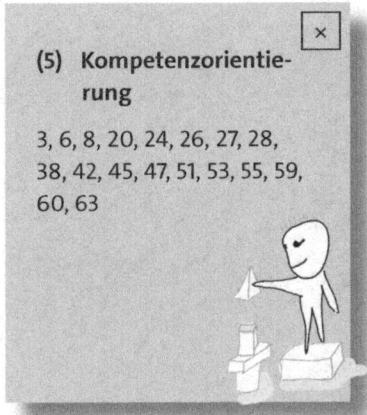

(6) Individualisierung

4, 5, 9, 12, 17, 19, 21, 23, 26,
34, 41, 43, 47, 52, 56, 58,
59, 62

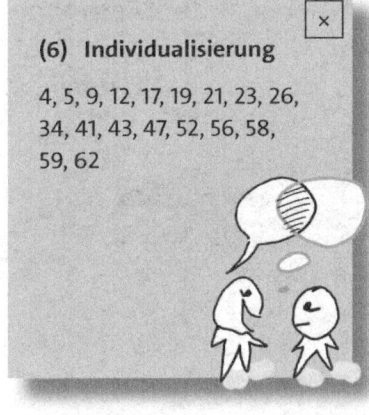

(7) Selbstorganisation

5, 7, 8, 16, 18, 19, 20, 24, 25,
28, 29, 30, 35, 36, 38, 39, 41,
43, 53, 55, 61

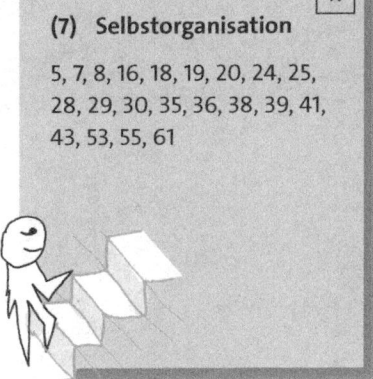

(8) Übungsmethoden

2, 6, 7, 8, 18, 20, 28, 29, 35,
40, 41, 44, 48, 49, 51, 53,
60, 63

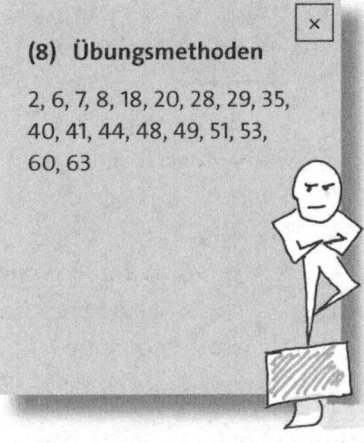

(9) Gruppenformate

14, 18, 20, 27, 28, 31, 33, 35,
37, 38, 40, 42, 45, 48, 49, 51,
53, 57, 60, 62, 63, 64

(10) Feedbackmethoden

11, 15, 39, 46, 51, 52, 54, 64

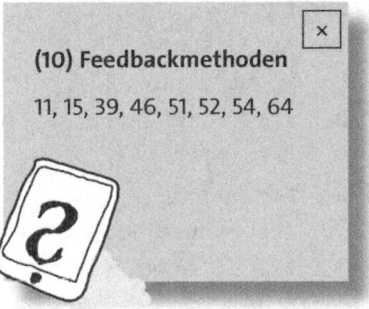

Übersicht der Methoden

1. Asynchrone Videokonferenz
2. ABC-Methode
3. Audioquiz
4. Augengymnastik
5. Bildkartenarbeit
6. Brainstorming
7. Crossword
8. Brainwriting Pool
9. Designer Yoga
10. Dokumentenkamera
11. Dropbox Feedback
12. Eben noch in der Pause
13. Einstimmungsfilm
14. Expertengruppe
15. Fünf-Finger-Feedback
16. Flipped Classroom
17. Geoquiz
18. Gruppenarbeit und Gruppenpuzzle
19. Haustiere, Jogginghosen und Mitbewohner
20. Hybrides Lerncamp
21. Imaginationsübung
22. Input-Technik
23. Kamerafahrten
24. Key Question
25. Klassenzimmer-Deko
26. Körperreise
27. Lerngang
28. Lernzirkel
29. Lexikonmethode
30. Mind-Map
31. Mini-Sprints

32. Online Ringvorlesung
33. Online Wandzeitung
34. Partnerinterview
35. Placemat
36. Progressive Entspannungspausen
37. Pro- und Contra-Debatte
38. Projekte virtuell
39. Rotationsfeedback
40. Redekette
41. Quizspiel
42. Schachbrett
43. Schule aus!
44. Screensharing-Softwarekorrektur
45. Sechs Hüte
46. Skalierung
47. Skizzen- und Lerntagebuch
48. Speed Geeking
49. Speed Talking
50. Sprechende Gegenstände
51. Spinnennetz
52. Stummer Applaus
53. Think Pair Share
54. Umfragen per Smartphone
55. Virtuell lernen durch virtuell lehren
56. Virtuelle Dusche
57. Virtueller Kongress
58. Virtuelle Landkarte
59. Visualisieren
60. Walt Disney Methode
61. Webcam Laola, Zettelwirtschaft
62. Willkommens-Bingo
63. World Café
64. Zielscheibe

Methode 1: Asynchrone Videokonferenz

	Starke Ausprä-gung	Mittlere Ausprä-gung	Neutrale Ausprä-gung	Mittlere Ausprä-gung	Starke Ausprä-gung	
Synchron					x	Asynchron
Zeitlich befristet				x		Zeitlich unbefristet
Individuell orientiert	x					Gruppen-orientiert
Spezialisiert			x			Generalisiert
Ergebnis-orientiert				x		Entwicklungs-orientiert
Öffentlich					x	Privat

Wer? Die Lehrenden – wobei auch Lernende an diesem Format Gefallen finden und es nach und nach aus eigenen Stücken in ihre Projektarbeit einbinden.

Was? Ein Videoclip, der den klassischen „Lehrendenvortrag" enthält, alternativ einzelne Impulse zu Teilphasen des Unterrichts.

Wo? Vor der Kamera und am Bildschirm.

Wozu? Um die wertvolle Zeit des synchronen Onlineunterrichts zu entlasten, um auf das Thema einzustimmen und zu motivieren.

Wie? Nehmen Sie Bezug auf ein Artefakt aus dem Unterricht oder auch eine Lernsituation; knüpfen Sie im Film möglichst eng daran – sowohl inhaltlich wie emotional – an, damit die Videobotschaft so individuell wie möglich wird.

Diese Methode ist aus einer praktischen Notwendigkeit heraus entstanden: Es stapelten sich eine Unmenge von E-Mails zu vielen Einzelprojekten. Es war zeitsparender, diese mündlich zu beantworten, um den Lernenden eine Antwort in Form einer Videobotschaft zuzusenden. Was als situative Improvisation aus Zeitgründen entstanden ist, ent-

Abb. 21: Asynchrone Videokonferenz

puppte sich als eine gute Möglichkeit, mit zugewandter Art die Lernenden persönlich anzusprechen: Es stellte sich in den angeschlossenen Gesprächen und Feedbacks heraus, dass die Videobotschaft von den Lernenden ganz individuell wahr- und angenommen wurde. Die dort formulierten pädagogischen und fachlichen Impulse konnten durch mehrmaliges und aufmerksames Ansehen des Videoclips binnendifferenziert angeeignet werden. Diese Methode ist nicht zu verwechseln mit dem „Flipped Classroom". Die Stärke der Videobotschaft liegt gerade darin, individuell und niederschwellig und eben nicht an eine Gruppe gerichtet zu kommunizieren – eben wie ein beiläufiges Beratungsgespräch.

Umsetzungstipps:

- Technisch nehmen Sie sich selbst auf und stellen den Lernenden diese Aufnahme zur Verfügung (etwa per Downloadlink Ihrer Schulcloud oder über einen nicht gelisteten YouTube Upload).
- Um einen engen Bezug zur aktuell gesandten Arbeit der Lernenden herzustellen, können Sie die Arbeit über eine Bildschirmaufnahme bei der Besprechung zeigen. Das stellt auch visuell einen Bezug zur Arbeit her, würdigt diese und relativiert zusätzlich eine mögliche Wirkung der Lehrendenzentrierung.

- Entscheidend ist, dass Sie vom jeweiligen Anliegen der Lernenden her Ihren Impuls aufbauen. Denn nur so kann das Gesagte und Gezeigte bei den Adressaten andocken. Ist das Anliegen noch nicht klar ausgedrückt oder bei ihnen angekommen, sollten Sie vorher nochmals nachfragen.
- Sprechen Sie Ihr „Gegenüber" direkt an und wiederholen Sie eingangs das Anliegen.

Methode 2: ABC-Analyse

	Starke Ausprägung	Mittlere Ausprägung	Neutrale Ausprägung	Mittlere Ausprägung	Starke Ausprägung	
Synchron		x				Asynchron
Zeitlich befristet	x					Zeitlich unbefristet
Individuell orientiert	x					Gruppenorientiert
Spezialisiert				x		Generalisiert
Ergebnisorientiert	x					Entwicklungsorientiert
Öffentlich				x		Privat

Wer?   Die Lernenden.

Was?   Assoziationen, Erinnerungen zu einem Thema (ohne Blick ins „Heft")

Wo?   Im hybriden Klassenzimmer: einerseits im Plenum, andererseits am eigenen Rechner

Wozu? Zur Wiederholung eines Themas, zur Fokussierung auf ein Thema.

Wie?   In EA, ggf. vertieft in GA, im Plenum.

Diese Methode ist so einfach wie wirkungsvoll. Sie wird beispielhaft auch im Paarcoaching verwendet, um in der „Problemtrance" für die Eigenschaften zu sensibilisieren, die dem Klienten intuitiv – und positiv – zum Partner einfallen. Die Methode lässt genügend Freiheit für eigene Assoziationen, führt aber gleichzeitig durch die Anfangsbuchsta-

Abb. 22: ABC-Analyse

ben und hilft so in „sprachloseren" Situationen. Zum Einstieg in den Unterricht stellen Sie eine Tabelle mit zwei Spalten und 26 Zeilen ein: links die Buchstaben von A bis Z, rechts Raum für Assoziationen. Darüber steht eine Leitfrage, zum Beispiel im Fach Geschichte: *Was fällt Ihnen spontan zum 17. Juni ein?* Ein Nachteil im „Homeschooling" besteht natürlich darin, dass Ihre Lernenden jetzt mit Googeln beginnen können. Allerdings ist die Reduktion auf die Buchstaben des Alphabets so speziell, dass das geübt sein will.

Nach einer vorgegebenen Zeit endet die Einzelarbeit und die Lernenden werden in Gruppenräume umgeleitet. Hier können sie ihre verschriftlichen Gedanken miteinander austauschen. Danach gehen alle zurück ins Plenum. Je nach Lerngruppe kann diese Methode spielerisch gestaltet werden, etwa durch einen kleinen Wettbewerb auf Zeit. Die Fortführung des Unterrichts ist auf verschiedene Weise denkbar, beispielhaft durch eine „Redekette" (vgl. S. 247), die dann als Wiederholung der – von Ihnen vorab im Plenum gelenkt/fixiert – wichtigsten Begrifflichkeiten und Fakten dienen würde.

Umsetzungstipps:

- Die Methode eignet sich dazu, bewusst mit Zeitdruck zu arbeiten, z. B., um auf Tests oder eine Prüfung vorzubereiten.
- Zur Steigerung des spielerischen Wettbewerbscharakters kann auf Sozialformen verzichtet und die Tabelle komplett im Plenum gelöst werden. Allerdings überfordert diese Variante die langsameren Lernenden und sollte daher gut überlegt sein oder anderweitig wieder ausgeglichen werden.

Methode 3: Audioquiz

	Starke Ausprägung	Mittlere Ausprägung	Neutrale Ausprägung	Mittlere Ausprägung	Starke Ausprägung	
Synchron	x					Asynchron
Zeitlich befristet	x					Zeitlich unbefristet
Individuell orientiert					x	Gruppenorientiert
Spezialisiert				x		Generalisiert
Ergebnisorientiert		x				Entwicklungsorientiert
Öffentlich			x			Privat

Wer? Alle Beteiligten.

Was? Wissensquiz.

Wo? Vor dem Computer.

Wozu? Aktivierung und Test der Audioverbindungen.

Wie? Über ein einfaches Frage-Antwort-Spiel.

Ein Kollege – unbestritten Fachmann auf seinem Gebiet und auch schon seit einiger Zeit im virtuellen Fernunterricht aktiv – beklagte sich im Kollegialen Coaching wiederholt so:

> *„Die reden einfach nicht. Ich kann machen, was ich will. Und der Witz, ich habe das gleiche Phänomen jetzt beim virtuellen Elternabend festgestellt. Selbst bei unserer Lehrerkonferenz war es nicht anders. Wie kriege ich die Leute bloß zum Reden?"*

Für das Gruppengefühl und eine positive Gesprächsatmosphäre ist nicht nur das technische Funktionieren der Mikrofone eine Voraussetzung. Es geht auch um die generelle und grundlegende Bereitschaft, spontan etwas zu sagen. Denn im Virtuellen kommt dem Ton – im technischen wie im rhetorischen Sinn – und dem gesprochenen Wort (vgl. Prinzip 1: Am Anfang ist das Wort, Kap. „Das virtuelle Klassenzimmer", S. 91) eine größere Bedeutung zu als im analogen Raum, wo die Körpersprache das gesprochene Wort zu einem Gesamteindruck vervollständigt.

Lehrer sind Sprachpraktiker, die nicht nur eine sehr ausgeprägte Textkompetenz haben, sondern eine jahrzehntelange Sprechpraxis. Diese Differenz erzeugt nachvollziehbarer Weise eine Sprechhemmung in der virtuellen Vorlesung, in der Veranstalter und Teilnehmer mehr auf ihre Sprache achten.

Abb. 23: Audioquiz

Auch hier ist die Eingangsphase des Unterrichts entscheidend. Ein kleines Wissensquiz am Anfang hat sich bewährt, diese spontanen Äußerungen der Teilnehmer spielerisch zu üben: Setzen Sie die Spielregeln fest, dass zu einfachen Wissensfragen – etwa eine betont reduzierte Stoffwiederholung – die erste richtige Antwort einen Punkt erhält, die nicht über den Chat, sondern über das Mikrofon „ausgerufen" wird.

Umsetzungstipps:

- Machen Sie einen Screenshot von allen aktivierten Kameras. Notieren Sie auf dem Whiteboard die wortwörtlichen Punkte direkt an dem Webcambild. Das erhöht den Wettkampf-Effekt.
- Wählen Sie bewusst mindestens fünf offensichtliche Fragen, um – nach dem „Wer wird Millionär"-Prinzip – die Spieltechnik klar zu machen.
- Im Turniermodus: Auch dieses Element können Sie ritualisieren und die jeweiligen Gewinner über mehrere Schulwochen notieren. Loben Sie dafür einen kleinen Preis für die Turniersieger aus.

Methode 4: Augengymnastik

	Starke Ausprä-gung	Mittlere Ausprä-gung	Neutrale Ausprä-gung	Mittlere Ausprä-gung	Starke Ausprä-gung	
Synchron	x					Asynchron
Zeitlich befristet	x					Zeitlich unbefristet
Individuell orientiert			x			Gruppen-orientiert
Spezialisiert			x			Generalisiert
Ergebnis-orientiert				x		Entwicklungs-orientiert
Öffentlich			x			Privat

Wer? Alle Beteiligten.

Was? Gemeinsame körperliche Übung.

Wo? Etwas Abstand zum Computer, etwa stehend.

Wozu? Aktivierung, Gruppengefühl erzeugen, Entspannung.

Wie? Angeleitete Gymnastik, die die Teilnehmer nachmachen.

Durch die Arbeit am Computer sind die Augen ganz besonders beansprucht: Haben sie üblicherweise ein Sichtfeld von fast 180 Grad, schwindet dieses vor dem Computer mit geradewegs starrem Blick auf eine Bewegungslosigkeit. Diese Übung bewegt „nur" die Augen und hat daher eine geringere Hemmschwelle gegenüber einer größeren Yoga-Übung. Das ist für den Einstieg sinnvoll.

Da die Lernenden voraussichtlich vor und nach der Online-Einheit auch vor dem Computer sitzen, ist eine Aktivierung der Augen ein belebendes Element des Unterrichts. Das Ziel der Übung ist eine Bewegung der Augenmuskeln. Dazu halten alle Beteiligten ihre Köpfe gerade, indem sie etwa mit einer Hand am Kinn die Kopfdrehung verhindern.

Abb. 24: Augengymnastik

Mit der anderen Hand können Sie nun Bewegungen für die Augen-muskeln ausführen, die horizontal, vertikal und diagonal in alle Rich-tungen bewegen. Das ist relativ einfach, wenn Sie mit Ihrem Blick dem ausgestreckten Arm beziehungsweise dem ausgestreckten Dau-men folgen.

Sie werden feststellen, dass dies für die Augen eine relativ anstren-gende Übung ist: Sie werden regelmäßig blinzeln müssen. Das ist eine beabsichtigte Wirkung, die Sie gegenüber Ihren Teilnehmern auch kommentieren können. Denn diese Wirkung ist der praktische Nutzen dieser Übung.

Umsetzungstipps:

- Auch die Fokussierung von dem Nahbereich über den ausgestreck-ten Arm bis in den Fernbereich können Sie so üben: Fixieren Sie zwei Punkte (am einfachsten über Ihre beiden Daumen) und lei-ten Sie die Teilnehmer an, diese drei Punkte (zwei Daumen und der Blick aus dem Fenster) abwechselnd zu fixieren. Das trainiert die Augen zusätzlich, da auch diese Fokussierung am Computer-bildschirm nicht geschieht.
- Diese Augengymnastik können Sie mit einer Kopf- und Schulter-gymnastik (vgl. Methode „Designer Yoga", S. 152) kombinieren,

die die Wirkung verstärkt – viele Spannungskopfschmerzen lassen sich durch diese Übungskombination verhindern.

- Oftmals ist es den Teilnehmern unangenehm, sich bei der Gymnastik zuschauen zu lassen. Bieten Sie deshalb an, für die Dauer der Gymnastik die Kameras (außer Ihre eigene) auszuschalten.

Methode 5: Bildkartenarbeit

	Starke Ausprägung	Mittlere Ausprägung	Neutrale Ausprägung	Mittlere Ausprägung	Starke Ausprägung	
Synchron			x			Asynchron
Zeitlich befristet		x				Zeitlich unbefristet
Individuell orientiert	x					Gruppen-orientiert
Spezialisiert		x				Generalisiert
Ergebnis-orientiert			x			Entwicklungs-orientiert
Öffentlich			x			Privat

Wer? Die Lernenden, angeleitet vom Lehrenden.

Was? Inhaltsbezogene Bildkarten, die auch im Präsenzunterricht eingesetzt werden.

Wo? Am eigenen PC, später im Plenum am Bildschirm.

Wozu? Um induktiv an der eigenen Sozialisation und Biografie der Lernenden ansetzen zu können.

Wie? Überlegen Sie, wie eine angemessene Reduktion und Auswahl inhaltlich aussehen kann. Bedenken Sie Wege der technischen Vermittlung, sowohl für den Hin- wie Rückweg (in die privaten „Blasen" der Lernenden wie in den gemeinsamen virtuellen Lernraum).

Ausgangspunkt dieser Methode war folgendes Anliegen im Kollegialen Coaching:

„Im Präsenzunterricht lege ich zu Beginn der ersten Unterrichtsstunde Bildkarten mit verschiedenen Motiven (Landschaften, Lebenssituationen) auf einem Tisch aus. Die Schüler können die Bildkarten

*anschauen, in die Hand nehmen und sollen sich dann eine aussu-
chen. Die ausgesuchte Karte wird dann mit an den Platz genommen, ggf. ein Foto auf dem Handy gemacht. Dann gibt es einen kreativen Schreibimpuls dazu.*

*Da ich mit Biografiearbeit auch im virtuellen Kontext unterrichte,
würde ich diese Idee gern auch mal dort ausprobieren. Meine Frage ist nun: Wie lässt sich das technisch realisieren?"*

Abb. 25: Bildkartenarbeit

Neben der Frage nach der technischen Umsetzbarkeit berührt dieses
Anliegen Bereiche, die das virtuelle Format grundsätzlich vom analogen Unterricht unterscheiden, die für Fächer mit einem starken biografischen Anteil aber wesentlich sind: die haptische Wahrnehmung
wie die Mitnahme an einen eigenen Ort beispielhaft. Diese Aspekte
sind bedeutend, weil sie die Verbindung zur Innenwelt erst herstellen.
Denn ohne die Anknüpfung an die jeweilige innere Welt des Lernen-

den wäre der Schreibimpuls wahrscheinlich wenig authentisch – und damit sowohl die Nachhaltigkeit des Lernens wie auch die Zielebene in Frage gestellt.

Eine erste Herausforderung für den Lehrenden besteht in der Vorbereitung darin, sich auf die Abbildungen zu fokussieren, die am wichtigsten sein könnten. Dabei sollten Sie nicht durch die Bildmotive steuern, sondern trotzdem eine ausreichende inhaltliche Bandbreite berücksichtigen. Um den Lernenden genügend Zeit für ihre individuelle und intuitive Auswahl zu belassen, schlagen wir einen guten Mix aus asynchronem und synchronem Arbeiten vor. Beispielhaft könnten Sie die Bildkarten als PDF-Dokumente vorher schon zur Verfügung stellen (z. B. bei der Einladung zu Ihrem Unterricht in Moodle oder auf dem Online-Campus Ihrer Einrichtung). Achten Sie in diesem Fall auf eine gute Leitfrage bzw. einen klaren Arbeitsauftrag, z. B.: *Entscheiden Sie sich ganz spontan für ein Motiv. Lassen Sie die Abbildung auf sich wirken. Halten Sie Ihre Assoziationen fest.* Den Lernenden steht es ganz nach eigener Vorliebe frei, die (auf das ausgewählte Motiv ausgeschnittene) PDF zum Unterricht digital mitzubringen oder sich (z. B. bei direkten Notizen als Beginn des – wie oben gefordert – Schreibimpulses) als Ausdruck (in diesem Fall sollte die entsprechende Technik, z. B. eine Dokumentenkamera, vorhanden sein).

Auch im Personal Coaching sind Bildkarten ein wichtiges Tool. Im virtuellen Coaching (z. B. über die Plattform CAI, die von einem der Autoren genutzt wird) sind voreingestellte Motive hinterlegt, die archetypisch klassische Muster ansprechen. Im Kollegialen Coaching raten wir, gern zusätzliche eigene Motive sowie Motive der Klienten einzubauen. Dieser subjektbezogene Ansatz ist analog zur Orientierung an den Belangen der Lernenden. So können Sie sich als Lehrende im Laufe weniger Jahre eine reiche Sammlung an Bildkarten anlegen.

Umsetzungstipps:

- Verwenden Sie nicht mehr als vier Abbildungen in einer PDF. Achten Sie auf grafische Vielfalt (auf jeder einzelnen PDF). Binden Sie alle Dokumente am besten zusammen (z. B. mit dem kostenfreien Tool https://smallpdf.com/de/pdfs-zusammenfuegen). So kann die Datei beim Runterscrollen spontane Wirkungen erzielen.
- Sparen Sie bei der Bezeichnung der Abbildungen mit Text. Nur so können die Bilder intuitiv wirken.
- Erwägen Sie in Ihrer Unterrichtsplanung, ob und inwieweit die Lernenden die Bildkarten bearbeiten sollen. Berücksichtigen Sie dabei, dass die technischen Möglichkeiten andere Dynamiken zulassen.

Methode 6: Brainstorming

	Starke Ausprä-gung	Mittlere Ausprä-gung	Neutrale Ausprä-gung	Mittlere Ausprä-gung	Starke Ausprä-gung	
Synchron	x					Asynchron
Zeitlich befristet		x				Zeitlich unbefristet
Individuell orientiert	x					Gruppen-orientiert
Spezialisiert		x				Generalisiert
Ergebnis-orientiert	x					Entwicklungs-orientiert
Öffentlich		x				Privat

Wer? Die Lernenden, moderiert durch den Lehrenden.

Was? Assoziationen zu einem neuen Thema, aber auch Inhalte zur Ergebnissicherung.

Wo? Im Plenum oder in GA.

Wozu? Um gedanklich, emotional und sozial zu aktivieren, um das geteilte Vorwissen der Lernenden aktiv einzubinden, um neue Assoziationsketten entstehen zu lassen.

Wie? Durch gezielte Anmoderation, bestenfalls mit einem geeigneten Input.

Das Brainstorming ist uns in dieser Sammlung deshalb wichtig, weil es im virtuellen Raum auf besondere Weise mit den Elementen Aktivierung und Visualisierung verbunden ist. „Brainen", um eine Aufgabenstellung zu

Abb. 26: Brainstorming

„stormen", setzt den Fluss der Gedanken voraus. Einmal mehr wird deutlich, dass Ihre Lernenden die individuelle „Blase" bereits verlassen haben müssen, gleichzeitig aber von dieser her Erfahrungswerte einbringen sollen. Mit dem Brainstorming können Sie die Lerngruppe aktivieren, gleichzeitig funktioniert diese Methode nicht ohne Aktivierung. Das bedeutet – mehr als im analogen Raum –, dass alle Lernenden technisch und mental erst einmal „da" sein müssen, bevor Sie mit der Methode beginnen. Das inhaltliche Brainstormen ersetzt deshalb nicht das räumliche und mentale Ankommen!

Im systemisch-lösungsorientierten Coaching würde das „Brainen" allein keine nachhaltigen Musterzustandsänderungen bewirken, sondern nur verbunden mit somatischer Arbeit. Diese Erfahrung lässt sich auf den – auch virtuellen – Unterricht übertragen. Nutzen Sie Methoden wie „Augengymnastik" (vgl. S. 138), „Designer Yoga" (vgl. S. 152) oder „Körperreise" (vgl. S. 205), um ein ganzheitliches Brainstorming zu erzielen.

Umsetzungstipps:

- Diese Methode kann gut mit der Input-Technik (vgl. S. 193) verbunden werden. Ergebnisse im Plenum oder in der GA können visualisiert werden (vgl. Methode „Visualisierung", S. 298), um dem kollektiven „Gedankenfluss" eine Form zu geben.
- Achten Sie beim Brainstorming im Plenum darauf, dass möglichst alle Lernenden sich einbringen und auch die Beiträge aller verschriftlicht werden. Das stärkt das Gruppengefüge im virtuellen Raum.

Methode 7: Crossword

	Starke Ausprägung	Mittlere Ausprägung	Neutrale Ausprägung	Mittlere Ausprägung	Starke Ausprägung	
Synchron	x					Asynchron
Zeitlich befristet		x				Zeitlich unbefristet
Individuell orientiert			x			Gruppen- orientiert
Spezialisiert			x			Generalisiert
Ergebnis- orientiert		x				Entwicklungs- orientiert
Öffentlich		x				Privat

Wer? Die Lernenden.

Was? Inhalte aus der letzten oder aktuellen Lerneinheit.

Wo? Im virtuellen Gruppenraum.

Wozu? Zur Aktivierung, Wiederholung, zur Ergebnissicherung.

Wie? Im offenen Plenum oder (je nach Lerngruppe) durch gezielte Ansprache.

Abb. 27: Crosswording

Mit dieser Methode können Sie auf mehreren Ebenen gleichzeitig wirkungsvoll arbeiten: Sie aktivieren die Lerngruppe, wiederholen Lerninhalte, fokussieren die Lernenden auf zentrale Kernbegriffe und stiften über die Visualisierung zum gehirngerechten Lernen an. Über mehrere kostenfreie Tools (z. B. https://www.xwords-generator.de/de) können Sie ein Kreuzworträtsel mit Ihren eigenen Begriffen selbst generieren. Übertragen Sie dieses dann entsprechend in das von Ihrer Einrichtung genutzte Lernformat. Sie können dabei die Fragen auf einmal für die Lernenden sichtbar halten oder eine gewisse Spannung aufbauen, indem sie peu à peu eingeblendet werden. Dasselbe gilt für die Lenkung durch Sie. Bei heterogenen Gruppen ist es ggf. sinnvoll stärker zu steuern, damit die „Langsameren" nicht demotiviert werden.

Umsetzungstipps:

- Aus dieser Methode lässt sich leicht ein interaktives Spiel entwickeln. Auch wäre es möglich, das Crosswording in arbeitsteiliger GA mit Wettbewerbscharakter (und dann natürlich auch Preisen bzw. Prämien) zu bearbeiten.
- Greifen Sie Begriffe, die im Plenum zusätzlich fallen, als Anlass auf, das Crossword schülerzentriert weiterzuschreiben. Das erhöht nicht nur die Ergebnissicherung in Ihrer Lerngruppe, sondern motiviert Ihre Lernenden stark.

Methode 8: Brainwriting Pool

	Starke Ausprä-gung	Mittlere Ausprä-gung	Neutrale Ausprä-gung	Mittlere Ausprä-gung	Starke Ausprä-gung	
Synchron		x				Asynchron
Zeitlich befristet	x					Zeitlich unbefristet
Individuell orientiert					x	Gruppen-orientiert
Spezialisiert			x			Generalisiert
Ergebnis-orientiert	x					Entwicklungs-orientiert
Öffentlich		x				Privat

Wer? Die Lernenden, angeleitet vom Lehrenden.

Was? Ideen zu einer aktivierenden Frage.

Wo? Im virtuellen Klassenraum und/oder einer Kollaborations-plattform.

Wozu? Um möglichst viele Ideen aus der Gruppe zu generieren.

Wie? Über das Anknüpfen an bestehende Ideen.

Diese Kreativitätsmethode ist für eine virtuelle Umsetzung besonders geeignet: Sie zeichnet sich in der Präsenzvariante bereits dadurch aus, dass sie durch die stumme Ausführung die in diesem Fall hinderlichen Sozialprozesse umgeht. So können sich auch introvertierte und stille Teilnehmerinnen und Teilnehmer gleichwertig in die Ideenfindung einbringen. Durch die stumme Ausführung ist diese Methode für die virtuelle Umsetzung prädestiniert. Sie benötigen dazu entweder die Whiteboard-Funktion des virtuellen Klassenzimmers oder eine externe Kollaborationsplattform (z. B. conceptboard.com, prezi. com, etc.). Bewährt hat sich z. B. auch GoogleDoc (docs.google.com), hier können ebenfalls alle durch Sie autorisierten Teilnehmer synchron mitwirken.

Abb. 28: Brainwriting

Das Konzept der Methode besteht darin, dass zu einer aktivierenden Fragestellung möglichst viele Ideen gesammelt werden. Dies soll ohne Reden geschehen, sondern schriftlich. Auf (digitalen) Zetteln werden im „Pool" (in der Präsenzvariante in der Mitte des Tisches) die Ideen gesammelt. Das Entscheidende ist, dass jeder Teilnehmer die Ideen im Pool aufgreifen und seine eigenen Ideen basierend auf der im Pool beschriebenen Idee erweitern, vervollständigen und differenzieren kann. All das geschieht stumm.

Geben Sie immer eine feste Zeitvorgabe für die Runden vor: So kann es in der ersten Runde mit 10 Minuten darum gehen, dass jeder möglichst viele Ideen im Pool sammelt. In der zweiten Runde mit 10 Minuten geht es dann um das Weiterschreiben von Ideen anderer. Beide Runden brauchen eine Zeitbegrenzung, um die nötige „Dramatik" zu erzeugen.

Wenn Sie nach diesen beiden Runden viele Ideen produziert haben, eignet sich die „Sechs Hüte Methode" (vgl. S. 259), um diese Vielzahl von Ideen zu diskutieren.

Umsetzungstipps:

- Betonen Sie die wichtigste Regel: Es geht hier um Quantität, nicht um die Qualität der Ideen. Es ist alles erlaubt und es gibt keine „schlechten" Ideen: Damit ist es geboten, möglichst viele Ideen zu produzieren und/oder die Ideen anderer weiter zu entwickeln. Untersagt ist, Ideen zu kritisieren und zu diskutieren.
- Ermutigen Sie konkret auch zu visuellen Beiträgen über die Texte hinaus. Das können Skizzen sein, Bilder und/oder multimediale Inhalte über Hyperlinks. Diese Multimodalitäten und Multimedialität schöpfen die Möglichkeiten im virtuellen Unterricht erst wirklich aus.
- Vergessen Sie nicht, dass gerade das Sammeln von Ideen eine intellektuell wie emotional höchst fordernde Tätigkeit ist. Achten Sie deshalb auf eine gute zeitliche Dramaturgie sowie ausreichend Erholungspausen.

Methode 9: Designer Yoga

	Starke Ausprä-gung	Mittlere Ausprä-gung	Neutrale Ausprä-gung	Mittlere Ausprä-gung	Starke Ausprä-gung	
Synchron	x					Asynchron
Zeitlich befristet	x					Zeitlich unbefristet
Individuell orientiert			x			Gruppen-orientiert
Spezialisiert					x	Generalisiert
Ergebnis-orientiert			x			Entwicklungs-orientiert
Öffentlich				x		Privat

Wer? Alle Beteiligten.

Was? Gemeinsame körperliche Einstimmung.

Wo? 1–2 Meter Abstand zum Computer, etwa stehend
(… so lang das Kabel reicht).

Wozu? Aktivierung, Gruppengefühl erzeugen, Entspannung.

Wie? Angeleitete Gymnastik, die die Teilnehmer nachmachen.

Abb. 29: Designer Yoga

Ebenso wie in der „Augengymnastik" (vgl. S. 138) beschrieben, ist die Arbeit sowie das Lernen wie Lehren vor dem Computer körperlich sehr fordernd. Gerade die starre Haltung und die damit einhergehenden Muskelverkrampfungen sind oft der Grund für Kopfschmerzen. In einer Eingangsphase einer Online-Einheit hat es sich bewährt, 5–7 Minuten für eine gemeinsame Gymnastik zu reservieren. Das ist vermutlich die deutlichste körperliche Aktivierung und stärkt von Anfang an die personale Kompetenz als ganzheitliche Selbstwahrnehmung im virtuellen Raum sowie das Gruppengefühl.

Dabei leiten Sie durch Vormachen Ihre Teilnehmer dazu an, zunächst mit symmetrischen Bewegungen den Nacken und den Hinterkopf zu massieren. Insbesondere die Schläfen sowie das Gesicht selbst werden dabei durchblutet. Kommentieren Sie gern, was Sie vormachen und nennen Sie immer wieder Gründe und Ziele dieser Übung.

Gerade in den Kopfdrehungen und der Lockerung der Schultermuskulatur liegt ein geradezu emotionales Potenzial – wenn sich die Verspannungen lösen, greifen Sie diese Erfahrung gern auf.

Dieses „Vorturnen" wird Ihnen gerade am Anfang viel Überwindung kosten. Aber es lohnt sich und hinterlässt durch die Ritualisierung eine tiefe Verbundenheit mit diesen Online-Einheiten, da sich psychologisch der körperliche Eindruck mit den Eindrücken aus dem Unterricht verbindet. Varianten dieser Gymnastik (etwa die „Augengymnastik", vgl. S. 138) helfen Ihnen auch dabei, längere Online-Einheiten dramaturgisch zu gliedern, indem Sie körperlich aktive Pausen einbauen. Mit ein wenig Übung werden Sie vielleicht auch feststellen, dass Ihre Lernenden diese Phasen regelrecht anfragen bzw. gar einfordern.

Umsetzungstipps:

- Den meisten Teilnehmern ist es anfangs unangenehm, sich bei der Gymnastik zuschauen zu lassen. Bieten Sie daher an, für die Zeit der Gymnastik die Kameras (außer Ihre eigene) auszuschalten.
- Die verbalen Anleitungen während der Übungen helfen Ihnen, den Eindruck einer laienhaft ausgeführten Sportgymnastik (daher die Benennung „Designer Yoga") zu verhindern, indem Sie stets über die Metaebene die körperliche Bedingtheit der intellektuellen Arbeit und des Lernens betonen.
- Eventuell wird in einer Gruppe auch irgendwann ein Hobbysportler und/oder eine therapeutisch vorgebildete Teilnehmerin oder Teilnehmer sein. Mit einem kleinen Vorgespräch können Sie diese Einheit dann auch gern weitergeben – Sie werden dabei viele neue Übungen lernen.

Methode 10: Dokumentenkamera – „good old Tafelbild"

	Starke Ausprä-gung	Mittlere Ausprä-gung	Neutrale Ausprä-gung	Mittlere Ausprä-gung	Starke Ausprä-gung	
Synchron	x					Asynchron
Zeitlich befristet	x					Zeitlich unbefristet
Individuell orientiert			x			Gruppen-orientiert
Spezialisiert					x	Generalisiert
Ergebnis-orientiert			x			Entwicklungs-orientiert
Öffentlich			x			Privat

Wer? Sie, als Lehrender.

Was? Beliebige Lerninhalte und auch Gegenstände.

Wo? An Ihrem „Sendeplatz".

Wozu? Synchronisierung von verbalem und visuellem Modus.

Wie? Durch Zeigen (und nicht nur durch Sagen).

Sie kennen die „Tafelbilder" auch aus der eigenen Gymnasialzeit: Dieses synergetische, organische Gefügtsein von frei gehaltenem Vortrag und den schnellen Strichen weißer Kreide auf der grünen Tafel: So wurden z. B. im Fach Geschichte die politischen Zusammenhänge verquickt mit Episoden aus der Kunstgeschichte, Zitaten und Alltagsschilderungen. Folgende beispielhafte Erinnerung zeigt, wie einprägsam diese gelungene Mischung aus Pädagogik, Leidenschaft und Technik sein kann:

„Es schien, als würde sich in den schnellen Schritten zwischen Tafel und den Tischreihen die Dramatik der europäischen Geschichte wie-

derholen – so packend war dieses Hin und Her zwischen den schnellen Schemazeichnungen an der Tafel und den dort hastig notierten Jahreszahlen, um mit gezielten Blicken tief in die Augen der Zuhörer die Auswirkungen dieser Geschehnisse deutlich zu machen. Und immer war diese grüne Tafel so etwas wie ein Fels in der Brandung der Weltgeschichte, um die wesentlichen Eckpunkte erinnerbar zu machen. Und mit Sicherheit war dieses Tafelbild ohne die leibhaftige Präsenz des Vortragenden im Nachhinein so kryptisch wie eine Abiturvorbereitung in Ethik für einen Fünftklässler."

Dieses Plädoyer für das Tafelbild soll in einem Methodenbuch zum virtuellen Unterrichten dazu dienen, dieses über unzählige Generationen gewachsene Medium in eine digitale Zukunft zu tragen. Denn jeder Lehrende hat ein Erfahrungswissen im Umgang mit diesem spontanen und zutiefst intuitiven Medium. Deshalb wirkt diese Technik und Methode auch im virtuellen Raum.

Abb. 30: Dokumentenkamera

Die methodische Stärke spielt das Tafelbild – wie eingangs umschrieben – in der Synchronizität von verbalem Vortrag und visueller Repräsentation aus. Diese Funktion hat ein reiches dramaturgisches Potenzial, das insbesondere in der Entschleunigung liegt. Denn ebenso wie es ein Zuwenig an Unterrichtszeit gibt, ist das Risiko eines Zuviels an Information das ungleich größere Risiko des Frontalvortrages oder auch nur eines Lehrendenimpulses.

Die in den meisten Videokonferenzplattformen integrierte Whiteboard-Funktion ist unserer Erfahrung nach bei den meisten Nutzern unbeliebt – es sei denn, Sie haben einige Übung auf einem Touchscreen und arbeiten als Mausersatz mit einem Zeichenstift. In unseren virtuellen Schulungen empfehlen wir zur Weiterführung der Lehrerfahrung an der Tafel eine Dokumentenkamera: Diese ist im Kostenbereich von 80–150 € (z. B. ipevo.com o. ä.) zu haben und ermöglicht ein intuitives, synchrones Begleitbild zu Ihrem verbalen Vortrag.

Bewahren Sie die Vorzüge eines synchronen Tafelbildes zu einem Online-Vortrag auch für die Zuhörer der digitalen Generation: Die bewährte methodische Technik, möglichst viele sinnliche Modalitäten – in diesem Fall verbale Sprache und visueller Text oder ein Bild – um Lernen gehirngerecht auszurichten. Kollegen berichten, dass die Eingewöhnungszeit bei dieser Technik gering ist, da sie auf Erfahrungswissen an der „grünen Tafel" oder am – heutzutage üblicher – analogen Whiteboard aufbauen können.

Umsetzungstipps:

- Arbeiten Sie mit möglichst dickem Folienschreiber, mit Fineliner oder Kugelschreiber ist das in der meist gering aufgelösten Bildübertragung schlecht zu lesen.

- Nummerieren Sie die Tafelbilder und archivieren Sie diese für Ihre Unterrichtsakte, indem Sie diese scannen oder mit dem Smartphone abfotografieren.
- In Lehrvideos (vgl. Methode „Flipped classroom", S. 173) können Sie diese Technik auch sehr wirkungsvoll anwenden.
- Für Fortgeschrittene eignen sich kostengünstige oder kostenfreie Softwarelösungen (z. B. ManyCam.com o. ä.), mit denen zwei Videoquellen – die Webcam und die Dokumentenkamera – in eine virtuelle Webcam integriert werden. Auf diese Weise können Sie im Onlineunterricht Ihre Dokumentenkamera zusammen mit Ihrem Bild zeigen und/oder auf relativ einfache und schnelle Weise überzeugende Lehrvideos produzieren.
- Es liegt nahe, auch Schaubilder aus Lehrbüchern, Gegenstände und/oder experimentelle Präsentationen mit der Dokumentenkamera zu zeigen. Experimentieren Sie (unter Einhaltung des Urheberschutzes) und überraschen Sie sich und Ihre Zuhörerinnen und Zuhörer!
- Bild statt Text: Dass „Visual Thinking" beim Verstehen unterstützend wirkt, steht außer Frage. An alle Einsteiger, die wegen vermeintlichen zeichnerischen Defiziten das Tafelbild scheuen, daher der Hinweis: Durch die gleichzeitige Kommentierung per Ton muss die Zeichnung nicht „schön" sein, um ihre Wirkung zu erzielen. Als Ermutigung haben wir in diesem zweiten Methodenteil bewusst „selbst gemachte" Illustrationen verwendet, um dazu zu ermutigen! Für weitere Impulse empfehlen wir als Lesetipp: „Durch die Decke denken" (Erbeldinger/Ramge/Spiekermann, 2013).

Methode 11: Dropbox Feedback

	Starke Ausprägung	Mittlere Ausprägung	Neutrale Ausprägung	Mittlere Ausprägung	Starke Ausprägung	
Synchron					x	Asynchron
Zeitlich befristet				x		Zeitlich unbefristet
Individuell orientiert	x					Gruppenorientiert
Spezialisiert		x				Generalisiert
Ergebnisorientiert			x			Entwicklungsorientiert
Öffentlich			x			Privat

Wer? Die Lernenden.

Was? Digital verfasste Übungen.

Wo? In der (Schul-)Cloud.

Wozu? Inhaltliches und soziales Feedback gegen die Isolationsempfindung.

Wie? Durch gegenseitiges Feedbacken.

In der Reihe der Methoden ist die synchrone Unterrichtssituation, die online und live umgesetzt wird, im Zentrum der Betrachtung. Jedoch sollte in der Unterrichtskonzeption die Makroebene als dramaturgische Komposition immer mitbetrachtet werden und damit auch die Makroebene als kommunikativ zu füllende Zwischenzeit. Hier setzen wir Methoden wie diese ein:

Es geht darum, den Lernenden als Gruppe das immer wieder auftretende Gefühl von Isolation im Fernunterricht zu nehmen und kommunikative Angebote zu machen. Diese können schwerlich lehrendenzentriert gestaltet sein – vielmehr geht es darum, die Lernenden

Abb. 31: Dropbox Feedback

untereinander zur Kommunikation anzuregen.

Im Verlauf eines Unterrichts entstehen viele Werke, die gezwungenermaßen digital „abgegeben" werden. Ungeachtet der existierenden Datenschutzprobleme geschieht dies in der Realität über Dienste wie die Dropbox – oder die schuleigene Cloud verfügt über ähnliche Kommentarfunktionen: Instruieren Sie die Lernenden in Form einer regulären „Hausaufgabe" ein Peer-to-Peer Feedback zu den Arbeiten in der Dropbox zu geben. Dies ist für Feedbackgeber und Feedbacknehmer gleichermaßen einfach und erzeugt eine ungeahnte Wertschätzung für die eigene Arbeit in der Cloud. Dies wiederum motiviert für den nächsten Upload.

Umsetzungstipps:

- Wiederholen Sie die Regeln für gutes Feedback ausführlich, da dies ohne soziale Kontrolle einer Live-Situation geschehen wird. Insbesondere das „Sandwichen" (vgl. Methode „Fünf-Finger-Feedback", S. 170) hat sich bewährt.
- Gehen Sie mit einem erklärenden Beispiel voran und feedbacken Sie selbst die Arbeiten. Im Verlauf des Unterrichts wird sich dies verselbstständigen.

Methode 12: Eben noch in der Pause ...

	Starke Ausprä-gung	Mittlere Ausprä-gung	Neutrale Ausprä-gung	Mittlere Ausprä-gung	Starke Ausprä-gung	
Synchron	x					Asynchron
Zeitlich befristet	x					Zeitlich unbefristet
Individuell orientiert			x			Gruppen-orientiert
Spezialisiert				x		Generalisiert
Ergebnis-orientiert				x		Entwicklungs-orientiert
Öffentlich			x			Privat

Wer?   Alle Beteiligten.

Was?   Ein niederschwelliges Spiel.

Wo?   Vor dem Bildschirm, nach der Rückkehr aus der Pause.

Wozu? Um zu aktivieren, um ein Gruppengefühl zu erzeugen.

Wie?   Durch einen ganz einfachen Wettbewerb.

Abb. 32: Eben noch in der Pause ...

Die Bilder der Webcams sind für das Gruppengefühl ein zentraler Faktor – in der Logik der Gruppenpsychologie sind nur die Teilnehmer wirklich „da", die auch sichtbar sind. Die Lerngruppe, die sich aus dem regulären Präsenzbetrieb kennt, muss nach der Pause aus ihren privaten „Blasen" wieder zurück in die halböffentliche Situation des Online-Unterrichts zurückfinden. Dabei ist es für Sie unklar, in welche mentalen Muster eine kurze Pause die Teilnehmer zurückfallen lässt. Denn anders als in jedem analogen Raum, „geht" hier jeder „für sich allein". Daher sind die ersten Minuten nach der Pause eine entscheidende Zeit, in der die Gruppe wieder zusammenfindet.

Kündigen Sie daher vor der Pause an, dass Sie nach der Pause die Tätigkeiten in der Pause thematisieren wollen. Leiten Sie diesen Moment ein, indem Sie der ersten aktivierten Webcam bzw. dem ersten Teilnehmer eine Goldmedaille verleihen. Das Gleiche tun Sie mit der Silber- und der Bronzemedaille. So kann sich daraus im Verlauf ein Art Pausenspiel und Pausenritual ergeben. So richten Sie auf eine spielerische Art eine positive Aufmerksamkeit auf das notwendige Wiederanschalten der Kamera nach der Pause.

Umsetzungstipps:

- Auch alle sonstigen Tätigkeiten während der Pause können Thema für diesen Moment nach der Pause sein: *Wer hat was gegessen/getrunken? Hat jemand seinen Hund oder Katze gestreichelt?* All das können Themen sein, um den Übergang von der privaten „Blase" in die gemeinsame „Unterrichtsblase" zu erleichtern.
- Eine fortgeschrittene Version ist die aktive Pause: Entlassen Sie die Teilnehmer mit einem ganz niederschwelligen Arbeitsauftrag und verlängern Sie dafür die Pause um einige Minuten. Dieses Einbinden (und kritisch betrachtet: das Besetzen) der Pause setzt ein gewisses Vertrauen und Routine voraus, ist aber eine gute Vorbereitung für eine virtuelle Partner-, Gruppen- und Projektarbeit.

Methode 13: Einstimmungsfilm

	Starke Ausprä- gung	Mittlere Ausprä- gung	Neutrale Ausprä- gung	Mittlere Ausprä- gung	Starke Ausprä- gung	
Synchron		x				Asynchron
Zeitlich befristet	x					Zeitlich unbefristet
Individuell orientiert			x			Gruppen- orientiert
Spezialisiert		x				Generalisiert
Ergebnis- orientiert				x		Entwicklungs- orientiert
Öffentlich			x			Privat

Wer? Alle Beteiligten.

Was? Eine Einstimmung über eine Imagination.

Wo? In den 5 Minuten vor dem Termin.

Wozu? Um mental den Raum zu wechseln.

Wie? Durch einen Film und/oder eine Geräuschkulisse.

Diese Idee zur Unterrichtseröffnung entstand nicht etwa in der Grundschule, sondern in der Erwachsenenbildung. Denkbar simpel ging es um den Übergang aus dem privaten und familiären Kontext in den Rahmen unserer methodisch-didaktischen Schulungen für Lehrende. Alle daran Beteiligten – uns Veranstalter mit eingeschlossen – haben die Herausforderung diesen Wechsel zu vollziehen. Was auf der technischen Sachebene kein größeres Problem darstellt, ist aber nichts Geringeres als die Überwindung dessen, was im Theorieteil als Raum- und Zeitschranke thematisiert wurde.

Abb. 33: Einstimmungsfilm

Der Einstimmungsfilm stellt dabei eine Art Zwischenstation da, über die Imagination in diesen symbolischen Raum des Unterrichts zu wechseln: Ein Film mit einem positiven konnotierten Motiv (konkret entsprechend der Jahreszeit ein knisterndes Kaminfeuer oder eine Aufnahme einer Blumenwiese mit zwitschernden Vögeln im Hintergrund) bietet den Einstieg für ein kurzes Verweilen in der Vorstellung, vor eben jenem knisternden Kaminfeuer oder auf der blühenden Wiese zu sitzen.

Allein diese positive Fantasie, wohl wissend, dass es eine Fantasie ist – schließlich sitzen alle vor dem heimischen Computer – hilft beim Wechsel vom „realen" in den symbolischen Raum. Denn Töne und Bilder haben einen unbewussten Wiedererkennungswert aus dem „normalen" Leben. Gleichzeitig weiß der „Kopf", dass es sich um Animationen handelt. Das erleichtert ein angenehmes Eintauchen in den virtuellen Raum.

Umsetzungstipps:

- Das Thematisieren dieses Wechsels auf der Metaebene und die Feststellung, dass in diesem symbolischen Raum niemand ein „Heimspiel" hat, verhilft zu einer gemeinsamen kommunikativen Basis.
- Es muss nicht immer ein Film sein: Sehr wirkungsvoll ist auch eine Geräuschkulisse, die Sie jedoch dann anmoderieren müssen, damit die „Reise" tatsächlich beginnt.
- Variieren Sie diese Motive, um eine jeweils neue Fantasie als Einstieg in die Arbeitsatmosphäre zu verwenden. Ein Musiker in unserem Schulungsteam beginnt seine virtuellen Vorlesungen beispielsweise mit eigener Musik. Diese läuft, während sich die Teilnehmer einwählen und den Audioassistenten durchlaufen lassen. Erst, wenn die stimmungsvolle Musik abebbt, erscheint der Veranstalter. Interessant war, dass dieses Anfangsritual bald auch zum Ausstieg eingefordert wurde.

Methode 14: Expertengruppe

	Starke Ausprägung	Mittlere Ausprägung	Neutrale Ausprägung	Mittlere Ausprägung	Starke Ausprägung	
Synchron		x				Asynchron
Zeitlich befristet	x					Zeitlich unbefristet
Individuell orientiert			x			Gruppen-orientiert
Spezialisiert		x				Generalisiert
Ergebnis-orientiert				x		Entwicklungs-orientiert
Öffentlich			x			Privat

Wer? Eine mittelgroße Gruppe von 10–15 Teilnehmern. Bei mehr Beteiligten ist es besser zwei getrennte Runden zu bilden, damit alle Experten zu Wort kommen.

Was? Eine Anwendung der Gruppenintelligenz und Gruppenkompetenz.

Wo? In zwei getrennten virtuellen Arbeitsgruppen.

Wozu? Um auf Augenhöhe eine reale Herausforderung in der Gruppe zu lösen.

Wie? Durch eine regelbasierte Moderation.

Eine besondere virtuelle Kompetenzerfahrung ist es, wenn die Gruppe sich auf Augenhöhe helfen kann. Diese Methode eignet sich daher für gut eingespielte Gruppen, bei denen ein grundsätzlich gutes Vertrauensverhältnis gegeben ist.

Die Abgrenzung zur Methode „Gruppenpuzzle" (vgl. S. 178) ist, dass die Expertengruppe ein eng abgegrenztes Anliegen einer Einzelperson in inhaltlicher Tiefe bearbeitet. Daher eignet sich diese Methode insbesondere für Anliegen aus dem psychosozialen Kontext. Erläutern Sie die Grundidee, dass die Gruppe als solche eine Intelligenz mitbringt und deshalb das Zentrum dieser Methode ist. Im psychosozialen Kontext sind die Rollen des Klienten und Fachexperten bekannt. Dieses Rollenwissen kann als Rollenkompetenz eingesetzt werden.

Abb. 34: Expertengruppe

Suchen Sie eine freiwillige Person als „Klienten", die ein möglichst geläufiges Anliegen zur Verfügung stellt. Das sollte eine Problemstellung sein, die der Gruppe grundsätzlich bekannt ist, etwa der Umgang mit Lernsituationen. Als Positivbeispiel: Prädestiniert wäre die Isolationserfahrung während der „Homeschooling"-Phase. Als Negativbeispiel: Eine seit Jahren diagnostizierte mittelschwere Depression. Denn wichtig bei der Frage ist, dass sie auf einen gemeinsamen Erfahrungshintergrund abzielt. Das ist die Voraussetzung, dass die Beratungskonstellation systemisch funktionieren kann. Betten Sie daher die Methode in einen Unterricht ein, in dem Herausforderungen in alltäglicher Dimension eine Rolle spielen, beispielhaft in Berufsschulen der Alten- und Krankenpflege.

In den ersten Minuten hat der Klient Gelegenheit, das Anliegen darzustellen. Die Gruppe hat die Aufgabe, dieser Schilderung aufmerksam zuzuhören. Denn in der nächsten Runde geht es darum, klärende Rückfragen zu stellen. Wichtig ist in dieser Runde, als Moderator darauf zu achten, dass noch nicht beraten, diskutiert oder bewertet wird. Unterbinden Sie daher solche Gesprächssituationen. Beenden Sie die Runde, wenn die Rückfragen abgeebbt sind.

Nun folgt die „Klausursitzung" der Experten: Der Klient darf nun den Raum verlassen – etwa sich ausloggen und eine Runde YouTube schauen. Nun hat das Expertengremium die Aufgabe, Lösungsvorschläge zu erarbeiten. Dabei geht es insbesondere darum, die eigentliche Problematik heraus zu arbeiten, die der Klient aus systemischen Gründen nicht sehen kann oder will. Nach einer vorgegebenen Zeit für die Besprechung soll sich das Expertengremium auf eine Reihe von Lösungsvorschlägen einigen. Daher interessieren Wirkungszusammenhänge, die für den Betroffenen nicht sichtbar sind. Moderieren Sie die Expertenrunde entsprechend auf diese Zusammenhänge, ohne auf diese explizit hinzuweisen – meist entstehen die Perspektiven auf verdrängte oder tabuisierte Verhaltensmuster von alleine. Sobald die Expertengruppe eine Liste an Lösungsvorschlägen erarbeitet hat, bitten Sie den Klienten wieder in den Raum. Der vorher bestimmte Gruppensprecher hat nun die Aufgabe, das in der Expertengruppe Erarbeitete vorzustellen. Er referiert die Lösungsvorschläge. Natürlich können dabei anschließend auch Rückfragen gestellt werden, wobei eine echte Erörterung und Diskussion der unterbreiteten Vorschläge nicht angedacht ist. Der Klient kann sich abschließend äußern, was ihn angesprochen hat und welche Lösungsvorschläge er sich zur Erarbeitung konkreter Maßnahmen vorstellen kann.

Umsetzungstipps:

- Machen Sie deutlich, dass es nicht um eine fachliche Beratung im therapeutischen Sinn geht, sondern um die Erfahrung der Gruppenintelligenz.
- Stellen Sie klar, dass eigene Hypothesen der „Experten" nach Möglichkeit vermieden werden sollen. Schreiten Sie auch unbedingt ein, wo Sie den Eindruck haben, dass eigene Beispiele auf den vom „Klienten" geschilderten Fall projiziert werden. Ebenso, dass allein der „Klient" bewerten kann, welche Lösung ihm geeignet erscheint.
- Sprechen Sie auch die Verschwiegenheitspflicht an: Alles, was in dieser Methode besprochen wird, soll nicht weitergetragen werden – appellieren Sie an die Solidarität und das gegenseitige Vertrauen. Drücken Sie Ihre Wertschätzung dafür aus, dass es in Ihrer Lerngruppe aufgrund der Einhaltung dieser Grundlagen möglich ist.

Methode 15: Fünf-Finger-Feedback

	Starke Ausprägung	Mittlere Ausprägung	Neutrale Ausprägung	Mittlere Ausprägung	Starke Ausprägung	
Synchron	x					Asynchron
Zeitlich befristet	x					Zeitlich unbefristet
Individuell orientiert	x					Gruppen- orientiert
Spezialisiert			x			Generalisiert
Ergebnis- orientiert			x			Entwicklungs- orientiert
Öffentlich	x					Privat

Wer? Alle Lernenden.

Was? Eine Rückmeldung mit Einsatz der (echten/physischen) Hand.

Wo? Am Bildschirm.

Wozu? Um Feedback einzuholen.

Wie? Durch Verbindung von Symbol- und Verbalsprache.

Abb. 35: Fünf-Finger-Feedback

Die Hand als Medium kam bisher schon öfter vor. Sie erkennen daran unser Bemühen, den hybriden Unterrichtsraum mit digitalen wie analogen Elementen gleichermaßen zu füllen. Es ist ein großer Unterschied in der wechselseitigen Wahrnehmung, ob sich Menschen nur mit Gesicht und maximal einem Teil des Oberkörpers zu erkennen geben oder ob „noch mehr" sichtbar wird. Dieses „Mehr" aus der individuellen „Blase" ist hier kein Gegenstand, sondern ein Teil des eigenen Körpers. Vielleicht wollen Sie Ihrer Lerngruppe als erstes Feedback geben? In diesem Fall ist die Bedeutung der einzelnen Finger leicht und anschaulich erklärt, ohne dass es dazu einer Visualisierung bedarf:

> *Die Bedeutung des Daumens versteht sich heutzutage von selbst: Super war ... Der Ringfinger bedeutet: Daran solltest Du festhalten, das kam klasse rüber. Mittelfinger: Verbesserungswürdig erscheint mir ... Zeigefinger: Ich finde, darauf solltest du achtgeben ... Und schließlich der kleine Finger: Aus meiner Sicht kam zu kurz ...*

Die Methode, einmal eingeführt, bekommt schnell einen selbstverständlichen Einsatz. Auch Ihre Lernenden werden nach den nächsten Präsentationen sicher schon wie von selbst die Hände heben. In diesem Fall müssen Sie lediglich die Reihenfolge der Finger steuern. Die Methode bewirkt, unabhängig von ihrem praktischen Nutzen, wie von selbst die Verbindung von individueller und „Gruppenblase".

Umsetzungstipps:

- Achten Sie, wie bei jeder Rückmeldung, auf die grundlegenden Feedback-Regeln: Die Rückmeldung Ihrer Lernenden sollte in jedem Fall wertschätzend und konstruktiv sein. Führen Sie dies modellhaft vor und erklären Sie, weshalb es einen Unterschied macht, eine Ich-Botschaft zu setzen oder eine objektive Beurteilung. Reaktionen auf das Feedback sollten – außer bei Regelbruch oder dringendem Bedarf – unterbleiben, um nicht unter Rechtfertigungsdruck zu geraten.

- Beginnen Sie mit dem Daumen, gehen Sie zum Ringfinger über und leiten Sie dann zu den kritischeren Teilen des Feedbacks über. Je nach dem Alter Ihrer Lernenden könnte die Verwendung des Mittelfingers für einige Lacher sorgen. Sehen Sie es gelassen – durch die Methode bekommt dieser ja eine kreative Funktion zugeschrieben.

Methode 16: Flipped Classroom

	Starke Ausprä-gung	Mittlere Ausprä-gung	Neutrale Ausprä-gung	Mittlere Ausprä-gung	Starke Ausprä-gung	
Synchron	x					Asynchron
Zeitlich befristet	x					Zeitlich unbefristet
Individuell orientiert	x					Gruppen-orientiert
Spezialisiert			x			Generalisiert
Ergebnis-orientiert			x			Entwicklungs-orientiert
Öffentlich	x					Privat

Wer? Die Lehrenden als Ersteller von Videobotschaften und Lehr-filmen.

Was? Selbst produzierte Videos von 10–15 Minuten Länge.

Wo? Am Bildschirm.

Wozu? Um die Zeit in den Präsenzphasen aktiv zu nutzen.

Wie? Durch einen auf den Verlauf des Unterrichts eingehenden thematischen Anschluss – gern auch mit einer persönlichen und individuellen Ansprache.

Das methodische Konzept ist so einfach wie revolutionär: Die wert-vollen Zeiten der Präsenz (in diesem Fall ist es unerheblich, ob die-se virtuell oder „real" sind) von den Theoriereferaten der Lehrenden zu entlasten. Daher werden die thematischen Inputs auf Video aufge-zeichnet und den Lernenden vor der Präsenzzeit zur Verfügung gestellt.

Damit wird das Prinzip des Klassenzimmers auf zweifache Art und Weise „umgedreht":

Einerseits kann jeder Lernende in der eigenen Geschwindigkeit und so oft wie nötig die vorgesehene Theorie vorbereiten – sozusagen selbstgesteuert binnendiffenziert (mit Ihren weitergehenden Erklärungen im anschließenden Online-Unterricht) lernen. Andererseits kann diese frei werdende Zeit nun für die weitere Vertiefung, Übungen und Diskussionen genutzt werden. Mit diesen methodischen Prinzipien und Wirkungen stellt der „Flipped Classroom" unserer Auffassung nach einen der klügsten Kompromisse traditioneller Vermittlungsformen mit digitalen Anreicherungen dar.

Abb. 36: Flipped Classroom

Aus der Perspektive der Lehrenden ist die Methode auch deswegen attraktiv, da Sie sich durch die Videoaufnahme – nach einer natürlichen Phase des Befremdens, sich selbst dozierend auf Video zu erleben – auf die Optimierung des Erklärens, Argumentieren und Beweisens konzentrieren können. Ihre Kompetenz des Erklärens kann durch dieses Videofeedback einen deutlichen Schub erhalten.

Für die ersten Schritte mit dieser Methode gilt vor allem: Kein Perfektionismus! Machen Sie es auf der Videoaufnahme so, wie Sie es im klassischen Unterricht auch machen. Seien Sie daher sehr sparsam mit nachträglichen Schnitten oder endlosen Wiederholungen. Zunächst einmal, weil dies unverhältnismäßig viel Zeit bindet, aber vor allem, um die Lebendigkeit des Vortrags und Ihres individuellen Redestils zu erhalten. Schließlich sprechen Sie zu Ihnen bekannten Menschen – Ihre Lernenden kennen Sie und schätzen Ihre Authentizität.

Umsetzungstipps:

- Beginnen Sie klein: Arbeiten Sie mit den „Bordmitteln" Ihres Computers, mit der Software, die das System zur Verfügung stellt – meist wird mit der Webcam eine einfache Software mitgeliefert, mit der schon kleine Mitschnitte möglich sind.
- Komprimieren Sie die entstandene Aufnahme (10–15 Minuten haben sich in unseren Erprobungen als optimale Länge herausgestellt) mit einem ebenfalls kostenfreien Komprimierungsprogramm (z. B. Handbrake) und stellen Sie diesen Film per Downloadlink über eine (Schul-)Cloud zur Verfügung.
- Nach bereits wenigen Fällen werden Sie eine gute Übung und hoffentlich auch Spaß mit dieser Methode haben: Der nächste Schritt ist nun, die verbalen Erklärungen mit der Dokumentenkamera (vgl. S. 155) zu kombinieren. Allein diese Multimodalität zwischen verbalem Vortrag, visueller Darstellung über die Dokumentenkamera und Mimik/Gestik ermöglicht – das bitten wir zu beachten! – eine sehr dichte Informationsübermittlung.
- Der wichtigste methodische Hinweis zum Schluss: Machen Sie das Vorbereiten über den Film zur Pflicht. Wiederholen Sie den Inhalt nicht im eigentlichen Unterricht! Das hört sich drastisch an, verhindert aber, dass diese Methode als „nice to have" und freiwilliger Zusatz wahrgenommen wird. Vertrauen Sie darauf, dass der zweite oder spätestens dritte Film angeschaut wird – das wird er, Lernende sind neugierig. Und Sie können auch über diese Methode einiges tun, dass sie es bleiben.

Methode 17: Geoquiz

	Starke Ausprä- gung	Mittlere Ausprä- gung	Neutrale Ausprä- gung	Mittlere Ausprä- gung	Starke Ausprä- gung	
Synchron	x					Asynchron
Zeitlich befristet	x					Zeitlich unbefristet
Individuell orientiert			x			Gruppen- orientiert
Spezialisiert					x	Generalisiert
Ergebnis- orientiert				x		Entwicklungs- orientiert
Öffentlich			x			Privat

Wer? Alle Lernenden.

Was? Smalltalk in der Unterrichtseinstiegsphase oder nach der Pause.

Wo? Am Bildschirm.

Wozu? Um eine authentische Unterrichtssituation (wieder) herzu-stellen.

Wie? Durch das Betonen von gemeinsamen Herausforderungen dieses Wechsels.

In der Liste unserer Methoden rangiert die folgende in der Dimension einer Unterrichtsidee. Sie stützt das gemeinsame Bewusstsein, dass alle Teilnehmer in einer gemeinsamen virtuellen Situation, aber gleichzeitig eben in ihren eigenen „Blasen" sitzen. In der Einstiegsphase eines Präsenzunterrichts würden Sie vermutlich das Gemeinsame betonen und so eine Ausgangsbasis für den Unterricht schaffen.

Im dezentralen Unterricht ist es im umgekehrten Fall die jeweils spezifische Situation, aus der jeder Teilnehmer – Sie eingeschlossen – zugeschaltet ist.

Abb. 37: Geoquiz

Betonen Sie daher diese Unterschiedlichkeiten explizit, indem Sie im Smalltalk vor dem Unterricht die jeweiligen Orte und Situationen herausstellen. Das kann das obligatorische Wettergeschehen vor Ort sein, ein besonders typisches Essen vor oder nach dem Unterricht oder Eigenschaften der Sprachmelodie. Natürlich ist dies in bundesweit verteilten Lerngruppen spannender als in lokal zusammengestellten Gruppen. Aber auch hier stärkt das Betonen des „Lokalkolorits" das Gefühl der Verbundenheit – und sei es lediglich die Feststellung, dass alle am Unterricht Beteiligen noch vor einer Viertelstunde am Frühstückstisch saßen.

Umsetzungstipps:

- Machen Sie wiederholt deutlich, dass vermeintlich triviale Manöver wie ein solcher Smalltalk eine didaktische Funktion haben: Nämlich den Wechsel von der „Blase" des Privaten und des Familienlebens in die halböffentliche „Blase" des Fernunterrichts.
- Wertschätzen Sie im Laufe des Unterrichts jedes einzelne Webcambild. Fangen Sie deshalb bei Ihrem eigenen an, indem Sie etwa ein Detail (etwa der berühmte Wäscheständer im Hintergrund) beiläufig erwähnen. Auch das stärkt das Bewusstsein von temporär verbundenen Privaträumen.

Methode 18: Gruppenarbeit und Gruppenpuzzle

	Starke Ausprä-gung	Mittlere Ausprä-gung	Neutrale Ausprä-gung	Mittlere Ausprä-gung	Starke Ausprä-gung	
Synchron		x (GA)	/	x (GP)		Asynchron
Zeitlich befristet	x					Zeitlich unbefristet
Individuell orientiert				x		Gruppen-orientiert
Spezialisiert		x				Generalisiert
Ergebnis-orientiert		x				Entwicklungs-orientiert
Öffentlich		x				Privat

Wer? Alle Lernenden.

Was? Eine klassische Sozialform (GA), erweitert um eine anspruchs-volle Form (GPuzzle).

Wo? In Gruppenräumen.

Wozu? Um Erkenntnisse einzelner Gruppen in die Breite zu geben. Um die Verantwortung für das Lernergebnis in die Verant-wortung aller zu geben. Um von Gruppendynamik und Struk-tur gleichermaßen zu profitieren.

Wie? Durch eine sehr gute Einführung der Methode am Bildschirm oder der „Asynchronen Videokonferenz" (vgl. S. 130).

Die Gruppenarbeit soll als Methodenklassiker – genau genommen, wie oben ausgeführt, als Sozialform des Lernens – ihren Platz in die-ser Auflistung erhalten. Denn genau genommen ist sie die erste – und damit aus dem Präsenzunterricht erfolgreich übernommene – Metho-de, die ihren Platz in virtuellen Lernformaten gefunden hat! Diesen Platz bewerten wir als obligatorisch, weil mit der Gruppenarbeit der wichtige Schritt über die Passivität und Lehrendenzentrierung hinausgenommen wird. Anders als im Plenumsgespräch geben Sie Ihre Verantwortung ab, nicht nur an die Lernenden, sondern auch in andere Räume hinein. Dies ist bereits ein großer Unterschied zum klassischen Unterrichten – es sei denn, Sie arbeiten bereits in Schul(art)en, in denen verschiedene synchrone Lernateliers die Regel sind. Im Methodenmix des virtuellen Raumes sollte die Gruppenarbeit daher einen festen Platz haben: als nichts Besonderes, aber etwas Selbstverständliches und Regelmäßiges.

Abb. 38: Gruppenarbeit

Ihren Platz im Repertoire des Unterrichts hat die Gruppenarbeit bekanntermaßen deswegen, weil die rezeptiv wahrgenommenen Unterrichtsinhalte in den aktiven Modus der Bearbeitung in den Gruppen transferiert wird. In diesen Unterrichtsphasen wird das Gehörte in eine soziale und emotionale Station eingebettet und kann so auf mehreren Ebenen erinnert werden. Gruppenarbeit ist damit nicht nur soziales und handlungsorientiertes Unterrichtsgeschehen, sondern nimmt vor allem auch die konstruktivistische Pädagogik und Didaktik ernst. Dieser methodische Zusammenhang ist mit dem identischen Wirkungsmechanismus auch in der virtuellen Vermittlung der Fall und sollte aus demselben Grund ein Standardelement – so eine Forderung in unseren Schulungen – eines jeden Unterrichts sein. Gerade in der Erarbeitung von Lernmaterialien im „Homeschooling" ist die Diskussion von „Hausaufgaben" in kleinen Gruppen des virtuellen Unterrichts eine sinnvolle Form des Feedbacks auf Augenhöhe – das so genannte „Peer to Peer"-Feedback.

Umsetzungstipps für die Gruppenarbeit:

- Durch die technisch bedingte Zäsur zwischen Plenum und Arbeitsgruppen vergessen die Lernenden einen verbal mitgegebenen Arbeitsauftrag. Verschriftlichen Sie diesen deshalb immer so, dass er auch mit in die Gruppenräume genommen werden kann. Im gleichen Zug sollten Sie die Zeitvorgabe definieren sowie die Art und Weise der Ergebnissicherung.
- Bleiben Sie präsent: Stehen Sie bei Rückfragen zur Verfügung und gehen Sie zum Beginn der Gruppenarbeit durch alle Teams mit der Frage, ob der Arbeitsauftrag klar ist und ob technisch alles zur Verfügung steht (Whiteboard, Schreibrechte, etc.).
- Sprechen Sie bei der ersten Gruppenarbeit die technische Umsetzung der Ergebnissicherung und die Darstellung im Plenum durch. Erfahrungsgemäß stellt es die Gruppen am Anfang vor große Herausforderungen.
- Sichern Sie sich einen beidseitigen Kommunikationsweg zu allen Gruppenräumen. Sie sollten jederzeit rufbereit sein. Kommunizieren Sie auch zeitliche Hinweise (etwa die Frage, ob das ange-

setzte Zeitfenster ausreicht), vor allem aber kündigen Sie das Ende der Gruppenarbeiten vorher nochmal eigens an.

- Gruppenarbeiten sind für alle Beteiligten eine Frage der Übung. Beginnen Sie daher auf den unteren Stufen der Taxonomie, etwa mit einem „Brainstorming" (vgl. S. 145). Erst später können Sie Erörterungen, Diskussionen und Analysen realistisch als Arbeitsauftrag geben.

Abb. 39: Gruppenpuzzle

Von der Pflicht zur Kür

Das Gruppenpuzzle stellt für so manchen Junglehrer bereits im Präsenzunterricht eine nicht zu unterschätzende Herausforderung dar. Neben dem didaktischen Anspruch besteht in der virtuellen Umsetzung eine nicht geringe Herausforderung in den technischen Möglichkeiten. Mit etwas Originalität lassen sich aber auch in weniger anwenderfreundlichen Plattformen kreative Lösungen finden.

Prinzipiell unterscheidet man im Gruppenpuzzle zwischen Stamm- und Expertengruppen. Am besten lässt es sich an einem konkreten Beispiel darlegen:

- Nehmen wir an, Ihre Lerngruppe besteht aus 15 Personen. Teilen Sie diese in 5 gleich große Stammgruppen á 3 Lernende auf.
- Differenzieren Sie zuvor in Ihrer Unterrichtsplanung das Thema in – ebenfalls – 3 Unterthemen.
- In der Stammgruppe ist jeder Lernende für ein Unterthema zuständig.
- Alle Lernenden merken sich, mit wem sie in der Stammgruppe sind.
- Dann finden sich alle Lernenden zu Expertengruppen zusammen, die dasselbe Thema bearbeiten.
- In diesem Beispiel sind das also: 5 Stammgruppen und 3 Expertengruppen. In jeder Expertengruppe sind somit 5 Lernende vertreten.
- Nach der Besprechung der Unterthemen rein unter Experten geht jeder in seine erste Gruppe zurück, die Stammgruppe.
- Hier finden sich nun 3 Stammgruppen mit je 3 Experten zusammen. So bearbeiten 5 Gruppen dasselbe Thema. Die Ergebnisse lassen sich gut vergleichen.

Die methodische Herausforderung besteht, wie angedeutet, in der technischen Umsetzung. Es braucht etliche Räume, was in den meisten Lernplattformen aber kein Problem darstellen dürfte. Was oben zur Präsenz des Lehrenden gesagt wurde, trifft hier in erhöhtem Maße zu. Ebenso verhält es sich mit der Steuerung des Prozesses. Demgegenüber steht aber eine Gruppendynamik und -organisation, die kaum übertroffen werden kann.

Umsetzungstipps für das Gruppenpuzzle:

- Bereiten Sie diese Methode gründlich vor. Beim ersten Mal ist ein Storyboard mit den wichtigsten Schritten und einem zeitlichen Raster kaum zu vermeiden.
- Die Dynamik der Methode entsteht dadurch, dass „plötzlich" jeweils immer nur eine Person allein als Experte für das jeweilige Unterthema verantwortlich ist. Machen Sie das den Lernenden vorher deutlich, am besten über eine Animation des Ablaufs.
- Achten Sie bei Ihrer inhaltlichen Planung darauf, dass die Unterthemen einen guten Bezug zueinander aufweisen. Sonst müssen Sie beim Zurück in die Stammgruppen gut nachsteuern.
- Wir sind der Überzeugung, dass eine Dreiergruppe für Gruppenarbeiten die ideale Größe darstellt. Diese Erfahrung hat sich in virtuellen Gruppenprozessen bestätigt.

Methode 19: Haustiere, Jogginghosen und Mitbewohner

	Starke Ausprä-gung	Mittlere Ausprä-gung	Neutrale Ausprä-gung	Mittlere Ausprä-gung	Starke Ausprä-gung	
Synchron	x					Asynchron
Zeitlich befristet	x					Zeitlich unbefristet
Individuell orientiert				x		Gruppen-orientiert
Spezialisiert				x		Generalisiert
Ergebnis-orientiert					x	Entwicklungs-orientiert
Öffentlich		x				Privat

Abb. 40: Haustiere, Jogginghosen und Mitbewohner

Wer? Alle Lernenden.

Was? Eine situative Unterrichtssituation aufgreifen.

Wo? Am Bildschirm.

Wozu? Um die Stimmung zu moderieren.

Wie? Möglichst spontan!

Virtueller Unterricht findet nicht auf neutralem Boden statt. Er ist ein halböffentlicher Raum, in den Sie einerseits einladen und andererseits eindringen. An dieser „Blasenhaftigkeit" kann man einige bildungstheoretische Evidenzen herausarbeiten, was wir im Methodenteil jedoch nicht weiterverfolgen wollen. Eine Teilnehmerin in der Dozentenschulung formulierte dieses Phänomen so:

> *„Ich finde es ganz interessant, dass ich mit Leuten, mit denen ich teilweise schon Jahre arbeite, nun ganz neue Aspekte kennen lerne. Allein, dass bei einem Kollegen eine Gitarre an der Wand hängt, finde ich sehr spannend – plötzlich lerne ich meine Kollegen ganz neu kennen."*

Wichtig sind die Sensibilität und das Bewusstsein für eine Öffnung eines privaten und familiären Rahmens. Ein behutsames Einladen kann dabei ein Thematisieren der jeweiligen Hintergründe der Teilnehmer sein – implizit nehmen sich die Teilnehmer ohnehin im Kontext ihrer Zimmereinrichtungen wahr. Binden Sie diese Wahrnehmung systematisch in die Unterrichtsgespräche ein: Indem Sie bewusst dazu aufrufen, die Gegenstände „sprechen" zu lassen (vgl. Methode „Sprechende Gegenstände", S. 274) oder fordern Sie die Teilnehmer bewusst auf, sich gezielt über ihre Zimmereinrichtung miteinander auszutauschen (etwa in Partnerteams oder im „Speed Talking", vgl. S. 271). Finden Sie weitere wertschätzende, niederschwellige und zeitlich nicht allzu ausufernde Wege, die Gruppe über ihre Privaträume zusammen zu führen.

Umsetzungstipps:

- Einen hohen emotionalen Wert haben stets Haustiere. Gerade Katzen vor Webcams sind immer eine positive Unterrichtsunterbrechung. Hier ist ihre Rollenkompetenz gefragt, eine natürliche Zärtlichkeit in die Stimme zu legen, ohne aus der Rolle zu fallen.
- Anders verhält es sich mit Mitbewohnern, die privat gekleidet (in Einzelfällen auch unbekleidet …) im Bild sind. Hier ist Ihr Taktgefühl gefragt, eine solche Störung aufzugreifen und/oder geschickt durch eine Ablenkung zu überspielen. Denn den Betroffenen selbst ist die Störung meist unangenehm.
- Sie selbst sind ebenfalls (zumindest „untenrum") privater gekleidet, als wenn Sie klassisch zur Schule gehen würden. Streuen Sie dies ab und zu ein und machen Sie klar, dass auch Sie diesen Rollenwechsel vollziehen. Das erzeugt einige Lacher und kann ggf. ein guter Übergang zum nächsten Thema sein.

Methode 20: Hybrides Lerncamp

	Starke Ausprä-gung	Mittlere Ausprä-gung	Neutrale Ausprä-gung	Mittlere Ausprä-gung	Starke Ausprä-gung	
Synchron	x					Asynchron
Zeitlich befristet	x					Zeitlich unbefristet
Individuell orientiert					x	Gruppen-orientiert
Spezialisiert				x		Generalisiert
Ergebnis-orientiert				x		Entwicklungs-orientiert
Öffentlich		x				Privat

Wer? Alle Lernenden.

Was? Ein Gegenmodell zur rein virtuellen Lehre.

Wo? In der „realen" Welt und (wenn die Hygienevorschriften es verlangen) als Zuschaltung.

Wozu? Um die Lernmotivation zu halten.

Wie? Als „Lernevent".

Abb. 41: Hybrides Lerncamp

Auf dem Buchrücken sprechen wir „Skeptiker" wie auch „Visionäre" an. Das Folgende ist weit mehr als eine Methode. Es ist ein Lernkonzept, das vermutlich in den allermeisten Schulen in die Kategorie „Vision" fallen würde. Umso mehr, da die Corona-bedingten Hygienevorschriften einen wechselnden Rahmen für dieses Konzept darstellen.

Die Kernidee ist, dass ein minimales Präsenzgeschehen genügt, um das soziale Lernen zu unterstützen. So findet beispielhaft in einem grundständigen Bachelorstudiengang zweimal pro Jahr ein Wochenende statt, an dem die Lernenden zu „realen", physischen Workshops zusammenkommen. Dieses Lerncamp ist im Lehrplan integriert und greift die dort vorgesehene Lehrplanung auf.

Aus der praktischen Perspektive ist der Präsenzteil weniger für die tatsächliche inhaltliche Erarbeitung gedacht, sondern widmet sich vielmehr der sozialen und emotionalen Aneignung der Unterrichtsgegenstände. In der Auswertung dieses bereits langjährig stattfindenden Lernevents wurde deutlich, dass ein wirksames soziales Lernen keine regelmäßigen, realen Sozialkontakte benötigt, sondern, dass ein minimaler Zeitraum bereits ausreicht, um virtuelle Lernbeziehungen zu stiften bzw. zu vertiefen.

Uns ist durchaus bewusst, wie unromantisch das klingt. Es hat sich in unseren Forschungen jedoch als evident erwiesen. Zumindest für die gymnasiale Oberstufe sowie die berufliche Mittel- und Oberstufe erscheint es uns ebenfalls zukunftsweisend, über dieses Konzept nachzudenken.

Umsetzungstipps:

- Visionäre solcher Formate müssen argumentativ auf das soziale Lernen in virtuellen Lernräumen verweisen. Das ist wichtig, um die „Eventisierungen" von Schule und verwandten Bildungseinrichtungen zu entkräften.
- Unterschätzen Sie nicht die Wirkung von Namensschildern: Die Individualisierung über Namensschilder hat eine große Wirkung, persönlich eingeladen zu sein und nicht in einer anonymen Masse unterzugehen. Das ist eine entscheidende Schlüsselerfahrung in der Teambildung von Lerngruppen. Was im Präsenzunterricht zu jeder Zeit und in jedem Kurs viel schwieriger von Lehrenden zu leisten ist, bietet im virtuellen Raum bereits die technische Zuweisung des Namens. Genießen Sie diesen Effekt als Entlastung.

Methode 21: Imaginationsübung

	Starke Ausprägung	Mittlere Ausprägung	Neutrale Ausprägung	Mittlere Ausprägung	Starke Ausprägung	
Synchron		x				Asynchron
Zeitlich befristet	x					Zeitlich unbefristet
Individuell orientiert	x					Gruppenorientiert
Spezialisiert		x				Generalisiert
Ergebnisorientiert				x		Entwicklungsorientiert
Öffentlich				x		Privat

Wer? Alle Lernenden.

Was? Eine ganzheitliche Methode, die auch im Virtuellen gut möglich ist.

Wo? Im Plenum, gern bei ausgeschalteter Kamera.

Wozu? Um die Raum-Zeit-Schranke zu durchbrechen.

Wie? Durch Sie anmoderiert und angeleitet.

Es gibt Menschen, die sich unabhängig von ihrem aktuellen Aufenthaltsort in Tagträumen an andere Orte begeben können. Diese Mischung aus Intuition und Kreativität steckt in uns und wird (leider) im Laufe des Erwachsenwerdens in aller Regel abgelegt. Zu „träumen" ist keine Leistung – so zumindest das kolportierte Mindset des Agrar- und Industriezeitalters – und somit auch umgangssprachlich bis heute verpönt.

Abb. 42: Imaginationsübung

Gönnen Sie sich und Ihren Lernenden Zeit und Raum für das „Tagträumen", indem Sie sich geistig und mental in ihre Vorstellung versenken. Sie können dabei über Methoden wie „Körperreise" (vgl. S. 205), „Designer Yoga" (vgl. S. 152) oder den „Einstimmungsfilm" (vgl. S. 163) anleiten. Bei der letztgenannten Methode geben Sie quasi das „imago" (lat.: Bild) vor. Bei einer Entspannungsübung ganz aus der Stille heraus werden – mit ein wenig Übung – bei Ihren Lernenden je eigene Bilder auftauchen. Führen Sie Ihre Teilnehmer so, dass sie das (positiv konnotierte, also: leichte, helle, schöne) Bild, das sich am deutlichsten zu erkennen gibt, in ihrer Vorstellung (und bei ruhig fließendem Atem) immer klarer erkennen können. Es zeigt sich das, was unter der Oberfläche des Vorbewussten schlummert. Hierzu braucht es Stille und einen persönlichen Raum. Die Kameras für diese Zeit auszuschalten (wenn sie, wie wir es empfehlen, ansonsten selbstverständlich an sind), wird so zu einem ritualisierten Privileg.

Umsetzungstipps:

- Für diese Übung benötigen Sie selbst einen persönlichen Zugang zu meditativen Techniken oder Entspannungsübungen.
- Ebenso wie die Hinführung gestaltet sich die Rückführung. Lassen Sie die Kameras (auch Ihre eigene, mit der Sie führen) dazu noch eine Weile aus. Überlegen Sie sich gut, ob Sie die persönlichen Bilder besprechen oder im Intimen der Einzelnen belassen wollen – das ist abhängig von Ihrer Lerngruppe.
- Meditative Techniken im virtuellen Raum sind Gegenstand unserer Schulungen und Kollegialen Coachings. Gern können Sie sich dazu bei Bedarf anmelden.

Methode 22: Input-Technik

	Starke Ausprägung	Mittlere Ausprägung	Neutrale Ausprägung	Mittlere Ausprägung	Starke Ausprägung	
Synchron	x					Asynchron
Zeitlich befristet	x					Zeitlich unbefristet
Individuell orientiert					x	Gruppen-orientiert
Spezialisiert			x			Generalisiert
Ergebnis-orientiert			x			Entwicklungs-orientiert
Öffentlich	x					Privat

Wer?   Sie als Lehrender.

Was?   Ein kurzer, vorher durchdachter Impuls, der alle Aufmerksamkeit auf Ihr Thema lenkt.

Wo?   Am Bildschirm.

Wozu?   Um die Gruppe zu aktivieren, um geistige Präsenz für den Inhalt zu schaffen.

Wie?   Durch einen durchdachten Lehrenden-Impuls.

Abb. 43: Input-Technik

Als Lehrende sind Sie auch Animateur. Methoden wie diese setzen daher die Reflexion Ihrer Rollen voraus. Besonders, wenn Sie das erste Mal vor einer Klasse, einem Kurs oder einer Lerngruppe stehen, werden Sie „gescannt". Das verhält sich im analogen Unterrichtsraum ähnlich wie im virtuellen – nur, dass Sie hier Ihre Präsenz noch stärker betonen müssen, weil Sie in aller Regel nur mit Kopf und Torso „auftreten". Vordergründige Beachtung erhält dabei aber nicht das, was Sie sagen, sondern wie Sie es sagen. Sie setzen in jedem Fall Signale – und unabhängig von der Qualität auch wirkungsvolle. Nutzen Sie diesen Effekt daher für den Einstieg in Ihren Unterricht.

Die Lernforschung hat herausgefunden, dass ein guter Input für den weiteren Verlauf Ihres Unterrichts, für die Motivation Ihrer Lernenden und für die Ergebnissicherung entscheidend ist (vgl. Kap. „Das digitale Klassenzimmer", Empfehlung 3, S. 95). An dieser Stelle wird bewusst der betriebswirtschaftlich angehauchte Begriff der Effizienz verwendet, weil Lernen immer zielorientiert ist bzw. sein sollte. „Input" bedeutet daher kein „Trichtern", im Sinne einer mechanistischen Didaktik, sondern ein „Aufschließen" und „Erwärmen" für die Materie. Von „Technik" wird an dieser Stelle gesprochen, weil dazu alle Möglichkeiten genutzt werden können, die der virtuelle Raum und das digitale Zeitalter bieten.

Umsetzungstipps:

- Der technisch unterlegte Input tritt an Ihre Stelle. Er ist kein verkürzter Lehrervortrag. Das setzt Zurückhaltung voraus und ein „gutes Händchen" für den rechten Zeitpunkt.
- Lassen Sie den Input wirken. Achten Sie auf die Entfaltung dieser Wirkung. Greifen Sie nicht zu schnell ein bzw. ergreifen Sie nicht übereilt das Wort. Stille im virtuellen Raum besitzt eine eigene Qualität und einen großen Feedbackwert.

- Ein guter Input ist „dicht". Er berührt möglichst viele Ebenen der Wahrnehmung und „sitzt" regelrecht. Da er sich von der weiteren Entfaltung des „Stoffes" abgrenzt, darf er überzeichnet sein. Haben Sie Mut zur Ironie. – Wer sie versteht, geht auch weiter inhaltlich mit.

Methode 23: Kamerafahrten

	Starke Ausprägung	Mittlere Ausprägung	Neutrale Ausprägung	Mittlere Ausprägung	Starke Ausprägung	
Synchron	x					Asynchron
Zeitlich befristet			x			Zeitlich unbefristet
Individuell orientiert			x			Gruppen- orientiert
Spezialisiert					x	Generalisiert
Ergebnis- orientiert	x					Entwicklungs- orientiert
Öffentlich	x					Privat

Wer? Sie als Lehrender.

Was? Eine konzeptionelle und technische Optimierung des Web-cambildes.

Wo? An Ihrem Sendeplatz.

Wozu? Um Ihre Präsenz zu differenzieren.

Wie? Durch eine weitere Kamera.

Mit dieser Methode ist keine spezifische und in sich geschlossene Technik gemeint. Der Grundgedanke ist die Feststellung, dass Bild und Ton die einzigen Medien sind, über die Sie virtuell direkt wirken können. Ist beim Ton eine schlichte technische Optimierung notwendig (ein gutes Mikrofon, das Sie zusammen mit dem Feedback der Klasse vor jeder Stunde neu einstellen), ist die Arbeit mit der Kamera mit einfachen filmischen Prinzipien zu optimieren.

Abb. 44: Kamerafahrten

Dazu gehört zunächst einmal das Licht – hier gilt: je mehr und je heller, desto besser. Wir empfehlen kein zu „warmes" Licht zu verwenden. Einfache Studiobeleuchtung hat sich als sehr geeignet für den virtuellen Unterricht herausgestellt. Spätestens, wenn Sie selbst vom Licht geblendet werden, ist es aber zu viel.

Der nächste Punkt ist die „Bildkomposition": „Setzen" Sie sich bewusst „in die Szene" hinein, indem Sie Mimik und Gestik zeigen, wo sie angemessen ist: Zeigen Sie groß Ihr Gesicht, an dem viele Informationen „zwischen den Zeilen" ablesbar sind, zeigen Sie die Hände, die den Körper beim Sprechen auch virtuell erlebbar machen und gelegentlich auch die Totale, wenn es Ihnen auf die Situation im Raum ankommt. Wir haben uns angewöhnt, ganz oder phasenweise auch im virtuellen Unterricht vom Stehpult aus zu unterrichten. Allein dies hat eine ganz andere Wirkung. Probieren Sie es gern auch einmal aus. Schauen Sie dazu bewusst eine Talkshow, wie dort mit Nahaufnahme, Halbtotale und Totale umgegangen wird. Auch Sie können diese Effekte gezielt für Ihren guten Unterricht nutzen.

Umsetzungstipps:

- Experimentieren Sie mit mehreren Kameras. Die eingebaute Webcam eines Notebooks hat immer nur eine Einstellung. Eine zweite Kamera (vgl. Methode „Dokumentenkamera", S. 155), die über USB angeschlossen wird, erweitert die technischen und szenischen Möglichkeiten.
- Über die (kostenpflichtige, ca. 20 €) Software ManyCam.com ist es möglich, die Kamera Ihres Smartphones als mobile und kabellose Kamera im Raum zu verwenden. Das ermöglicht einige Übung, Experimente oder gar Sportstunden, wird sich aber lohnen.

Methode 24: Key Question

	Starke Ausprä-gung	Mittlere Ausprä-gung	Neutrale Ausprä-gung	Mittlere Ausprä-gung	Starke Ausprä-gung	
Synchron			x			Asynchron
Zeitlich befristet		x				Zeitlich unbefristet
Individuell orientiert	x					Gruppen-orientiert
Spezialisiert		x				Generalisiert
Ergebnis-orientiert		x				Entwicklungs-orientiert
Öffentlich		x				Privat

Wer?   Die Lernenden.

Was?   Eine Leitfrage zum Thema.

Wo?   Im Plenum zur Einführung, in Gruppenräumen zur GA.

Wozu? Um stringent inhaltlich und zugleich schülerzentriert zu führen. Um eine authentische und lebensnahe Durchdringungstiefe des Unterrichtsthemas zu bewirken.

Wie?   Indem durch eine Leitfrage die Aufgabenstellung schülerbezogen und durch selbstständige Zusammenarbeit der Lernenden konkretisiert wird.

Coaching unterscheidet sich von Beratung dahingehend, dass dem Klienten die Antwort selbst zugetraut wird. Aufgrund einer aktuellen Belastungs- oder Überforderungssituation ist ihm der Zugang dazu lediglich verwehrt. Aber der Respekt vor seiner eigenen systemischen Wahr-

Abb. 45: Key Question

heit verbietet es, Ratschläge von außen zu erteilen – beruhen sie stets auf eigenen Erfahrungshorizonten (mögen sie auch noch so groß sein). Diesen humanistischen und asketischen Ansatz erachten wir auch für Schule wichtig. Er unterstützt die Erziehung zur Selbstständigkeit und Demokratiefähigkeit. Bezogen auf den Unterricht bedeutet er, dass Lernende nicht einfach Methodenvorschläge übernehmen, sondern ausgehend von einer eigenen Leitfrage selbst entwickeln.

Diese Methode eignet sich für kleinere Partner- und Gruppenarbeiten und für umfangreichere Projekte (vgl. Methode Projekte virtuell, S. 241). Sie basiert auf unserer schlichten Entdeckung, dass Lernende auch bei noch so genauen Formulierungen eines (Unter-)Themas ihre Ergebnisse oft weit unter oder über dem Erwartungshorizont abliefern. Dieses Phänomen hängt mit dem Fundus an zusätzlichem Material zusammen, auf das man beim Googeln schnell stößt. Dieser Suchprozess ist aber dann der entscheidende Moment für eine inhaltliche Konkretisierung – und nicht das Interesse des Lernenden – und damit auch eine gewisse Zufälligkeit (oder Manipulierbarkeit über diverse Sucheinstellungen). Diese neuen Möglichkeiten der Digitalisierung sind an sich nicht schlecht, jedoch müssen sie von Ihnen als Lehrendem gesteuert werden.

Nach der Auswahl eines Themas und der Bildung in Unterthemen bekommt jede Gruppe als erstes – und noch ohne Blick in das Internet – den Auftrag, eine Leitfrage zu formulieren. Grundsatz: Es muss eine offene Frage sein, darf also nicht mit Ja oder Nein beantwortet werden können. Beispiel: Nicht *„Hat die vierte Gewalt in den letzten Jahren an Bedeutung gewonnen?"*, sondern: *„Inwiefern hat die vierte Gewalt …"*. Die Lernenden werden schnell merken, dass es schwieriger ist, sich auf eine solche Leitfrage festzulegen. Doch diese Arbeit zahlt sich – was sie während des Projektes und vor allem am Ende selbst merken werden – aus. Der Arbeitsumfang wird für sie klarer und leichter zu umreißen.

Umsetzungstipps:

- Lassen Sie jede Gruppe vor Antritt der GA eine Grobgliederung erstellen. Auf dieser können auch bereits die verschiedenen Arbeiten/Gliederungspunkte aufgeteilt sein. Im Gegensatz zur Leitfrage kann sich diese Gliederung mit der weiteren Recherche verändern – lassen Sie sich dazu aber immer rufen und stimmen Sie diese Veränderungen mit den Lernenden ab.
- Bewerten Sie das Ergebnis danach, wie gut die Leitfrage beantwortet worden ist. Machen Sie dieses Prinzip vorab präsent. Wenn von Anfang an klar ist, wonach Sie bewerten, haben Ihre Lernenden eine maximale Transparenz und Motivation.

Methode 25: Klassenzimmer-Deko

	Starke Ausprägung	Mittlere Ausprägung	Neutrale Ausprägung	Mittlere Ausprägung	Starke Ausprägung	
Synchron	x					Asynchron
Zeitlich befristet		x				Zeitlich unbefristet
Individuell orientiert					x	Gruppenorientiert
Spezialisiert					x	Generalisiert
Ergebnisorientiert			x			Entwicklungsorientiert
Öffentlich	x					Privat

Wer? Sie als Lehrender.

Was? Eine individuelle Einstellung des virtuellen Klassenzimmers.

Wo? In der Konferenzsoftware.

Wozu? Um Muster zu durchbrechen.

Wie? Durch Anpassung der Konferenzsoftware.

Die Bezeichnung dieser Methode ist programmatisch gemeint, denn ein dekorativer Selbstzweck hätte keinen didaktischen Mehrwert. Versetzen Sie sich gedanklich in ein Klassenzimmer einer Grundschule und vergleichen Sie dieses mit einem Klassenzimmer der Oberstufe: Es sind die regelmäßig erneuerten Details aus dem aktuellen Unterricht, der die Grundschule lebendig und „wohnlich" macht.

Wer als Lehrperson oder Coach schon einmal erlebt hat, wie positiv die Atmosphäre in einer Gruppe mit einem einfachen Film eines knisternden Kaminfeuers oder einer Blumenwiese im Frühlingswind (vgl. Methode „Einstiegsfilm", S. 163) positiv zu beeinflussen ist, wird diese Ebene der Unterrichtsgestaltung zu schätzen wissen.

Abb. 46: Klassenzimmer-Deko

Halten Sie daher neugierig und kritisch nach Möglichkeiten im virtuellen Raum Ausschau, welche Techniken der „Deko" es gibt, um eine lernförderliche Atmosphäre zu schaffen. Die Anpassung an Ihre jeweilige Unterrichtsthematik, die darin stattfindenden methodischen Formate und natürlich auch die Berücksichtigung der Charaktere in Ihrer Lerngruppe sind dafür weitere Gesichtspunkte.

Umsetzungstipps:

- Allein der Einsatz unterschiedlicher Hintergrundbilder (einstellbar z. B. in „Adobe Connect" unter „Meeting > Voreinstellungen") bewirkt diesen „Deko-Effekt". Ihre persönliche Formateinstellung kann ebenso individuell wirken wie Ihr physischer Fachraum. Das setzt aber voraus, dass Sie den Raum vor Ihrem Unterricht auch voreinstellen. Der Vorteil ist, dass Sie sich nachher leichter darin bewegen, weil Sie „zu Hause" sind.
- Durch die Ritualisierung Ihrer „Klassenzimmer-Deko" machen Sie automatisch Ihren virtuellen Raum zu einem „Heimspiel" und bieten eine emotionale Verknüpfung zwischen dem virtuellen Klassenzimmer, Ihrem Unterricht, Ihrer Person und Ihrem

Kurs. Für den Fall, dass Sie denselben Raum für wechselnde Kurse benutzen, ist es möglich, Einstellungen mit Wiedererkennungswert vorzunehmen, die Sie sich auch abspeichern können.

Methode 26: Körperreise

	Starke Ausprägung	Mittlere Ausprägung	Neutrale Ausprägung	Mittlere Ausprägung	Starke Ausprägung	
Synchron		x				Asynchron
Zeitlich befristet		x				Zeitlich unbefristet
Individuell orientiert	x					Gruppenorientiert
Spezialisiert		x				Generalisiert
Ergebnisorientiert				x		Entwicklungsorientiert
Öffentlich					x	Privat

Wer?   Die Lernenden, individuell durch Sie als Lehrendem angeleitet.

Was?   Eine ganzheitliche Methode, die Sie mit Ihren Lernenden als Ritual einüben können.

Wo?   Am Bildschirm angeleitet, durchgeführt in der eigenen „Blase".

Wozu?   Um ganzheitlich präsent zu sein/werden, Verspannungen zu spüren, den Körper als Medium ganz wahrzunehmen und in den Lernprozess aktiv einzubeziehen.

Wie?   Indem Sie selbst eine Beziehung zu Ihrem Körper/Leib und seinem „Gestimmtsein" aufnehmen (können).

Diese Übung baut auf ganzheitlichen Methoden wie der „Augengymnastik" (vgl. S. 138) oder dem „Designer Yoga" (vgl. S. 152) auf und erweitert diese um den ganzen Körper. Ressourcenorientiertes Coaching „funktioniert" nur mit Körper-"Arbeit", weil sich rationale Haltungen und emotionale Empfindungen auch im Körper „festschreiben". Es ist auch in der digitalen Lern- und Arbeitswelt zuerst der Körper, der (beispielhaft, wenn die Sehnenscheiden sich im „Homeschooling" melden oder Spannungskopfschmerzen nicht mehr nach-

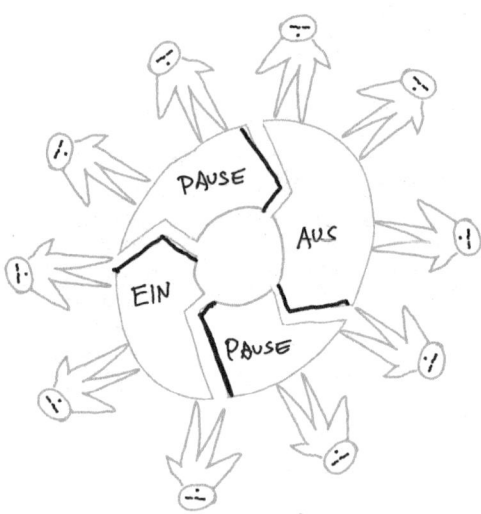

Abb. 47: Körperreise

lassen) auf Belastungen reagiert. Wie wir unter der Forderung „Spirituelle Kompetenz in digitalen Lern- und Arbeitswelten" (in: Hanstein/Lanig, 2020a) erarbeitet haben, muss gerade im virtuellen Raum der körperlichen Passivität entgegengewirkt werden. Dies nicht nur, um ganzheitliche Lernprozesse anregen und durchführen zu können, sondern auch und vor allem, um zu beherzigen, dass wir alle – und Heranwachsende noch aktiver – biopsychosoziale Wesen sind.

Wichtig bei dieser Methode ist, dass Sie zum Aufstehen und zum Bewegen in der eigenen „Blase" animieren. Wenn Sie noch nicht lange im virtuellen Raum unterwegs sind, wird Sie sicher beim ersten Wahrnehmen ein Phänomen überraschen: Irgendwann bemerken Sie, dass ein Teilnehmer sich „obenrum" zwar schick gemacht hat, beim spontanen Aufstehen (zumeist um sich ein Getränk oder etwas Anderes zu holen) aber unbewusst und natürlich ungewollt offenbart, dass er „untenrum" sehr privat bekleidet ist. Einem Autor dieses Buches ist es in seinen ersten virtuellen Unterrichten mit jungen Erwachsenen passiert, dass hinter der Kamera einer Lernenden deren Freund splitternackt vorbeigelaufen ist. Der physische Raum der Lernenden war die Küche und hinter dieser ging es offensichtlich zum Bad. Diese Lernende war in diesem Moment „passive" Teilnehmerin des Unterrichts, ihre Kamera aber war eingeschaltet und so offenbarte sie einen Einblick in ihr Privatleben, der ihr sicher selbst nicht recht gewesen wäre. Diese Episode kann verdeutlichen, dass es wichtig ist, immer mal wieder für den eigenen Raum zu sensibilisieren: für den Lernraum, die eigene „Blase", aber auch für den Lernraum der eigenen Körperlichkeit bzw. Leiblichkeit.

Im Grunde verläuft die Körperreise wie eine Meditation im analogen Raum. Sie können sich zur Vorbereitung einer reichhaltigen Literatur bedienen (z. B. in: Hanstein, 2016, S. 30–33) und zur Unterstützung mit den Autoren gern Kontakt aufnehmen. Wichtig ist, dass Sie es schaffen, die Teilnehmer in ihrer individuellen „Blase" anzuregen, neue Erfahrungen mit sich selbst zu machen. Die Reise durch den Körper beginnt mit der Achtsamkeit für das Sitzen und für den Atem. Die Kameras sind ausgeschaltet, ebenso die Mikros der Lernenden. Sie können damit ebenfalls ganz bei sich sein und von Ihrem eigenen Durchgang durch den Körper die Körperreise anleiten. Stellen Sie zu Beginn klar, dass der Sitz so aufrecht und gleichzeitig so bequem sein sollte, dass man ihn ca. 20 Minuten beibehalten kann. Ebenso, dass Sie, wenn Sie in der Ich-Form reden, jeden einzeln meinen. Die erste Person sichert die nötige, wechselseitige Empathie. Und beginnen Sie mit dem Atem, zum Beispiel so:

Nehmen Sie Ihren Atem wahr, achten Sie darauf, wo und wie es in Ihnen atmet. Es atmet in Ihnen. Nicht ich atme, es atmet in mir. Wenn ich von einmal atmen in der Sekunde ausgehe, atmet es 86.400 Mal am Tag in mir. Mein Atem fließt. Ich spüre die Ausdehnung …

gehe mit meiner Hand an diese Stelle. Lasse den Atem fließen, so wie er fließt. Ich ändere nichts, ich korrigiere nichts, ich bewerte nichts. Alles ist gut, wie es ist. Ich nehme nur wahr, nehme dankbar war. Mit jedem einzelnen Atem gelangt neue Energie in meinen Körper. Mit jedem Ausatmen lasse ich das heraus, was nicht zu mir gehört. So lasse ich Energien fließen ... ein und aus ... Und zwischen jedem einzelnen Zyklus von Ein und Aus ... Aus und Ein nehme ich die Pause wahr. Da ist ein kurzer Moment der Stille, in dem sich die Lunge wie vorzubereiten scheint auf eine neue Runde des Ein und Aus ... sie ruht ... einen kleinen Moment nur, aber am Tag ebenfalls 86.400 Mal ... Ich nehme dieses Bild wahr: Zwischen Ein und Aus ... als wenn nichts passiert. Eine Metapher für mein Leben. Die Ruhe als Zwischenzeit. Mit diesem Bild wandere ich nun durch meinen Körper ...

Es bietet sich an, „mit" dem Atem zu den Füßen zu „gehen" und bei einem Fuß (Sprungfuß) zu beginnen. Der Atem kann mit Elementen der Progressiven Relaxation verbunden werden: Zehen werden beim Einatmen angezogen, während der Atempause gehalten und mit dem Ausatmen (langsam) entspannt. Die Übung wird 2–3 Mal wiederholt, im je eigenen Tempo. Bevor mit dem zweiten Fuß ebenso verfahren wird, wird der Fuß wahrgenommen und mit dem anderen – wieder ohne Bewertung – verglichen: Die Übung hat ihn wärmer und auch schwerer werden lassen, bzw. die Wahrnehmung spiegelt dies so wider. Ähnlich wird die Reise durch den ganzen Körper fortgesetzt. In der Regel endet sie am Kopf, mit Bereichen der Schulter, der Stirn und Augenpartie – ein sensibler Bereich, der mit der „Augengymnastik" (vgl. S. 138) beispielhaft abgeschlossen werden kann.

Umsetzungstipps:

- Diese Methode sollten Sie nur dann einsetzen, wenn Sie selbst einen persönlichen Zugang zu Formen der Meditation haben.
- Das „Zurückholen" Ihrer Teilnehmer ist ebenso wichtig wie das Hineinfinden. Lassen Sie Ihren Lernenden genügend Zeit. Leiten Sie zu gründlichen Entspannungen an. Scheuen Sie sich nicht, auch an dieser Stelle Ihre Bewegungen und auch Geräusche offen mitzuteilen. In der Regel stellt sich das „Gähnen und Strecken" wie von selbst ein, lassen Sie es auch bei sich zu und animieren Sie Ihre Teilnehmer, den privaten Raum dafür zu nutzen.
- Lassen Sie Ton und Kamera Ihrer Teilnehmer erst dann wieder zuschalten, wenn das Zurück bei allen vollzogen ist. Jetzt wird es viel Erfahrungen zum Austausch geben. Drängen Sie nicht, aber geben Sie Zeit und Raum, wo Erfahrungen ausgesprochen werden wollen.
- Beenden Sie die Methode mit echter, wertschätzender Dankbarkeit.

Methode 27: Lerngang

	Starke Ausprä-gung	Mittlere Ausprä-gung	Neutrale Ausprä-gung	Mittlere Ausprä-gung	Starke Ausprä-gung	
Synchron				x		Asynchron
Zeitlich befristet		x				Zeitlich unbefristet
Individuell orientiert		x				Gruppen-orientiert
Spezialisiert		x				Generalisiert
Ergebnis-orientiert	x					Entwicklungs-orientiert
Öffentlich				x		Privat

Wer? Die Lernenden, als Moderator sollten Sie am Computer bleiben.

Was? Im Prinzip ein traditioneller Lerngang, weg vom Computer.

Wo? Im Arbeitsraum, in der Wohnung, im Umfeld.

Wozu? Um die eingeschränkte Sinnlichkeit, vor dem Computer sitzend, zu bereichern.

Wie? Indem Sie die Lernenden mit einer definierten Aufgabenstellung vom Computer „wegbringen".

Virtueller Unterricht geschieht notgedrungen vor dem Computer – und meist im Sitzen. Die körperliche Inaktivität bedingt zusätzlich zur sehr eingeschränkten Sinnlichkeit eine gedankliche Passivität. Die einfachste Möglichkeit ist demnach: Aufstehen, herumgehen und die Lerninhalte buchstäblich „in Bewegung" bringen. Dieser Zusammenhang ist nicht neu, die griechische Antike kannte die Schule der „Peripatiker", der – wörtlich – beim Reden und Denken „umher Schreitenden".

Abb. 48: Lerngang

Überlegen Sie, welche Übungen gezwungenermaßen vor dem Bildschirm und an der Tastatur gemacht werden müssen und welche Übungen das Potenzial haben, dass die Lernenden den Schreibtisch verlassen, im Arbeitsraum umhergehen oder gar die Wohnung verlassen können. Dazu einige reale Beispiele von Kollegen:

Der Unterricht „Freies Zeichnen" findet in der Wohnung statt, indem die Lernenden räumliche und figürliche Zeichnungen in der Wohnung anfertigen. Dazu verlassen sie für einen definierten Zeitraum den Computer.

In jedem Haushalt gibt es in irgendeiner Form eine Altpapiersammlung. Die Lernenden suchen dort für eine Collage (Collagen sind als Ideensammlung auch in nicht-künstlerischen Fächern interessant) Motive, die sie vor Ort auslegen.

In wirtschaftswissenschaftlichen oder naturwissenschaftlichen Fächern werden theoretisch beschriebene Phänomene in einem halbstündigen Lerngang außerhalb der Wohnung (das war die verpflich-

tende Vorgabe dieser Aufgabenstellung) gesucht, mit dem Smartphone fotografiert und in einem anschließenden Plenum diskutiert.

Der augenscheinliche Nachteil im Vergleich zum klassischen Lerngang ist, dass diese Form (physisch) allein vollzogen wird. Darin kann aber auch das Potenzial zur Fokussierung auf das Ziel liegen. Lassen Sie Ihre Schüler gern die heutigen Möglichkeiten der Vernetzung nutzen (insofern das datenschutzrechtlich konform ist). Auch wenn Sie z. B. nicht mit in der WhatsApp-Gruppe sein dürfen, steht es den Lernenden frei, sich derart zu verbinden und die anderen am Lerngang visuell und auditiv teilhaben zu lassen.

Umsetzungstipps:

- Beim ersten Mal wird die Lerngruppe mit dieser plötzlichen Freiheit evtl. schwer umgehen können. Beginnen Sie daher mit einfachen Sammelübungen und steigern Sie die Komplexität langsam in den kommenden Wiederholungen dieser Lerngänge.
- Besprechen Sie vorher Ergebnistypen und Ergebnisumfang. Sobald die Lernenden auf eigene Faust unterwegs sind, sollte die Aufgabenstellung schriftlich präsent sein, damit die Aufgabe und das Ziel der Unternehmung nachgelesen werden kann – hier ist auch die Zeitstruktur sehr wichtig.
- Bleiben Sie in jedem Fall für mögliche Nachfragen zu jeder Zeit erreichbar.

Methode 28: Lernzirkel

	Starke Ausprä- gung	Mittlere Ausprä- gung	Neutrale Ausprä- gung	Mittlere Ausprä- gung	Starke Ausprä- gung	
Synchron					x	Asynchron
Zeitlich befristet		x				Zeitlich unbefristet
Individuell orientiert	x					Gruppen- orientiert
Spezialisiert		x				Generalisiert
Ergebnis- orientiert		x				Entwicklungs- orientiert
Öffentlich			x			Privat

Wer? Die Lehrenden.

Was? Material, das über mehrere Stationen ausgelegt ist.

Wo? In Gruppenräumen.

Wozu? Um der Heterogenität der Lerngruppe durch äußere und innere Differenzierung zu begegnen.

Wie? Indem Sie als Lehrender die Materialien gut strukturiert und aufeinander bezogen vorbereiten und die Gruppenräume ebenso gut präparieren.

Diese Methode setzt auf maximale Eigenverantwortung Ihrer Lernenden. Sie bearbeiten in einer frei gewählten Reihenfolge und Geschwindigkeit das Material über mehrere Stationen – deshalb auch „Stationenlernen" genannt. Dazu benötigen die Lernenden vor-

Abb. 49: Lernzirkel

ab einen guten Überblick über alle Stationen und Ihre Erwartung als Lehrendem. Sie können die Transparenz über Laufzettel schaffen, zwischen Pflicht- und Wahlthemen differenzieren oder Aufgaben auf verschiedenen Niveaustufen anbieten.

Auf den ersten Blick erscheint der Lernzirkel für den virtuellen Raum ggf. ungewöhnlich. Doch gerade die damit einhergehenden Möglichkeiten machen diese Methode für das „Homeschooling" attraktiv: Anstatt die Materialien an den einzelnen Stationen physisch auszulegen, können Sie mit den Ablagen in Ihrer Lernplattform, mit einer Cloud, Dropbox oder (im Bereich der Hochschullehre) einem Online-Campus arbeiten. Die Stationen können über verschiedene Unterordner symbolisch kategorisiert werden. Animationen oder digitale Zeitraffer sprechen die Lernenden zusätzlich positiv an. Am Ende des Lernzirkels sollten immer Musterlösungen stehen. Auch hier bietet die Technik Möglichkeiten, diese erst einsehbar zu machen, wenn alle anderen „Blätter" bearbeitet worden sind. Der Vorteil dieser Methode besteht in der (Erziehung zur) Selbstständigkeit und in der Veränderung Ihrer Rolle: vom Lehrenden zum Begleitenden.

Umsetzungstipps:

- Beginnen Sie diese Methode nicht, bevor jeder Einzelne den Ablauf verstanden hat. Nutzen Sie Visualisierungen und vergewissern Sie sich durch gezielte Rückfragen.
- Wichtig ist in der Separierung des virtuellen Raums, dass dennoch zu jeder Zeit das gesamte „Paket" des Lernzirkels erkennbar bleibt.
- Beachten Sie die aufwendige Vorbereitung eines Lernzirkels. Demgegenüber steht aber eine vielfache Wiederverwendbarkeit und eine Entlastung für Sie während der Erarbeitung.
- Wie bei jeder schülerzentrierten Methode sollte auch der Lernzirkel (nicht nur inhaltlich) am Ende gut evaluiert werden.

Methode 29: Lexikonmethode

	Starke Ausprä- gung	Mittlere Ausprä- gung	Neutrale Ausprä- gung	Mittlere Ausprä- gung	Starke Ausprä- gung	
Synchron				x		Asynchron
Zeitlich befristet		x				Zeitlich unbefristet
Individuell orientiert		x				Gruppen- orientiert
Spezialisiert		x				Generalisiert
Ergebnis- orientiert	x					Entwicklungs- orientiert
Öffentlich				x		Privat

Wer? Die Lernenden in PA oder GA.

Was? Eine Kreativitätsmethode zum Generieren innovativer Lösungen.

Wo? In virtuellen Arbeitsgruppen (die Lernenden benötigen eine gute Audioverbindung).

Wozu? Um übliche Denkmuster zu verlassen und auf neue Lösungen zu kommen.

Wie? Indem Sie die Lernenden mit einer assoziativen Kreativitätsmethode konfrontieren.

Das menschliche Gehirn ist unschlagbar darin, gedankliche Verknüpfungen und Assoziationen zu bilden. Dies ist eine Fähigkeit, die instinktiv vorhanden ist. Lehrende in geisteswissenschaftlichen Fächern wissen, dass diese Fähigkeit im Laufe der Schulbildung reaktiviert und geübt werden muss. Bei jüngeren Schülern ist diese Fähigkeit zur Assoziation automatisch gegeben.

Abb. 50: Lexikonmethode

Die Lexikonmethode macht sich diese Fähigkeit zunutze, indem ausgehend von einem zufällig ausgewählten Begriff eine gedankliche Verknüpfung gefunden werden muss. Daher stammt die Benennung dieser Methode: Man sucht mit einem kreisenden Zeigefinger über einem Lexikon zufällige Begriffe, die dann als Fixpunkte für den assoziativen Weg dienen. Die Aufgabe ist, mit diesen 3–5 zufällig ausgewählten Wörtern (mischen Sie Substantive, Verben und Adjektive) eine Geschichte zu erfinden, die halbwegs plausibel ist. Dazu können die Lernenden die Begriffe auf Post-Its schreiben oder die ausgeschnittenen Bilder vor sich auslegen. Beim Betrachten dieser Reizworte bzw. Reizbilder entstehen automatisch Geschichten. Analog kann das „Brainstorming" (vgl. S. 145) in Partnerarbeit auf einer Kollaborationsplattform (z. B. conceptboard.com) geschehen. Hier dürfen die Lernenden „laut denken" und so die Geschichte „spinnen". Wichtig bei Einzel- wie Partnerarbeit ist, dass die Geschichte schriftlich fixiert wird.

Sinn und Zweck dieser Methode ist, über diesen Umweg von vermeintlich abstrusen Assoziationen auf Gedanken zu kommen, die in einem linearen Denkprozess durch unsere vorgeprägten Mindsets nicht entstehen würden. Aus diesem Grund ist auch ein gutes Vertrauensverhältnis nötig, damit die Beteiligten sich trauen zu „spinnen".

Umsetzungstipps:

- Nicht nur Worte eignen sich zur Stimulation von Assoziationen, sondern vor allem auch Bilder – kombinieren Sie die Lexikonmethode mit einem „Lerngang" (vgl. S. 210), z. B. zur Altpapiersammlung.
- Stellen Sie von Anfang an klar, dass der Zweck der Methode das Generieren von neuen Ideen ist. Machen Sie klar, dass es hierbei erstmal um Geschwindigkeit und Quantität geht und die Bewertung und Sortierung erst später erfolgt.
- Diese Methode ist v. a. als Partnerarbeit sinnvoll, alleine oder in größeren Gruppen funktioniert sie weniger gut.

Methode 30: Mind-Map

	Starke Ausprä-gung	Mittlere Ausprä-gung	Neutrale Ausprä-gung	Mittlere Ausprä-gung	Starke Ausprä-gung	
Synchron	x					Asynchron
Zeitlich befristet		x				Zeitlich unbefristet
Individuell orientiert				x		Gruppen-orientiert
Spezialisiert			x			Generalisiert
Ergebnis-orientiert		x				Entwicklungs-orientiert
Öffentlich	x					Privat

Wer? Die Lernenden in GA, der Lehrende im LV oder Lehrender und Lernende im Plenum gemeinsam.

Was? Die Inhalte Ihres Unterrichts, auf wesentliche Keywords reduziert.

Wo? Am Bildschirm.

Wozu? Um Inhalt zu gliedern, zu strukturieren und gehirngerecht zusammenzufassen.

Wie? Indem Sie vorstrukturieren.

Die „Gedankenlandkarte" ist seit vielen Jahren bekannt und auch den meisten Lernenden aller Schularten vertraut. Der Name Mind-Map geht auf den britischen Kreativitätstrainer Tony (Antony Peter) Buzan zurück. Er hatte erkannt, dass das assoziative und gleichzeitig kategorisierende Denken sich analog zur menschlichen Hirnstruktur in eine Visualisierung bringen lässt, die immer ein ähnliches Bild aufweist: Haupt- und Nebenäste. Insofern ist der Einsatz dieser Methode im Unterricht nicht neu. Das Neuartige im virtuellen Raum besteht darin, dass Sie gemeinsam mit Ihren Lernenden – ohne diese in aus-

Abb. 51: Mind-Map

gewählter Zahl „nach vorne holen" zu müssen – Mind-Maps erstellen können. In der Regel müssen Sie ihnen nur die nötigen Rechte dazu (als Administratoren) zur Verfügung stellen, dann ergeben sich oft hoch kreative und hoch assoziative gemeinsame Darstellungen. Öffnen Sie die Möglichkeit erst einmal für die ganze Lerngruppe (oder einen ausgewählten Bereich), werden Sie über die Geschwindigkeit, in der Mind-Maps neu entstehen, verblüfft sein. Ähnlich verhält es sich mit Gruppenarbeiten, in denen Sie in der Regel „außen vor" sind.

Umsetzungstipps:

- Eine Mind-Map „lebt". Erstellen Sie – egal, in welcher der aufgeführten methodischen Varianten – live. Screenshots von zurückliegenden Ergebnissicherungen können für die Methode erwärmen, aber jede Mind-Map ist einzigartig.
- Nutzen Sie die Möglichkeiten, die Ihnen die jeweilige Lernplattform bietet. Mit einem Whiteboard, in das alle (gewünschten) Lernenden gleichzeitig zeichnen können, lässt sich bereits gut

arbeiten. Als Teilergebnis kann dieses zum Beispiel auch in einzelne Arbeitsgruppen weitergegeben werden.

- Da die Methode schon älter ist, existieren bereits einige Softwarelösungen. Hier kann beispielhaft „Finga" empfohlen werden (vgl. https://ebildungslabor.de/blog/flinga/). Sie könnten Sie aber z. B. auch mit Prezi (prezi.com, vgl. S. 59) arbeiten und dafür allen Lernenden einen Zugang erteilen. Allerdings erhöht das die Komplexität und setzt eine größere Übung (bei vielen Teilnehmern) voraus.

Methode 31: Mini-Sprints

	Starke Ausprä-gung	Mittlere Ausprä-gung	Neutrale Ausprä-gung	Mittlere Ausprä-gung	Starke Ausprä-gung	
Synchron	x					Asynchron
Zeitlich befristet	x					Zeitlich unbefristet
Individuell orientiert					x	Gruppen-orientiert
Spezialisiert					x	Generalisiert
Ergebnis-orientiert	x					Entwicklungs-orientiert
Öffentlich			x			Privat

Wer? Die Lernenden in Kleingruppen mit 3–5 Personen.

Was? Ein klar definiertes Ergebnis in einem ebenso definierten Zeitraum.

Wo? An einem beliebigen Platz, nachdem die Aufgabe im direkten Gespräch geklärt wurde.

Wozu? Um mit strukturierten Arbeitspaketen zu einem definierten Ziel zu gelangen. Um den Weg dorthin motivierend zu gestalten.

Wie? Indem Sie die erprobte Methode des „Sprints" vordefinieren.

Diese Gruppenarbeitsform stammt aus den Ideen des „EduScrum" (vgl. S. 243). Die Autoren dieses komplexen Methodensets betonen zu Recht, dass man aus diesen aufeinander abgestimmten Ideen nicht ohne weitere Elemente nehmen kann – denn es sei dann nicht mehr vollständig. Jedoch ist der „Sprint" in seine Grundidee so bestechend und geeignet für die virtuelle Zusammenarbeit, dass er in der Reihe der Methoden hier seinen Platz haben soll.

Abb. 52: Mini-Sprints

Die Idee ist, dass Sie es dem Gruppenprozess überlassen, welche (!) Zielsetzung erreicht wird und wie viele (!) kleine Arbeitspakete, sogenannte „Sprints", notwendig sind, um zu diesem Ziel zu gelangen („definition of done"). Gleichzeitig soll die Gruppe in den Diskussionen zur Zielsetzung auch den Weg dorthin klären. Denn es ist erklärtes Ziel dieser Methode, dass diese Sprints besonders motivierend und freudvoll sein sollen („definition of fun"). Daher ist die Wahl des Ziels entscheidend. Geben Sie daher die bekannte Formel des smart-Zieles (spezifisch, messbar, aktiv realistisch und terminiert) als Kriterium für die Zielbestimmung vor.

Geeignet sind die Sprints deswegen, da die Kleingruppen eine definierte Bearbeitungszeit für die einzelnen Sprints bekommen – maximal 45 Minuten als klassische Einheit einer Unterrichtsstunde. Am Ende des Sprints steht ein kurzer Bericht und eine Einordnung zu den Ergebnissen an. Nach einer Pause folgt dann der nächste Sprint.

Umsetzungstipps:

- Setzen Sie als thematischen Rahmen ein möglichst praktisches und kein zu abstraktes Thema. So eignet sich die Organisation eines Online-Kongresses (vgl. Methode „Virtueller Kongress", S. 292) z. B. besser als die Erörterung von Literatur.
- Machen Sie (vorrangig in berufsbildenden Schulen und Klassen) deutlich, dass die Methode des „Scruming" eine bereits in der Industrie etablierte Organisationsform ist und keine ausschließlich schulbezogene Methode.

Methode 32: Online Ringvorlesung

	Starke Ausprägung	Mittlere Ausprägung	Neutrale Ausprägung	Mittlere Ausprägung	Starke Ausprägung	
Synchron				x		Asynchron
Zeitlich befristet				x		Zeitlich unbefristet
Individuell orientiert					x	Gruppenorientiert
Spezialisiert			x			Generalisiert
Ergebnisorientiert		x				Entwicklungsorientiert
Öffentlich	x					Privat

Wer?   Eine Projektgruppe, von Ihrem Lerncoaching begleitet.

Was?   Konzeption und Organisation einer Online-Veranstaltungsserie.

Wo?   In hybriden Arbeitsräumen, je nach Selbststrukturierung des Teams.

Wozu? Um einen konsequenten Anwendungsbezug zu schaffen.

Wie?   Durch die Anleitung zur Selbstorganisation.

Die Idee stammt – erkennbar am Titel – aus dem Hochschulkontext. Dieser Abschnitt mag in der Reihe der Methoden auf den ersten Blick überdimensioniert erscheinen. Wir möchten aber dennoch zeigen, auf welche Komplexität von selbstorganisierten Lernprojekten die digitale Lehre mit Fantasie, Übung und beratender Unterstützung kommen kann. Hier greifen „kleinere" Methoden, die etwa im Kapitel „Virtuell lernen durch virtuell lehren" (vgl. S. 285) angesprochen wurden. Denn auch in schulischen Projekten – nicht nur fachlich, sondern auch im Rahmen der SMV, in der Vorbereitung von Projekttagen o. ä. – galt es bereits im analogen Raum, LernUnits so zu planen und aufeinander zu beziehen, dass sie wirksam wurden. Das gilt es für den hybriden Kontext zu bewahren.

Der Ausgangspunkt für diese Idee an der Hochschule war identisch mit der vieler AGs in Schulen: Die Inhalte in den Bildungsplänen lassen oft zu wenig Praxisbezug und vor allem Gegenwartsbezug zu. So war die Idee, interdisziplinär kuratierte Referenten in der Serie einer Onlineveranstaltung zusammenzubringen (wohlgemerkt: in der Lage vor Corona) – aus dieser gemeinsamen Veranstaltung ist im Übrigen unser erstes Buch hervorgegangen.

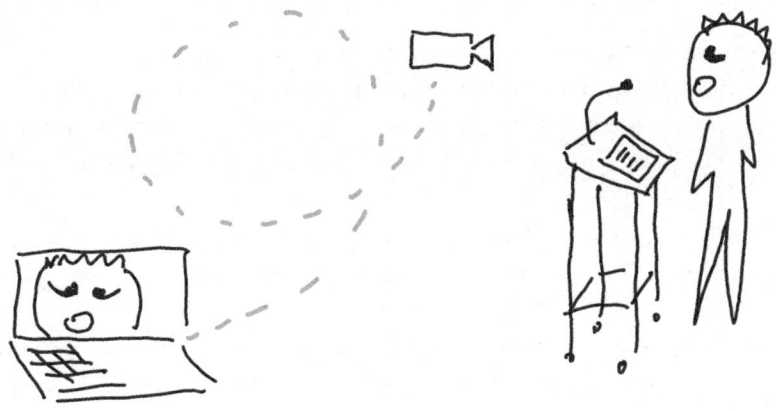

Abb. 53: Online Ringvorlesung

Eine Projektgruppe bekommt hierbei den Arbeitsauftrag, zu einem bestimmten Thema aus ihrer Sicht relevante Autoren sowie Praktiker zusammen zu bringen (praktisches Stichwort: Berufsorientierung). Die Abgrenzung zur Methode „Onlinekongress" (vgl. S. 292) ist, dass diese Veranstaltungen öffentlich sein sollen und einen dementsprechend weniger didaktischen, sondern öffentlichkeitswirksamen Fokus haben. Dies verändert den Charakter dieser Veranstaltung in dem Sinn, als dass auch die gesamte Öffentlichkeitsarbeit um die Veranstaltung herum bedacht werden will.

In der Reihe der Methoden zeigen diese Stichworte, dass die Methoden auf einer höheren Komplexität zu etwas Eigenständigem dienen und eben nicht für sich als „Methodenzauber" stehen: Sondern als methodische Bausteine für eine digitale Lehr- und Lernkultur an Ihrer (Hoch-)Schule.

Umsetzungstipps:

- Aus der Einordnung wird ersichtlich, dass dies ein Projekt für Fortgeschrittene ist. Beziehen Sie deshalb die (Hoch-)Schulleitung mit ein – denn das Produkt ist öffentlichkeitswirksam: Es belegt, dass die Inhalte der Schule den Bezug zur beruflichen und industriellen Wirklichkeit haben.
- Denken und begleiten Sie konsequent interdisziplinär: Vernetzen Sie Fachunterrichte (und Fachlehrer!) in diesem komplexen Projekt.
- Nutzen Sie die (Lebens-)Erfahrungen Ihrer Lernenden und lassen Sie diese zu Wort kommen. Verteilen Sie verantwortungsvolle Aufgaben, damit die Veranstaltung an sich zu einem pädagogischen Lernprojekt wird.

Methode 33: Online Wandzeitung

	Starke Ausprägung	Mittlere Ausprägung	Neutrale Ausprägung	Mittlere Ausprägung	Starke Ausprägung	
Synchron	x					Asynchron
Zeitlich befristet		x				Zeitlich unbefristet
Individuell orientiert					x	Gruppenorientiert
Spezialisiert			x			Generalisiert
Ergebnisorientiert		x				Entwicklungsorientiert
Öffentlich				x		Privat

Wer? Gruppenarbeit mit 3–5 Teilnehmern pro Team.

Was? Eine virtuell erstellte "Wandzeitung" mit gemischten Medien.

Wo? Innerhalb einer Kollaborationsplattform außerhalb des virtuellen Klassenzimmers.

Wozu? Um Wahrnehmungsmuster zu durchbrechen und ein Gruppengefühl zu schaffen.

Wie? Durch eine präzise Aufgabenstellung und transparente Zeitplanung.

Virtueller Unterricht findet aus technischen Gründen meist in geschlossenen Konferenzplattformen wie Adobe Connect, MS Teams, Moodle, Zoom oder ähnlichen Lösungen statt. Ist es bei der ersten Plattform Adobe Connect möglich, das virtuelle Klassenzimmer gruppenspezifisch und zielorientiert einzurichten (vgl. Methode „Klassenzimmer-Deko", S. 202), sind die meisten Plattformen meist gleich in ihrer Erscheinung. Das räumliche Setting aber wirkt nicht unerheblich auf das Unterrichtsgeschehen und die Motivation ein. Diese Methode steht daher schematisch für das bewusste Durchbrechen von gewohnten Mustern, in

Abb. 54: Online Wandzeitung

diesem Fall die gewohnte Erscheinung der Videokonferenzsoftware.

Um die Diskussion in einer Gruppenarbeit zu dokumentieren, wechseln Sie aus der Videokonferenz auf eine Kollaborationsplattform, die zusehends immer intuitiver die Zusammenarbeit in Echtzeit ermöglicht: Auf Plattformen wie trello.com oder conceptboard.com können Teilnehmer sich oftmals sogar ohne Anmeldung zusammenfinden, um Texte, Bilder, Medien und schnelle Skizzen auf einer virtuellen Wandzeitung umzusetzen.

Der dramaturgische Vorteil dabei ist, dass die Teilnehmer sich nicht mehr im virtuellen Klassenzimmer „gefangen" fühlen, sondern ihre Recherche im Internet gemeinsam unternehmen. Das tun sie ohnehin – nun jedoch offiziell, in dem die multimediale Wandzeitung auch YouTube-Videos sowie Links auf Texte und Bilder enthält. Allein diese Öffnung hat eine methodische Wirkung.

Umsetzungstipps:

- Geben Sie den Arbeitsauftrag schriftlich und als Grafik, damit er als Erwartung auch auf der später entstehenden digitalen Wandzeitung präsent bleibt.
- Machen Sie sich eine Kopie dieser Wandzeitung, damit Sie auf dieses Ergebnis in späteren Unterrichtsstunden Bezug nehmen können – und damit dem Eindruck entgegenwirken, das Ergeb-

nis sei außerhalb des virtuellen Klassenzimmers verloren gegangen oder unwichtig.

- Ermutigen Sie in der anschließenden Präsentation auch, den Entstehungsprozess der virtuellen Wandzeitung zu erläutern. Meist entstehen diese Gruppenarbeiten in einer guten Stimmung, von der auch die große Gruppe profitieren sollte.

Methode 34: Partnerinterview

	Starke Ausprä- gung	Mittlere Ausprä- gung	Neutrale Ausprä- gung	Mittlere Ausprä- gung	Starke Ausprä- gung	
Synchron		x				Asynchron
Zeitlich befristet		x				Zeitlich unbefristet
Individuell orientiert		x				Gruppen- orientiert
Spezialisiert			x			Generalisiert
Ergebnis- orientiert		x				Entwicklungs- orientiert
Öffentlich			x			Privat

Wer? Jeweils zwei Lernende miteinander.

Was? Die Inhalte Ihres Unterrichts oder eigene Assoziationen und Erfahrungen.

Wo? In Gruppenräumen.

Wozu? Um Partnerarbeit dialogisch und ergebnisorientiert zu gestalten, um zu aktivieren und alle Lernenden (zuerst in Zweiergruppen) ins Gespräch zu bringen.

Wie? Indem Sie durch Aufgaben vorstrukturieren und die Lernenden ihre Ergebnisse im Plenum vorstellen. Durch einen gewissen Wettbewerbscharakter unter den Zweiergruppen.

Abb. 55: Partnerinterview

Wie eingangs ausgeführt, besteht eine – bleibende – Herausforderung im virtuellen Raum in der Aktivierung aller Teilnehmer. Diese Methode leistet dazu einen guten Beitrag. Sie eignet sich ebenso zum Kennenlernen in der ersten Stunde, zum Sammeln von Eindrücken im Lernprozess wie zum Abschluss eines Themas. Sie ist leicht einzuführen und in der Regel auch recht beliebt. Im Fall der Vorstellung bekommen die Lernenden den Auftrag, ihren Partner nach bestimmten Merkmalen zu befragen, hier können Sie sich am Katalog des „Willkommens-Bingos" (vgl. S. 306) orientieren. Wenn Sie sich über diese Methode ein Feedback zum bisherigen Lernprozess holen wollen, geben Sie die Items ebenfalls vor. In diesem Fall bietet es sich auch an, die Ergebnisse fixieren oder visualisieren zu lassen. Im Fall der Ergebnissicherung könnten auf diese Weise Lernzusammenfassungen entstehen, die für die ganze Gruppe interessant sind. Wenn es um persönliche Inhalte geht, hat es sich bewährt, sich wechselseitig vorzustellen. Zur Steigerung kann daraus auch gut ein Ratequiz für das Plenum entwickelt werden.

Umsetzungstipps:

- Teilen Sie die Lerngruppe nach dem Zufallsprinzip in Zweierteams ein und legen Sie die Bearbeitungszeit fest.
- Lassen Sie die Teams arbeiten, es sei denn, Sie werden angefragt.
- Lassen Sie sich am Ende Rückmeldung geben, wie die Lernenden die Methode an dieser Stelle des Lernprozesses empfunden haben.

Methode 35: Placemat

	Starke Ausprä-gung	Mittlere Ausprä-gung	Neutrale Ausprä-gung	Mittlere Ausprä-gung	Starke Ausprä-gung	
Synchron	x					Asynchron
Zeitlich befristet		x				Zeitlich unbefristet
Individuell orientiert			x			Gruppen-orientiert
Spezialisiert			x			Generalisiert
Ergebnis-orientiert		x				Entwicklungs-orientiert
Öffentlich	x					Privat

Wer? Die Lernenden in GA, ggf. mit dem Lehrenden.

Was? Teilaspekte zum Unterrichtsinhalt, vorrangig zum Brainstorming.

Wo? Am Whiteboard.

Wozu? Um Assoziationen oder Wiederholungen zeitnah und umlaufend zu fixieren.

Wie? Durch eine vorgegebene „Tischdeckchen"-Struktur.

Abb. 56: Placemat

Im Teamcoaching ist es wichtig, die Wahrnehmung aller Teammitglieder gleichermaßen in die Teamentwicklung zu integrieren. Hierzu eignet sich beispielsweise Placemat. Diese Methode lässt sich aufgrund der einfachen Strukturierung leicht in den virtuellen Unterricht übertragen – entweder in vorstrukturierter Form (z. B. als PDF-Dokument), durch schnelle Skizzierung am Whiteboard oder an der Dokumentenkamera (vgl. S. 155). In der Mitte werden das Thema, der Arbeitsauftrag oder die Fragestellung fixiert. Bewährt hat sich auch assoziatives Arbeiten mit Bildern oder Karikaturen. Ohne zu sprechen hält jeder Lernende auf seinem „Platzdeckchen" fest, was ihm spontan einfällt (oder woran er sich bei einer Wiederholung noch erinnert). Danach (erst) erfolgt der Austausch über das soeben Verschriftlichte. Es liegt an Ihnen, ob die jetzigen Nachträge anders markiert werden, zum Beispiel in Signalfarbe.

Im virtuellen Klassenzimmer geht der Auftrag in die Gruppenarbeit und den Gruppenraum. Hier gelten daher dieselben Voraussetzungen in der Begleitung und Steuerung an Sie (vgl. Methode „Gruppenarbeit", S. 178). Da die Lernenden jedoch nicht physisch am jeweiligen „Eck" sitzen, bedarf es einer Identifizierung mit dem jeweiligen Platz, damit die Methode funktionieren kann.

Umsetzungstipps:

- Einmal eingeführt, geht die Methode – ähnlich wie die Gruppenarbeit – schnell in den selbstverständlichen Ablauf einer Lerngruppe über. Der Vorteil besteht in der klaren Struktur. Gleichzeitig fördert die Methode die individuelle Förderung, da mit dieser alle Lernenden ihren Beitrag einbringen können (und sollen).
- Mit geübten Kursen und in der Erwachsenenbildung bietet sich evtl. eine Erweiterung als umlaufendes Placemat an. In diesem Fall tragen die Lernenden ihre Einträge nicht selbst vor, sondern

die anderen dürfen sie lesen und ergänzen. Diese Variante führt zur wechselseitigen Anregung von Denkmustern.

- Alternativ können Sie differenzierte Unterthemen bzw. weitergehende Fragen in die seitlichen Flächen schreiben und so eine Binnendifferenzierung vornehmen.
- Der Klassiker besteht aus vier „Tischdeckchen", allerdings sind dem Experimentieren keine Grenzen gesetzt.

Methode 36: Progressive Entspannungspausen

	Starke Ausprä- gung	Mittlere Ausprä- gung	Neutrale Ausprä- gung	Mittlere Ausprä- gung	Starke Ausprä- gung	
Synchron	x					Asynchron
Zeitlich befristet		x				Zeitlich unbefristet
Individuell orientiert	x					Gruppen- orientiert
Spezialisiert		x				Generalisiert
Ergebnis- orientiert				x		Entwicklungs- orientiert
Öffentlich				x		Privat

Wer? Die Lernenden und Sie.

Was? Eine klassische Methode, allerdings in hybrider Form.

Wo? Über Ton angeleitet, jeder individuell in seiner „Blase".

Wozu? Um für die Notwendigkeit von Entspannungsphasen zu sensibilisieren und um eine Möglichkeit zur eigenen Anwendung mitzugeben.

Wie? Indem Sie sich für die Methode ganzheitlich selber öffnen können.

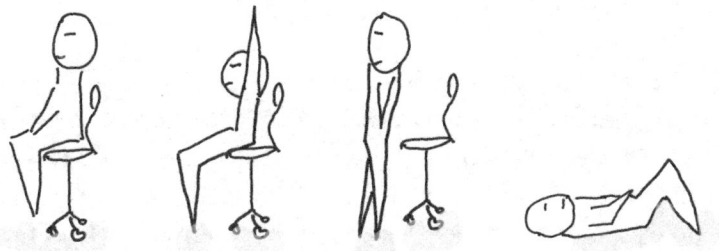

Abb. 57: Progressive Entspannungspausen

Jeder, der über Stunden am PC sitzt, weiß um die Notwendigkeit eingebauter Übungen für die Hände, den Nacken und Rücken. Für Schüler sind die Pausen für die Bewegung wichtig, nicht nur, um von Raum A nach Labor B zu kommen. Dieser Rhythmus ist so im virtuellen Klassenzimmer nicht vorhanden – es sei denn, Sie schaffen ihn (für Ihre Lernenden und für sich).

> *„Krass, wie meine Finger verspannt waren. Wir müssen an der Schule zwar auch am Rechner schaffen, aber nicht so lange."* – so lautete die Rückmeldung einer Schülerin bei der Reflexion des „Homeschooling".

Solche somatischen Signale wahrzunehmen, ist in der virtuellen Lern- und Arbeitswelt sehr wichtig (vgl. Hanstein/Lanig, 2020a). Um für Entspannungspausen in Anlehnung an die Progressive Muskelentspannung (kurz: PME nach Edmund Jacobson) zu sensibilisieren, sind solche konkreten Situationen bei Ihnen oder Ihren Lernenden der beste Einstieg. Die Methode kann zu jeder Zeit in Ihren virtuellen Unterricht eingebaut werden und eignet sich auch dazu, um nach einer längeren Pause Geist und Körper wieder auf das Lernen einzustimmen. Schließen Sie – das hat Signalwirkung – Ihre Kamera und führen Sie durch die Modulation Ihrer Stimme. Beginnen Sie beispielhaft bei den Händen, in dem Sie sprachlich führen:

> *Suchen Sie sich einen bequemen, aber aufrechten Sitz. Legen Sie Ihre Arme ganz entspannt auf die Oberschenkel. Beginnen Sie mit Ihrer Schreibhand: Spannen Sie die Hand an, indem Sie sie zur Faust ballen. Halten Sie die Spannung, lassen Sie Ihren Atem ruhig fließen. Halten Sie, halten, halten. Und lassen Sie die Spannung mit Ihrem Ausatmen wieder aus der Hand. Nehmen Sie Ihre Hand bewusst wahr, spüren Sie die bereits jetzt eingetretene Ent-Spannung. Hal-*

ten Sie diesen Zustand, atmen Sie dabei ruhig. Spannen Sie Ihre Hand dann in die entgegengesetzte Richtung und achten Sie wieder auf den Rhythmus Ihres Atems ...

Wer einmal die Wirkung einer angeleiteten Übung spürt, ist motiviert, diese Entspannung der Muskelgruppen auch selbst zu pflegen und in seinen virtuellen Alltag einzubauen. Sie geben nicht nur ein Bewusstsein für Ent- und Anspannung, sondern diese Methode kann als Ritual und damit zur Strukturierung des Lernalltags (z. B. in Pausen, nach aktiven Phasen, um den Unterricht zu beschließen) ganzheitlich genutzt werden.

Umsetzungstipps:

- Für den Einstieg eignet sich sicher auch eine (der vielen) eingespielten CDs oder geführten Entspannungsübungen in YouTube. Doch, nachdem Sie Sicherheit in der Methode haben, sollten Sie die Methode auch selbst anleiten – die persönliche Nähe über Ihre Sprache bringt einige Vorteile im virtuellen Raum.
- Achten Sie darauf (und sagen Sie es auch gern mehrfach), dass niemand die Übung in den Schmerz hinein vornimmt.
- Lassen Sie, bevor Sie zum jeweils nächsten Körperteil (hier die andere Hand) „gehen", beide Körperteile miteinander vergleichen. Betonen Sie, dass der Vergleich rein auf der Wahrnehmungsebene liegt (wärmer, schwerer, durchbluteter), aber keine Wertung beinhaltet.

Methode 37: Pro- und Contra-Debatte

	Starke Ausprä- gung	Mittlere Ausprä- gung	Neutrale Ausprä- gung	Mittlere Ausprä- gung	Starke Ausprä- gung	
Synchron	x					Asynchron
Zeitlich befristet		x				Zeitlich unbefristet
Individuell orientiert					x	Gruppen- orientiert
Spezialisiert		x				Generalisiert
Ergebnis- orientiert			x			Entwicklungs- orientiert
Öffentlich	x					Privat

Wer? Die Lernenden.

Was? Die eigenen Meinungen der Lernenden zum Thema bzw. zur Leitfrage.

Wo? Am Bildschirm, im Plenum.

Wozu? Um alle Lernenden in den Prozess zu integrieren, um Gruppendynamik auch im virtuellen Raum erlebbar zu machen.

Wie? Durch Struktur, Moderation und aktive Beteiligung.

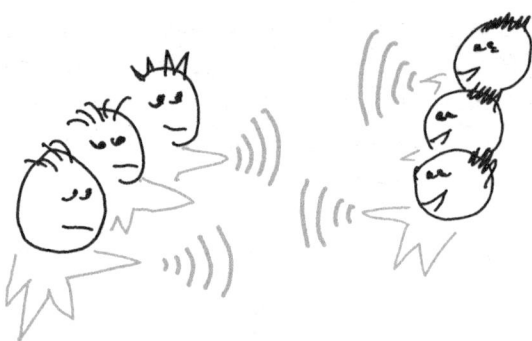

Abb. 58: Pro- und Contra-Debatte

Die „Wortschlacht", wie diese Methode eigentlich genannt wird, setzt viel Erfahrung in der Steuerung von Gruppenprozessen voraus. Sie ist (ähnlich wie das „Gruppenpuzzle", vgl. S. 178) für erfahrene Lerngruppen (und Lehrende) geeignet. Im analogen Unterrichtsraum „lebt" die Methode von der räumlichen Anordnung: Eine Gruppe aus Vertretern der Pro-Partei sitzt einer Gruppe aus Contra-Vertretern gegenüber. Der „Schlagabtausch" wird von Ihnen (oder einem erfahrenen Moderator aus der Runde) moderiert. Im Wechsel werden Argumente und Gegenargumente zu einer Leitfrage, einem aktuellen gesellschaftlichen Ereignis oder einer Gruppenaufgabe zu einem Thema vorgetragen. Die anderen Teilnehmer können sich durch „Strecken" einbringen. Für den Fall, dass sich die Argumente bei den eigentlichen Vertretern erschöpft haben, können aktive Teilnehmer diese „abschlagen" und deren „Platz" besetzen.

Die größte Herausforderung besteht in den räumlichen Gegebenheiten im virtuellen Kontext. Die Anordnung der „Plätze" kann nur bedingt durch eine entsprechende Positionierung der Namen und Bilder der Teilnehmer kompensiert werden. Deshalb braucht es die symbolische Ebene und eine entsprechende Visualisierung. Dafür bietet der virtuelle Raum auch Vorteile. In der Regel tut sich der Moderator oder eine zusätzliche Assistenz schwer, alle Argumente in der Dynamik der Pro- und Contra-Debatte schriftlich zu sichern. Im virtuellen Unterricht können Sie die Debatte (natürlich mit vorhergehender Ankündigung und Einwilligung Ihrer Lernenden) aufnehmen und sich anschließend – zur Ergebnissicherung und Auswertung – gemeinsam anschauen.

Umsetzungstipps:

- Nutzen Sie, was Ihnen die Technik im virtuellen Raum bietet. Dass die Teilnehmer mit Namen zugeschaltet sind, wird bald zur Selbstverständlichkeit, ist aber eine Chance für solche Methoden. Sie könnten z. B. vor die Namen die Begriffe „PRO" und „CONTRA" schreiben. Ebenso die Rollen „Moderator" und „Teilnehmer/Gäste".

- Bei manchen virtuellen Plattformen (z. B. Zoom) wird automatisch das Bild derjenigen Person groß gestellt, die im Moment redet. Bei anderen können Sie ebenfalls über die Einstellung der Bildgröße die Übertragung des Prozesses steuern.

- Achten Sie bei gruppendynamischen Methoden wie dieser darauf, dass Sie sich mit der Gruppe im Diskussionsmodus befinden und die Wahrnehmung des Prozesses nicht durch vorausgehende Dokumente oder sichtbare Pods beeinträchtigt wird.

Methode 38: Projekte virtuell

	Starke Ausprägung	Mittlere Ausprägung	Neutrale Ausprägung	Mittlere Ausprägung	Starke Ausprägung	
Synchron			x			Asynchron
Zeitlich befristet	x					Zeitlich unbefristet
Individuell orientiert					x	Gruppenorientiert
Spezialisiert			x			Generalisiert
Ergebnisorientiert		x				Entwicklungsorientiert
Öffentlich	x					Privat

Wer? Die Lernenden.

Was? Eine Leit- oder Forschungsfrage.

Wo? In Gruppenräumen.

Wozu? Um die Selbstständigkeit und Verantwortung für das Lernen und das Lernergebnis zu fördern.

Wie? Indem Sie als Lehrender gut vorstrukturieren und für Verbindlichkeit sorgen.

Abb. 59: Projekte virtuell

Die Rede vom „Projekt" hat leider einen fahlen Beigeschmack. Schließlich wird heute fast alles, das eine offenere Form hat – nicht nur im schulischen Kontext – als Projekt bezeichnet. So soll an dieser Stelle daran erinnert werden, dass es sich bei der Projektarbeit um eine grundständige Lernmethode handelt, die pädagogische Vorreiter erkämpfen mussten. Mit dem Projektgedanken ist das Prinzip der Handlungsorientierung verbunden (vgl. S. 40) und auf gesellschaftlicher Ebene der Gedanke der Erziehung zur Demokratiefähigkeit – beides pädagogische Maxime, die auch heutzutage wieder besonders wichtig geworden sind.

Damit eine offene Unterrichtsform zum Projekt wird, ist vor allem auf eines zu achten: auf Struktur, die mit einem Anfang beginnt und einem Ende schließt. Aus unserer Sicht ist es relativ belanglos, ob Sie sich dabei an eher klassische Schritte anlehnen, Modelle aus der Berufswelt bevorzugen (wie z. B. die „Projekttreppe") oder selbst eine Handlungskette entwerfen: Transparenz über die Ziele und den Ablauf, Durchführung und Abschluss mit Reflexion sollten klar voneinander unterscheidbar sein.

Im virtuellen Raum wird ein zweiter Aspekt noch wichtig: Verbindlichkeit – da es mehr Möglichkeiten gibt, sich (nicht unbedingt willentlich, allein rein unbewusst) Abläufen und Aufgaben zu entziehen. Für die Lernenden bedeutet das, Klarheit auf der fachlichen (Inhalt), sozialen (PA/GA) und methodischen (das „Wie" der einzelnen Schritte der Projektarbeit) Ebene zu bekommen, bevor das Projekt gestartet wird. Zielsetzung und Planung können rein virtuell verlaufen. Die Durchführung variiert je nach Alter und Fach des Projekts. An diesem „großen Bruder der Gruppenarbeit" wird auch deutlich, was wir oben unter „hybridem Klassenzimmer" ausgeführt haben: Beide Komponenten – die virtuelle und die analoge – verbinden sich in der Projektmethode! Für den Abschluss kommen die Lernenden wieder mit Ihnen im virtuellen Raum zusammen und reflektieren alle LernUntis.

Umsetzungstipps:

- Ein Projekt „lebt" von seiner Zielorientierung, konkret gesprochen vom „Produkt". Für die Präsentation dieses Ergebnisses bietet der virtuelle Raum mindestens so viele Möglichkeiten wie der physische Ort Schule.
- Mindestens so wichtig wie der Auftakt Ihres Projekts ist der Abschluss. Investieren Sie Ihre Kreativität in den Gedanken, wie Sie – auch virtuell oder hybride – angemessene Rituale für den Abschluss finden und gestalten können.
- Für die Projekt- und Selbstorganisation hat sich EduScrum (vgl. https://eduscrum.nl/de/) bewährt. Die Methode wird in der Planung von Teamprozessen in der Wirtschaft genutzt, um die Entwicklung und Ausgestaltung komplexer Produkte in Projektteams zielführend zu steuern. Für den schulischen Bereich gibt es vielfältige Erfahrungen „vor Corona", auf die zurückgegriffen werden kann, ebenfalls spezielle Fortbildungsreihen für Lehrkräfte. EduScrum orientiert sich am agilen Prozessmanagement und damit – wie Coaching – an der Empirie. Das bedeutet, dass Wissen aus Erfahrung gewonnen und Entscheidungen auf Basis des Bekannten getroffen werden. EduScrum nutzt technisch einen iterativen, inkrementellen Ansatz, um die Erreichbarkeit von Lernzielen zu optimieren und Risiken zu kontrollieren. Jede Implementierung von empirischer Prozesssteuerung ruht auf drei Säulen: Transparenz, Überprüfung und Anpassung. Projektmanagement, Lehre und Unterricht auf der Basis von EduScrum sind schülerorientiert und steuern das Lernen hinsichtlich Inhalt, Qualität und Zielen (vgl.: http://eduscrum.nl/en/file/CKFiles/Der_eduScrum_Guide_DE_1.2.pdf; Zugriff: 06.07.2020). Darüber hinaus haben wir die Erfahrung gemacht, dass es aufgrund des Aufbaus und des Motivationspotenzials dieser Methode kaum Ausfallquoten gibt.

Methode 39: Rotationsfeedback

	Starke Ausprägung	Mittlere Ausprägung	Neutrale Ausprägung	Mittlere Ausprägung	Starke Ausprägung	
Synchron				x		Asynchron
Zeitlich befristet		x				Zeitlich unbefristet
Individuell orientiert				x		Gruppenorientiert
Spezialisiert		x				Generalisiert
Ergebnisorientiert		x				Entwicklungsorientiert
Öffentlich		x				Privat

Wer? Die Lernenden.

Was? Durch Rückmeldung einzuholender Feedbacks.

Wo? Am Bildschirm.

Wozu? Um die Wahrnehmung der Lernenden in den Lern- und Entwicklungsprozess mit einzubeziehen. Um Feedback abzubilden, um der Gruppendynamik durch das Feedbacken Raum und Zuwachs zu geben.

Wie? In mehreren virtuellen Gruppenräumen, im rollierenden Prinzip.

Abb. 60: Rotationsfeedback

Um Projekte von Arbeitsteams oder Schulentwicklungsprozesse im Coaching auszuwerten, bietet sich beispielhaft das „Rotationsfeedback" an. Mit dieser Methode wird auch Projekten im virtuellen Unterricht Raum gegeben, eine angemessene und breite Rückmeldung von allen Beteiligten zu erhalten.

Bereiten Sie vier digitale „Flipcharts" mit je einem eigenen Bereich vor. Wählen Sie diese so, dass sie eine direkte inhaltliche Nähe zu Ihrem bisherigen Unterricht haben. Beispielhaft:

Welche neuen Erkenntnisse hat das Projekt in Ihnen ausgelöst?
Wie bewerten Sie die Zusammenarbeit auf einer Skala von 1–10?
Welche Visionen haben Sie, ausgehend von der Leitfrage des Themas?
Welche Maßnahmen würden Sie in Ihrem Bereich vorschlagen?

Geben Sie den Lernenden ausreichend (Moderatoren- oder Veranstalter-)Rechte, damit sie alle Lernräume selbstständig aufsuchen können. Bestimmen Sie als planender „Regisseur" eine Reihenfolge im Durchlauf und sorgen Sie dafür, dass genügend Platz zum Eintragen vorhanden ist. Die Methode kommt erst dann an ihr Ende, wenn jeder auch alles, was ihm dazu einfällt, anbringen konnte. Das Rotationsfeedback lebt von der Dynamik der Einträge. Nicht die Summe der Gedanken und Ideen, die zu Beginn der Methode bei allen einzelnen Teilnehmern vorhanden war, ist entscheidend. Sondern die Assoziationen, die zusätzlich im Laufe des Lesens, Wahrnehmens und Weiterdenkens entstehen, führen zu höchst kreativen Entdeckungen und Aha-Effekten.

Umsetzungstipps:

- Stellen Sie zu Beginn sicher, dass Verfahren und Ablauf verstanden sind und ziehen Sie sich dann zurück (bleiben Sie aber trotzdem „in Rufbereitschaft").
- Seien Sie hinsichtlich der Zeit großzügig und achten Sie auf die Bedürfnisse Ihrer Lerngruppe.
- Würdigen Sie die Ergebnisse angemessen und bauen Sie sie als Mehrwert für alle Teilnehmer erkennbar in die nächsten Projektschritte bzw. Unterrichtsstunden ein.
- Jeder wird sich hinsichtlich des Umfangs unterschiedlich einbringen (können). Das ist in Ordnung und darf wertfrei zur Kenntnis genommen werden.

Methode 40: Redekette

	Starke Ausprägung	Mittlere Ausprägung	Neutrale Ausprägung	Mittlere Ausprägung	Starke Ausprägung	
Synchron		x				Asynchron
Zeitlich befristet		x				Zeitlich unbefristet
Individuell orientiert			x			Gruppen-orientiert
Spezialisiert			x			Generalisiert
Ergebnis-orientiert		x				Entwicklungs-orientiert
Öffentlich		x				Privat

Wer? Die Lernenden.

Was? Lerninhalte oder Assoziationen zu einem neu einzuführenden Thema.

Wo? Am Bildschirm.

Wozu? Zur Ergebnissicherung, Wiederholung oder Vertiefung. Oder um die Lernenden für ein neues Thema zu sensibilisieren und deren Vorwissen einzubringen.

Wie? Im Plenum, in vorgegebener Reihenfolge, zeitlich befristet.

Abb. 61: Redekette

Eine – bleibende – Herausforderung im virtuellen Raum ist die Aktivierung aller Teilnehmer. Insofern sind Methoden ratsam, die möglichst alle Lernenden gleichermaßen integrieren. Die „Redekette" lebt von Gruppendynamik und gleichzeitig von der Einhaltung gewisser Regeln. Mit Hilfe einer Visualisierung (unserer oder einer eigenen) können Sie für das Prinzip Kette sensibilisieren: Wie eine Kette aus einzelnen auf- und ineinander aufgebauten Gliedern (den sogenannten Ösen) besteht, ergibt sich ein sinnvoller Satz bzw. eine Erzählung erst aus der Stimmigkeit der einzelnen, aufeinander folgenden Anteile. Jeder Lehrende ist für eine „Öse" verantwortlich, allerdings zeitlich nicht frei gewählt, sondern entsprechend der Reihenfolge, die Sie oder das Lernsystem vorgibt. Wichtig ist also Ihr Zielbild dieser Sequenz, beispielhaft im Fach Geschichte (Jahrgangsstufe 9, Gym):

Wir haben in der letzten Stunde den Zeitraum von der Weltwirtschaftskrise bis zur Machtergreifung für die Klassenarbeit wiederholt. Bevor wir inhaltlich weitergehen, wollen wir die wichtigsten Eckpunkte, Jahreszahlen, Namen und Zusammenhänge mit Hilfe der Redekette nochmals zusammenfassen. Ihr müsst dabei gut zuhören, denn euer ‚Kettenglied' muss zu dem unmittelbar vorausgehenden passen … Jeder hat bis zu fünf Wörter zur Verfügung.

Die Ausschmückung der Methode ist natürlich vom Thema und vom Umfang der Lerngruppe abhängig. Eine Herausforderung auf der Ebene der Gruppensteuerung liegt auf der Disziplin der Lernenden. Denn sie werden gleichzeitig Spaß an der Methode haben und über manche Situation lachen. Das ist nicht weiter problematisch, erhöht es nur die Bindung Ihrer Gruppe. Gleichzeitig soll aber die Kette zu ihrem Ziel gelangen, hier müssen Sie ggf. immer wieder mal unterstützen oder anfangs auch selbst die ersten sprachlichen „Ösen" wiederholen.

Umsetzungstipps:

- Achten Sie von Anfang an auf die Transparenz in der Reihenfolge. Bei den meisten Lernportalen sind die Teilnehmer entsprechend ihres Erscheinens im Raum gelistet. Oft wird diese Reihenfolge automatisch von Lehrenden genutzt. Alternativ können Sie auch „von unten" her vorgehen. Wenn Sie solche gruppenaktiven Methoden mit Reihenfolge öfter verwenden, verhindern Sie damit gleichzeitig, dass die Lernenden möglichst spät bei Ihnen eintreffen.

- Bei geübten Lerngruppen bietet es sich an, die entstandene Redekette am Ende wiederholen zu lassen. Ein Hinweis darauf zu Beginn kann motivieren, Lernende aber auch abschrecken oder gar blockieren. Seien Sie achtsam damit, unnötigen Druck aufzubauen.

- Einige Lernportale verfügen über die technische Möglichkeit, einen Videomitschnitt dieser Sequenz im Hintergrund anzufertigen. Dieser Mehrwert gegenüber Unterricht im analogen Raum gibt Ihnen mehr Raum und Zeit für die Prozessbegleitung, aber natürlich muss diese Art der Ergebnissicherung vorher transparent gemacht werden.

- Auch ohne Mitschnitt sollte die Methode Redekette mit einer Ergebnissicherung am Ende schließen. Wir empfehlen dazu eine Vorvisualisierung (mit unserer oder einer eigenen Darstellung), in die hinein einzelnen Satz- oder Erzählglieder geschrieben werden. Achten Sie bei der Ergebnissicherung darauf, den Prozess nicht an sich zu ziehen. In der Regel ist das Ergebnis nachhaltiger, wenn die Lernenden (ihre eigenen oder die anderer) die Kette auch selbst mit füllen dürfen. Für den Fall, dass das aus zeitlichen Gründen nicht möglich ist, sollten Sie natürlich die O-Töne der Lernenden festhalten – es sei denn, sie besitzen inhaltliche oder sprachliche Fehler.

Methode 41: Quizspiel

	Starke Ausprä-gung	Mittlere Ausprä-gung	Neutrale Ausprä-gung	Mittlere Ausprä-gung	Starke Ausprä-gung	
Synchron	x					Asynchron
Zeitlich befristet	x					Zeitlich unbefristet
Individuell orientiert					x	Gruppen-orientiert
Spezialisiert			x			Generalisiert
Ergebnis-orientiert				x		Entwicklungs-orientiert
Öffentlich	x					Privat

Wer? Die Lernenden sowie sie als „Quizmaster".

Was? Ein Wissensquiz.

Wo? Am Bildschirm.

Wozu? Zur Wiederholung oder Vertiefung.

Wie? Im Plenum.

Menschen spielen gern, egal in welchem Alter. Ein einfaches Quiz am Anfang des Unterrichts ist auch eine elegante Methode, um die Mikrofone der einzelnen Teilnehmer zu testen. Ein Ratespiel bewirkt darüber hinaus schnell und einfach eine gute Stimmung und schult eine aktive Gesprächskultur.

Abb. 62: Quizspiel

Umsetzungstipps:

- Mit etwas Glück und Recherchezeit werden Sie sicher für Ihren eigenen Fachbereich fündig: Zum Beispiel stellen in der durchaus kleinen Nische der Designgrundlagenfächer engagierte Kollegen Folien im Stil von „Wer wird Millionär" her. Diese Powerpoint-Folien tauschen Sie im Internet. Sympathiepunkte sammeln Sie, wenn Sie selbst solche Powerpoint-Folien herstellen und den Kollegen anbieten.
- Vorgelesene oder über die Dokumentenkamera visualisierte Prüfungsfragen sind oft bereits in Multiple Choice-Manier aufbereitet. Zu Stoffwiederholung eignen sich diese meist geläufigen Fragen gut, um teils Wiederholung, teils „Gamification" daraus zu machen.

Methode 42: Schachspiel

	Starke Ausprä-gung	Mittlere Ausprä-gung	Neutrale Ausprä-gung	Mittlere Ausprä-gung	Starke Ausprä-gung	
Synchron	x					Asynchron
Zeitlich befristet	x					Zeitlich unbefristet
Individuell orientiert					x	Gruppen-orientiert
Spezialisiert		x				Generalisiert
Ergebnis-orientiert			x			Entwicklungs-orientiert
Öffentlich	x					Privat

Wer? Die Lernenden sowie Sie als „Animateur".

Was? Erlebnispädagogik virtuell.

Wo? Am Bildschirm.

Wozu? Zur Gruppenbildung und für die ersten Teamphasen eines Projektes.

Wie? Durch Ihre Anleitung.

Team(entwicklungs)spiele wie diese Methode stammen aus der Erlebnispädagogik und/oder dem Teamcoaching. In beiden Feldern wurden sie nicht nur mit Erfolg eingesetzt, sondern vor allem auch mit Gemeinschaftsgefühl und durchaus (auch wenn dieses Wort für manche Pädagogen ein Reizwort ist) mit Spaß. Wir beanspruchen nicht, im virtuellen Raum eine Erlebnispädagogik wie auf der „grünen Wiese" veranstalten zu können – doch ähnlich wie im analogen Klassenzimmer sollte es möglich sein.

Abb. 63 Schachspiel

Wie oben aufgezeigt, ist Aktivierung zur Unterbrechung der „Passivitätsfalle" im Virtuellen sehr wichtig. Und dieses Prinzip gelingt ebenso mit der geschickten Hand wie mit dem ganzen Körper auf der Wiese. Stellen Sie sich eine Wiese während einer Studienfahrt vor, auf der Sie 64 A3-Bögen in der Anordnung eines Schachbretts (entweder schwarz/weiß oder gern auch bunt) auslegen. Zwischen den Blättern verbleibt nur so viel Platz, dass man gerade so an ihnen vorbeikommt. Auf der Rückseite jedes Blattes steht eine Aufgabe, die dann einzulösen ist, wenn das Blatt betreten wird. Geben Sie einen Weg vor (z. B. von A2 nach H7). Wer in der schnellsten Geschwindigkeit ankommt, hat gewonnen.

Im virtuellen Raum lassen sich Geschwindigkeit und Geschicklichkeit in die Hände/Finger verlagern. Bereiten Sie die Visualisierung eines Schachbretts am Whiteboard vor, das geringe Fugen zwischen den Feldern aufweist und weisen Sie den Lernenden einen etwas dickeren Stift aus der Zeichenfunktion zu. Mit der Anschaffung von Pan Tablets (z. B. im Fach Gestalten der technischen Oberstufe an berufsbildenden Schulen) ließe sich dieser Vorgang noch optimieren. Je nach Größe Ihrer Lerngruppe kann die Methode im Plenum stattfinden oder Sie geben sie in Gruppenarbeit und -räume ab.

Umsetzungstipps:

- Auch wenn Heranwachsende heutzutage den Gebrauch der Finger im Alltag der Social Media gewohnt sind, heißt es nicht, dass ihnen die Methode buchstäblich leicht von der Hand geht. Stimmen Sie Ihre Lernenden deshalb auch körperlich darauf ein, z. B. mit der „Progressiven Muskelentspannung" (vgl. S. 235).
- Ihrer Kreativität sind bei dieser Methode keine Grenzen gesetzt. Reizen Sie sie aus. Sie könnten die Rückseite der „Schachfelder" beispielsweise auch zur Wiederholung nutzen.

Methode 43: Schule aus!

	Starke Ausprägung	Mittlere Ausprägung	Neutrale Ausprägung	Mittlere Ausprägung	Starke Ausprägung	
Synchron	x					Asynchron
Zeitlich befristet	x					Zeitlich unbefristet
Individuell orientiert	x					Gruppen-orientiert
Spezialisiert			x			Generalisiert
Ergebnis-orientiert			x			Entwicklungs-orientiert
Öffentlich			x			Privat

Wer? Die Lernenden, aber auch Sie als Lehrender.

Was? Eine mentale Methode.

Wo? Jeder für sich, angeleitet durch Sie.

Wozu? Um durch Symbolisierung abschließen zu können, um sich aus der „Lernblase" zu lösen und das Prinzip der Strukturierung zu ritualisieren.

Wie? Indem Sie als Lehrender Ihre Lernenden anleiten.

Eine wesentliche Herausforderung im Corona-bedingten „Homeschooling" war der (unvorbereitete) Umgang mit veränderten Strukturen. Strukturierung gehört aber zum Lernen grundlegend mit dazu. Was es bedeutet, von der „privaten Blase" in die halböffentliche hinüber zu gleiten, wurde in der Krise nicht reflektiert. Es ist „passiert" und in der Regel haben sich etliche Lernende

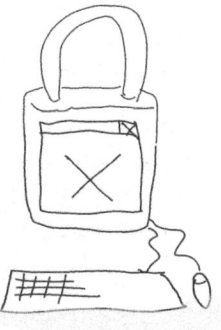

Abb. 64: Schule aus!

(und Lehrende?) durch Passivität dazu verhalten. Wir appellieren dazu, diesen Haltungsaspekt in die Lehrerfortbildungen zu Beginn des kommenden Schuljahres unbedingt zu integrieren und ebenso die Wahrnehmungen der Lernenden bei den Evaluationen zu berücksichtigen.

Ebenso wichtig wie Ritualisierungen zu Beginn einer virtuellen Unterrichtsstunde (vgl. beispielhaft die Methode „Einstimmungsfilm", S. 163) ist die „Entlassung" aus dem Raum. Kein Lernender käme sicher auf die Idee, spät am Abend oder am Wochenende „freiwillig" seine Schule aufzusuchen. In Lernplattformen demgegenüber hat er in der Regel zu jeder Zeit Zugang. Das verführt zu unstrukturiertem Zutritt und dazu, entweder zu wenig oder zu viel für die Bearbeitung der Aufgaben zu tun. Diese Methode ist aus der Wahrnehmung dieses Phänomens entstanden.

Es ist für die Wirkung völlig egal, ob Sie im virtuellen Klassenzimmer Schließfächer oder Lernateliers symbolisch darstellen. Wichtig ist, dass die Lernenden ihre Materialien dort ablegen und miteinander vereinbart wird, wann sie dazu wieder Zugang erhalten. Dasselbe Prinzip lässt sich für den eigenen „virtuellen Schulranzen" anwenden. Ebenso ist es auf Ort übertragbar, von dem aus sich Ihre Lernenden zuschalten.

Umsetzungstipps:

- Die Methode ist natürlich vom Alter Ihrer Lernenden abhängig. Besprechen Sie das Ritual bei jüngeren Schülern auch mit deren Eltern/Erziehungsberechtigten.
- Das Ritual lebt von Ihrer Vorbildfunktion. Ritualisieren Sie ebenso das Signal „Der Unterricht startet wieder" mit Ihren Lernenden.

Methode 44: Screensharing-Softwarekorrektur

	Starke Ausprägung	Mittlere Ausprägung	Neutrale Ausprägung	Mittlere Ausprägung	Starke Ausprägung	
Synchron	x					Asynchron
Zeitlich befristet	x					Zeitlich unbefristet
Individuell orientiert	x					Gruppen- orientiert
Spezialisiert	x					Generalisiert
Ergebnis- orientiert		x				Entwicklungs- orientiert
Öffentlich	x					Privat

Wer? Eine Einzelkorrektur mit zwei Teilnehmern, das Plenum hört zu.

Was? Eine in Echtzeit kommentierte Korrektur.

Wo? Am Bildschirm.

Wozu? Zur (sehr) tiefen Besprechung der einzelnen Aspekte der digitalen Arbeit.

Wie? Über die Bildschirmfreigabe.

Die stereotype Meinung gegenüber der „digitalen Schule" ist, dass die Vermittlungsprozesse aus dem Analogen „digital nicht machbar" seien. Ganz hartnäckig hält sich dieses Vorurteil naturgemäß in den künstlerischen Fächern. Oftmals ist es aber nicht mehr als eine Romantik oder gar Ideologie: Beispielsweise ist es aus unserer Erfahrung sogar weitaus präziser, sobald die handwerklichen, technischen und gestalterischen Prozesse am Computer ausgeführt werden.

Abb. 65: Screensharing-Softwarekorrektur

Lassen Sie sich hierzu die Daten des Werks (Text, Bilder, Zusammenhänge etc.) per E-Mail zusenden. Öffnen Sie diese Arbeitsdatei im virtuellen Raum und geben Sie während Ihrer Korrektur beziehungsweise Kommentierung Ihren Bildschirm frei. Die Lernenden sehen Ihre Korrekturen ebenso gut wie an einem guten Beamer im Unterrichtsraum. Anschließend können Sie diese korrigierte und kommentierte Datei auf dem gleichen Weg wieder zurückschicken. So erhalten Ihre Lernenden auf direktem Weg auch gleich die exemplarischen und präzisen Optimierungsvorschläge zum Weiterarbeiten.

Umsetzungstipps:

- Der ausschlaggebende Qualitätsfaktor dieser Korrektur liegt in der Vorbereitung. Überlegen Sie sich vorher eine induktive Strategie, wie Sie über eine sinnvolle Sequenz von Korrekturen ein übergeordnetes Prinzip transparent machen. Wenn Sie kein solches Korrekturkonzept haben, könnte die Korrektur über den Detailreichtum eher verwirren als helfen.
- In vielen Konferenzplattformen ist auch der umgekehrte Weg möglich: Spezifische Bedienungsfragen können durch Sie demonstriert werden, indem Sie das lokale System des Teilnehmers steuern.

Methode 45: Sechs Hüte

	Starke Ausprä-gung	Mittlere Ausprä-gung	Neutrale Ausprä-gung	Mittlere Ausprä-gung	Starke Ausprä-gung	
Synchron	x					Asynchron
Zeitlich befristet	x					Zeitlich unbefristet
Individuell orientiert					x	Gruppen-orientiert
Spezialisiert				x		Generalisiert
Ergebnis-orientiert	x					Entwicklungs-orientiert
Öffentlich	x					Privat

Wer? Die Lernenden.

Was? Zu vorhandenen Optionen Entscheidungen aushandeln.

Wo? In Kleingruppen.

Wozu? Um Diskursivität zu üben und Rollenkompetenz zu steigern.

Wie? In definierten Rollen und zeitlich befristet.

Diese Gesprächstechnik geht zurück auf den Kreativitätsforscher Edward de Bono (vgl. De Bono, 2005), der die Unterschiedlichkeit der Perspektiven in einem Art Kommunikationsspiel abgebildet hat. Diese Methode wird gern im Teamcoaching verwendet und lässt sich leicht auf Schule und den virtuellen Raum übertragen.

Die „Sechs Hüte" eignen sich immer dann, wenn einige wenige Ideen im Gespräch sind und beurteilt werden sollen. Es ist daher keine Kreativitätstechnik, sondern eine Systematik zur Sortierung und Ordnung von Ideen. Die große Stärke der Gesprächstechnik besteht darin, eine Diskursivität und Komplexität der Diskussion im Unterricht zu simulieren – dabei kommt diese nicht von der Lehrperson, sondern aus der Gruppe selbst.

Abb. 66: Sechs Hüte

Die Teilnehmer werden in sechs unterschiedliche Rollen eingeteilt und nehmen, gemäß dieser, bestimmte Perspektiven auf die Ideen ein.

Die einzelnen Hüte:

Blau: steht für ordnendes, moderierendes Denken, er hat den Überblick. Der blaue Hut kann als neutrale Person zusätzlich die Rolle des Moderators und Zeitwächters übernehmen.

Weiß: steht für analytisches Denken. Er konzentriert sich auf Tatsachen, Anforderungen und wie sie erreicht werden können.

Rot: steht für emotionales Denken und Empfinden: Er konzentriert sich auf Gefühle und Meinungen.

Schwarz: steht für kritisches Denken: Er konzentriert sich auf die Risikobetrachtung, Probleme, Skepsis und Kritik. Er äußert auch offen seine Ängste.

Gelb: steht für optimistisches Denken und vertritt das Best-Case-Szenario.

Grün: steht für kreatives, assoziatives Denken und sprüht vor neuen Ideen und vor Kreativität.

Umsetzungstipps:

- Die Methode mit sechs grundlegend unterschiedlichen Perspektiven ist nicht auf Konsens ausgelegt und würde nie zu einem echten Ende kommen. Machen Sie dies zu Beginn des Prozesses klar und argumentieren Sie darüber ein festes Zeitraster.
- Diese Methode ist prädestiniert für die Arbeit in Kleingruppen. Wenn die Anzahl nicht durch Sechs teilbar ist, lassen Sie einige Hüte weg und machen die Gruppen kleiner – lassen Sie die Gruppe entscheiden, wer welchen Hut bekommt.
- Wiederholen Sie die Runden mit der identischen Ideenauswahl, aber mit verteilten Rollen. So ist der Lerneffekt der Diskursivität für die einzelnen Teilnehmer höher.
- Geben Sie nach den Sessions noch einmal Zeit, um die Ergebnisse für die Präsentation aufzuarbeiten. Diese Zäsur ist notwendig, damit die Teilnehmer aus ihrer „Hut-Rolle" in das reale Geschehen des Unterrichts zurückfinden.

Methode 46: Skalierung

	Starke Ausprägung	Mittlere Ausprägung	Neutrale Ausprägung	Mittlere Ausprägung	Starke Ausprägung	
Synchron		x				Asynchron
Zeitlich befristet	x					Zeitlich unbefristet
Individuell orientiert	x					Gruppenorientiert
Spezialisiert			x			Generalisiert
Ergebnisorientiert	x					Entwicklungsorientiert
Öffentlich	x					Privat

Wer? Die Lernenden.

Was? Individuelle Bewertungen oder Rückmeldungen.

Wo? Im Plenum.

Wozu? Um Feedback zu bekommen.

Wie? Durch Pods-Optionen oder Umfrage-Apps.

Abb. 67: Skalierung

Es ist sprachlich nicht einfach subjektive Bewertungen zu messen. So kann ein „Gut" im Norden Deutschlands zum Beispiel eine andere

Einschätzung bedeuten als im Süden (wo das „Sehr gut" umgangssprachlich so gut wie nicht verwendet wird). Insofern dient die Skalierung dazu, subjektive Wahrnehmungen bewertbar zu machen. Ärzte und Therapeuten bedienen sich beispielsweise der skalierten Bewertung, wenn sie nach dem Schmerzempfinden auf einer Skala von 1–10 fragen. Ebenso werden im Personal Coaching mehrere eingebrachte Anliegen von Klienten mit Hilfe von Skalierungen in ein Bild gesetzt. Denn das Gefühl für Zahlen und Mengen wurde in frühester Kindheit sozialisiert – womit die spontane Treffsicherheit dieser Angaben in aller Regel eher „sitzt" als längeres Reflektieren auf der Ebene des Großhirns (vgl. Hanstein, 2018, S. 144).

Solche skalierten Bewertungen dienen im Unterrichtsgeschehen dazu, äußere und innere Differenzierungen passgenauer vornehmen zu können. Gleichzeitig vermitteln Sie durch den Auftrag zum Feedback das Signal, dass Sie auf die Rückmeldung angewiesen sind – und dies im virtuellen Kontext, wie im Theorieteil ausgeführt, umso mehr. Je nach Lernplattform lässt sich eine Umfrage mit einer direkten Frage starten. Sie können in aller Regel wählen, ob das Ergebnis anonym oder mit erkennbarem Rückschluss veröffentlicht wird. Wichtig ist hier, dass sich die Skalierung nicht rein durch die Zahl ausdrückt, sondern auch visualisiert, zum Beispiel als einfaches Balkendiagramm (vgl. Methode „Visualisierung", S. 298).

Umsetzungstipps:

- Ihre Skalierungsfrage muss so formuliert sein, dass sie die Lernenden intuitiv und nicht nur im Großhirn anspricht. Vermeiden Sie enge Fragen, die mit Ja oder Nein beantwortet werden könnten.
- Besprechen Sie deutlich die Bedeutungen der Werte. Nicht jedem ist auf Anhieb klar, dass 1 der niedrigste und 10 der größte Wert ist (ungleich zur Bedeutung von Noten). Für den Fall, dass die

Werte nicht angeklickt, sondern frei eingetragen werden müssen: Vermeiden Sie ungültige Einträge (zum Beispiel eine 0).

- Neben den Möglichkeiten der unterschiedlichen Lernplattformen gibt es eine Reihe externer Möglichkeiten (z. B. über GoogleDocs, Mentimeter, etc.), die Sie hier nutzen können.

Methode 47: Skizzen- und Lerntagebuch

	Starke Ausprägung	Mittlere Ausprägung	Neutrale Ausprägung	Mittlere Ausprägung	Starke Ausprägung	
Synchron					x	Asynchron
Zeitlich befristet					x	Zeitlich unbefristet
Individuell orientiert	x					Gruppenorientiert
Spezialisiert					x	Generalisiert
Ergebnisorientiert					x	Entwicklungsorientiert
Öffentlich					x	Privat

Wer? Die Lernenden.

Was? Ein analog geführtes Lerntagebuch.

Wo? In der privaten „Blase".

Wozu? Zur individuellen Reflexion des eigenen Lernfortschritts.

Wie? Durch Aufschreiben und Dokumentieren.

In der klassischen Pädagogik ist die Selbstreflexion über das Schreiben heutzutage keine außergewöhnliche Methode mehr. Im Personal- und Krisen-Coaching hat es ebenfalls einen festen Ort bekommen, wo das Schreib-Coaching mittlerweile zu einem feststehenden Begriff geworden ist. Dahinter steht das schlichte wie zugleich wirkungsvolle Phänomen (das jeder kennt, der ein Tagebuch schreibt), seine Erlebnisse und v. a. Empfindungen im besten Sinne des Wortes *aus*schreiben zu können: Die innere Welt wird in die äußere hinein materialisiert und damit das, was an Wahrnehmungen und v. a. Bewertungen den nun ausgeschriebenen Momenten anhaftete. Eine neue Bedeutung bekommt das Aufschreiben innerer Vorgänge angesichts digitaler Medien: Oft hat man das Gefühl, die Dinge verschwinden in der digitalen Unsichtbarkeit. Denn Gegebenheiten digitaler Arbeit vermitteln sich nicht mehr sinnlich und haptisch, was für uns als leibliche Wesen ein nicht zu unterschätzendes Problem darstellt.

Abb. 68: Skizzen- und Lerntagebuch

So ist die seit Jahrhunderten geläufige „Kladde" einerseits nostalgisch, andererseits aber ein wichtiger Kontrapost zur digitalen Gleichförmigkeit. Lern- und Entwicklungsprozesse stellen sich neu dar, wenn sie als analoge Dokumente mitgeschrieben werden sollen. Das Füllen eines Buches mit Skizzen, handschriftlichen Notizen und anderen Artefakten des Lernprozesses erzeugt eine sinnliche Rückmeldung für die Lernenden, was kein digitales Medium (bislang) derart vermag. Ein Autor dieses Buches schreibt seit 30 Jahren Tagebuch, täglich und nach wie vor analog – und wird es auch trotz Begeisterung für die virtuelle Lehre nicht ablegen. Er ist davon überzeugt:

„Im Schriftbild steckt die Stimmung des jeweiligen Tages, erkennt man das Gefühl für den Moment, zeigt sich abendliche Dankbarkeit für das Erlebte ebenso wie Momente der Enttäuschung. Tagebuch zu schreiben, heißt nicht Fakten abzulegen. Die Geburt eines Kindes oder die Stunde des Todes am Sterbebett, das könnte man alles auch im Kalender festhalten. Doch wie es mir dabei ging, was ich gedacht und gefühlt habe, all das gehört ins Tagebuch."

Und so bekamen seine Lernenden vor den Corona-bedingten Schulschließungen auch den Auftrag mit, ein tägliches „Corona-Tagebuch" zu führen. Dieses war bei der Reflexion dieser besonderen Zeit für junge Menschen nach einem Vierteljahr wichtiger als alle Reportagen im Internet. Diesen Effekt im hybriden Raum ebenfalls nutzbar zu machen, darum geht es uns mit dieser Methode.

Im virtuellen Unterricht können Sie Ihrerseits beispielhaft mit der Dokumentenkamera (vgl. S. 155) diese Schranke durchbrechen. Auch lässt sich das vermeintliche Paradox eines zutiefst analogen Mediums in einer digitalen Zeit sinnfällig auflösen, indem die entstandenen Werke fotografiert werden und so ihren Weg ins digitale Archiv und ihre Unterrichtsakte finden.

Auch, wenn diese Methode aus den künstlerischen Fächern stammt – der Begriff des „Skizzenbuchs" macht diese Herkunft deutlich – sind Erfahrungstagebücher, Lernportfolios und Arbeitsprotokolle als Reflexionsmedium (und auch als Prüfungsform) innovative und progressive Instrumente eines selbstverantwortlichen Lernens in allen Fächern.

Umsetzungstipps:

- Unterschätzen Sie nicht die berühmte „Schreibhemmung". Schmälern Sie diese, indem Sie in einer ersten Einstiegsphase die entstehenden Texte nicht zur Abgabe vorsehen, sondern lediglich als private Vorübung.

- Zum Abbau der Schreibhemmung hat sich auch das „automatische Schreiben" bewährt: Geben Sie die Aufgabe, zwei Seiten mit den Gedanken beim Blick aus dem Fenster zu schreiben. Die Kunst dabei ist, ohne großes Nachdenken und Absetzen des Stiftes die Seite zu füllen. Diese Seite kann anschließend vernichtet werden. Dieses zweckfreie „Drauflosschreiben" löst die meisten Schreibblockaden.

- Ebenso könnten Sie passende Methoden, wie z. B. das „Partnerinterview" (vgl. S. 230) durch eine Schreibaufgabe vorbereiten lassen.

Methode 48: Speed Geeking

	Starke Ausprä-gung	Mittlere Ausprä-gung	Neutrale Ausprä-gung	Mittlere Ausprä-gung	Starke Ausprä-gung	
Synchron	x					Asynchron
Zeitlich befristet	x					Zeitlich unbefristet
Individuell orientiert		x				Gruppen-orientiert
Spezialisiert		x				Generalisiert
Ergebnis-orientiert	x					Entwicklungs-orientiert
Öffentlich		x				Privat

Wer? Die Lernenden, insbesondere größere Gruppen.

Was? Kurzpräsentationen in Kleingruppen.

Wo? In mehreren virtuellen Gruppenarbeitsräumen.

Wozu? Um Feedback und eine hohe Zahl an heterogenen Rückmeldungen zu bekommen.

Wie? Durch die Diskussionsdisziplin, die der Zeitdruck notwendig macht.

Abb. 69: Speed Geeking

Die Methode ist besonders geeignet, in großen Gruppen viele einzelne Projektarbeiten zu besprechen. Mit diesem Prinzip kann es gelingen, einen großen Workshop von beispielhaft 40 Personen und 8–12 Projekte intensiv und lebendig zu besprechen, was in lehrendenzentrierten Verfahren kaum möglich wäre. Wie der Name schon andeutet, geht es um Geschwindigkeit wie beim Speeddating. Wie bei vielen Kreativitätstechniken ist die Begrenzung der Zeit ein Schlüsselprinzip.

Speed Geeking funktioniert in kleinen Gruppen von 3–5 Personen, die in eigenen Gruppenarbeitsräume zusammenkommen. Dort hat jeweils ein Teilnehmer 5 Minuten Zeit, um den anderen Lernenden die Projektidee oder den Projektstand mitzuteilen.

Im zweiten Teil haben die Zuhörer 10 Minuten Zeit, um Rückfragen zu stellen und – das ist die hauptsächliche Zielsetzung dieser Methode – Feedback und konstruktive Impulse zum Projektstand zu geben. Nach dieser Zeit stellen sich alle Gruppen neu zusammen und der Ablauf beginnt von Neuem.

Umsetzungstipps:

- Bauen Sie auf den Wettbewerbscharakter: Erläutern Sie den Präsentierenden, dass die Zuhörer über diese Methode eine große Vielzahl an Projekten erleben werden. Daher macht es Sinn, die eigene Präsentation prägnant, plakativ und aufmerksamkeitsstark aufzubauen.
- Bei dieser Methode geht es um die Geschwindigkeit. Thematisieren Sie dennoch die Regeln für konstruktives Feedback (vgl. Methode „Fünf-Finger-Feedback", S. 170).
- Planen Sie vorher die Bewegungen der Teilnehmer. Moderieren Sie z. B. über die Raumnummern der einzelnen virtuellen Arbeitsgruppen an, welche Zuhörergruppe in welchem Ablauf an der Reihe ist, und wo – am besten über eine Tabelle.
- Planen Sie nicht nur zum Wechsel der Arbeitsräume Zeit ein, sondern auch für die Präsentierenden, um das Feedback zu notieren.
- Eine komplexe Projektarbeit auf eine Präsentation von 5 Minuten zu verdichten, ist eine hohe Herausforderung. Leiten Sie dies gut an – eine Vorbereitung auf maximal einer Seite ist eine gute Dimension für ein Redemanuskript.

Methode 49: Speed Talking

	Starke Ausprä-gung	Mittlere Ausprä-gung	Neutrale Ausprä-gung	Mittlere Ausprä-gung	Starke Ausprä-gung	
Synchron	x					Asynchron
Zeitlich befristet		x				Zeitlich unbefristet
Individuell orientiert		x				Gruppen-orientiert
Spezialisiert			x			Generalisiert
Ergebnis-orientiert			x			Entwicklungs-orientiert
Öffentlich		x				Privat

Wer? Die Lernenden.

Was? Inhalte aus einem Lernschritt, die auszutauschen sind.

Wo? Im virtuellen Gruppenraum.

Wozu? Um individuelle Einsichten zu teilen und zu spiegeln. Um neue Erkenntnisse durch aktives Zuhören zu generieren.

Wie? In mehreren virtuellen Gruppenräumen, im aufrückenden Prinzip.

Abb. 70: Speed Talking

Die größte Herausforderung dieser Methode im virtuellen Raum besteht in der technischen Vorbereitung und Umsetzung. Vergegenwärtigen Sie sich daher bei Ihrer Planung zuerst die Situation im analogen Unterrichtsraum: Zwei Stuhlreihen mit jeweils derselben Schülerzahl sind gegenüber und einander zugewandt angeordnet, sodass sich zwei Menschen direkt in die Augen schauen. Jede so positionierte Partnerarbeit geht parallel nach Ihrer Anweisung vor. Alle erhalten denselben Auftrag, z. B.: die linke Reihe erzählt der rechten, was sie bei der Bearbeitung der Aufgabe erkannt hat. Dann stellt die rechte Reihe der linken Fragen zur Vertiefung. Auf Ihre Anweisung hin werden alle Gespräche eingestellt, eine Reihe bleibt auf ihren Plätzen sitzen, die andere rückt einen Platz in dieselbe Richtung. Insofern gilt es im virtuellen Lernraum, die Anordnung entsprechend zu positionieren und die Regeln deutlich transparent zu machen. Die meisten Lernplattformen werden technisch (Rückhall!) mit der Vielzahl an Gesprächen überfordert sein, sodass die Paaraufteilung ggf. in Gruppenräume verlagert werden muss. Gleichzeitig ist darauf zu achten, dass der Charakter der Methode gewahrt bleibt. Das bedeutet für die Charakteristik „speed", dass Ihr Impuls mit Sprechen zu beginnen und zu enden, von allen gleichzeitig eingehalten wird.

Umsetzungstipps:

- Diese Methode besitzt einen gehobenen Anspruch, weshalb angeraten wird, sie nur mit einer bereits bekannten Lerngruppe auszuprobieren.
- Während das Speed-Talking im analogen Lernraum mit ein wenig Übung gut von einem Lehrenden allein gesteuert und moderiert werden kann, empfiehlt es sich für den virtuellen Raum (je nach Anzahl der Gruppenräume) Lernende als Assistenten einzuplanen.
- Besprechen Sie die Erfahrungen und Erlebnisse Ihrer Lernenden im Anschluss im Plenum. Für die inhaltliche Ergebnissicherung bietet sich ggf. eine Visualisierung an.

Methode 50: Sprechende Gegenstände

	Starke Ausprä-gung	Mittlere Ausprä-gung	Neutrale Ausprä-gung	Mittlere Ausprä-gung	Starke Ausprä-gung	
Synchron	x					Asynchron
Zeitlich befristet		x				Zeitlich unbefristet
Individuell orientiert	x					Gruppen-orientiert
Spezialisiert				x		Generalisiert
Ergebnis-orientiert			x			Entwicklungs-orientiert
Öffentlich				x		Privat

Wer? Die Lernenden.

Was? Implizite, biografische Kontexte der Lernenden äußern.

Wo? Im virtuellen Gruppenraum.

Wozu? Als Variante zur traditionellen Vorstellungsrunde.

Wie? Indem Gegenstände ihre Besitzer vorstellen – nicht umgekehrt.

Im Personal Coaching wird bei Bedarf mit Gegenständen gearbeitet, die dem Klienten (oder im Paarcoaching dem Partner) wichtig sind, mit denen er eine Geschichte verbindet und über die daher eine emotionale Bindung besteht. Dieses Prinzip bietet sich für den virtuellen Unterricht gut an. Da die Lernenden sich untereinander meist bereits gut kennen, gestalten sich diese Runden stellenweise sehr langwierig. Die „sprechenden Gegenstände" können anstelle der Personen einen bestimmten Aspekt aus dem Unterrichtsgeschehens – etwa ein persönlicher Gegenstand, der eine zentrale Werthaltung verkörpert – in den Fokus rücken: Die Vorstellenden halten einen Gegenstand vor die Kamera, über den sie ihre Vorstellung moderieren und als Aufhänger für persönliche Aspekte, die sie einbringen wollen, nutzen.

Abb. 71: Sprechende Gegenstände

Diese „Fürsprecherfunktion" bringt mit sich, dass sich die Lernenden nur indirekt selbst thematisieren und damit andere Aspekte offenbart werden. Denn der Vorstellende spricht nicht in einer Ich-Botschaft, sondern der Gegenstand übernimmt diese Rolle. In diesem Zusammenhang fokussieren Sie automatisch den „hybriden Lernraum" (vgl. Kap. Der „hybride" Lernraum, S. 115) und damit die bei allen Beteiligten gegebene halböffentliche Situation.

Es wird für alle erkennbar, dass sich zuerst Räume verbinden müssen, bevor dies Menschen tun können. Insofern weiten Sie mit den „Sprechenden Gegenständen" auch den virtuellen, hybriden Lernraum. Auf der persönlichen und sozialen Ebene sind diese „Stellvertreter" sehr wirksam, weil sie einen Einblick in die Persönlichkeit des jeweiligen Teilnehmers und in seine individuelle „Blase" geben. Dieser indirekte Ansatz wirkt der (auch schon jungen Menschen) bekannten Gefahr entgegen, in der digitalen Dynamik ungewollt zu viel von sich preis zu geben. Insofern unterstützen Sie mit den „Sprechenden Gegenständen" auch die Sensibilität im Kontext Mediennutzung.

Umsetzungstipps:

- Geben Sie 2 Minuten Zeit, in denen die Teilnehmer ihre Kameras und ihre Mikrofone ausstellen und sich auf die Suche nach einem geeigneten Gegenstand begeben. Dieser Gegenstand sollte natürlich mobil sein und nicht so schwer, damit man ihn vor die Kamera halten kann.
- Gerade bei neuen Gruppen kann Ihnen diese Methode beim Lernen der Namen helfen. Dabei unterstützt insbesondere ein Screenshot, der nebenbei auch ein schönes „Klassenfoto" für Ihre Unterrichtsakte ergibt. Nehmen Sie im weiteren Verlauf der Unterrichte immer wieder Bezug auf diesen authentischen Ersteindruck.
- Thematisieren Sie bei der Auswahl Ihres eigenen Gegenstandes auch Ihre eigenen Ambitionen in der virtuellen Lehre. Betonen Sie bei Methoden wie dieser, dass es Ihnen um die Verringerung der persönlichen, emotionalen und technischen Distanz geht.

Methode 51: Spinnennetz

	Starke Ausprägung	Mittlere Ausprägung	Neutrale Ausprägung	Mittlere Ausprägung	Starke Ausprägung	
Synchron	x					Asynchron
Zeitlich befristet		x				Zeitlich unbefristet
Individuell orientiert					x	Gruppenorientiert
Spezialisiert			x			Generalisiert
Ergebnisorientiert				x		Entwicklungsorientiert
Öffentlich		x				Privat

Wer?   Die Lernenden.

Was?   Assoziationen, Brainstorming, zu wiederholende Inhalte.

Wo?   Im virtuellen Gruppenraum.

Wozu? Zur Bündelung und Visualisierung von Vorwissen, zum kooperativen Lernen.

Wie?   Durch ein vorvisualisiertes Spinnennetz.

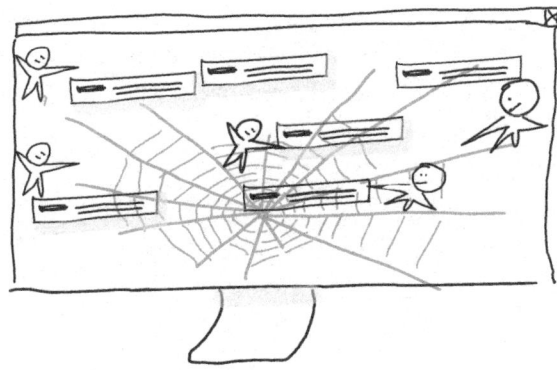

Abb. 72: Spinnennetz

Die Methode „Spinnennetz" existiert in mehreren Ausprägungen. Die Variante, die wir für den virtuellen Raum vorschlagen, baut auf einer Visualisierung eines Netzes auf, die Sie mit ins Plenum bringen und dort im UG erläutern. Die Metapher beinhaltet Aspekte wie Sicherheit, Tragfähigkeit, Vernetzung …, weshalb sie im Coaching zur Vorbereitung von Workshops mit Arbeitsteams gut eingesetzt werden kann.

Die inhaltliche Anbindung lässt sich pädagogisch nutzen: Ähnlich wie bei einer „Mind-Map" (vgl. S. 218) oder bei der Methode „Placemat" (vgl. S. 232) wird das Thema (der einzelnen Gruppen) in die Mitte des Netzes geschrieben. Besonders Kreative können auch der „Spinne" eine Bedeutung für den Gruppenprozess oder die Ergebnissicherung geben. Der entscheidende Vorteil im digitalen Arbeiten besteht (anders als bei Handout und Arbeitsblatt im klassischen Sinn) darin, dass Ihre Lernenden das Netz selbst noch gestalten können.

Umsetzungstipps:

- Ein Spinnennetz (in der Natur) wird stets erweitert. Dieses „Weiterspinnen" wird sichtbar, insofern bietet sich diese Methode beispielhaft zur Visualisierung des „Brainstormings" (vgl. S. 145) und ähnlicher Einstiegsmethoden an.
- Für den weiteren Lernprozess können Sie immer wieder die Metapher aufgreifen. Teamprozesse lassen sich zudem gut damit auswerten und reflektieren.

Methode 52: Stummer Applaus

	Starke Ausprä- gung	Mittlere Ausprä- gung	Neutrale Ausprä- gung	Mittlere Ausprä- gung	Starke Ausprä- gung	
Synchron	x					Asynchron
Zeitlich befristet	x					Zeitlich unbefristet
Individuell orientiert					x	Gruppen- orientiert
Spezialisiert					x	Generalisiert
Ergebnis- orientiert				x		Entwicklungs- orientiert
Öffentlich	x					Privat

Wer? Alle.

Was? Eine virtuelle Variante von Applaus oder Tischeklopfen.

Wo? Vor dem Computer.

Wozu? Als gesellschaftliche und kommunikative Symbolik im virtuellen Raum.

Wie? Durch Gebärdensprache.

Klatschender Beifall ist im Unterricht eine archaische Körpersprache, die niemanden unberührt lässt: Nicht den Beklatschten, bei dem sich nach beendetem Referat die Anspannung wohlig löst. Auch nicht die Applaudierenden, die ihrer Freude und ihrer Empathie körperlich Ausdruck verleihen.

Daher wäre es schade, dieses Symbol und seine kulturelle Bedeutung im virtuellen Klassenzimmer zu verlieren. Gleichzeitig ergibt sich eine technische Schwierigkeit, dass im virtuellen Klassenzimmer immer nur eine Person spricht bzw. das Mikrofon offen hat.

Abb. 73: Stummer Applaus

Eine Alternative dazu ist schnell gelernt und hat die gleiche kommunikative Wirkung: In Gebärdensprache ist der Applaus das Schütteln der Hände auf Schulterhöhe. Das ist gut sichtbar und hat zusammen mit lachenden Gesichtern und strahlenden Augen die gleiche Wirkung wie der traditionelle Applaus.

Umsetzungstipp:

- Ritualisieren Sie den „Stummen Applaus" gern in der Aufwärmgymnastik (vgl. Methode „Designer Yoga", S. 152).
- Nutzen Sie diese entstehende Sensibilität zum Kreieren anderer Rituale, z. B. die Verabschiedung am Ende durch ein Winken mit der („echten", physischen) Hand – nach unserer Erfahrung werden solche Symbole schnell angenommen und auch wie von selbst ritualisiert.

Methode 53: Think Pair Share

	Starke Ausprä-gung	Mittlere Ausprä-gung	Neutrale Ausprä-gung	Mittlere Ausprä-gung	Starke Ausprä-gung	
Synchron			x			Asynchron
Zeitlich befristet		x				Zeitlich unbefristet
Individuell orientiert			x			Gruppen-orientiert
Spezialisiert			x			Generalisiert
Ergebnis-orientiert		x				Entwicklungs-orientiert
Öffentlich			x			Privat

Wer? Die Lernenden.

Was? Ein Arbeitsauftrag.

Wo? Im Plenum, dann in Gruppenräumen.

Wozu? Um dynamisch von der EA in PA und in GA zu wechseln.

Wie? Durch Anleitung, eigenständig und kooperativ.

Abb. 74: Think Pair Share

281

Das Think-Pair-Share-Prinzip bietet sich für Planung, Strukturierung sowie Auswertung von Projekten als klassische Grundstruktur an. Im Business Coaching kann rückblickend die Reflexion über die Zusammenarbeit in den einzelnen Phasen erfolgen, ebenso – von dieser Methode ausgehend – die Visionsarbeit für weitergehende Projekte mit einer Konkretisierung des Maßnahmenplans auf der operativen Ebene.

Die Methode beschreibt die Abfolge dreier Arbeitsschritte, entsprechend ihrer Bezeichnung: 1. Think, 2. Pair und 3. Share. Im ersten Schritt liegt die Verantwortung bei dem Einzelnen, indem jeder Lernende seinen Teil der Aufgabe für sich in EA bearbeitet. Im zweiten Schritt werden die Ergebnisse zweier Personen in GA geteilt. Dieser Teil der Methode lässt sich auch gut in ein (dann wechselseitiges) „Partnerinterview" (vgl. S. 230) überführen. Zuletzt werden die neuen Einsichten aus zwei Partnerarbeiten in einer GA (in diesem Beispiel aus 2 x 2 Personen) besprochen.

Umsetzungstipps:

- Planen Sie die Methode gut vor, auch die zur Verfügung stehende Zeit pro Schritt.
- Stellen Sie dabei die Struktur als Visualisierung im Plenum vor.
- Es hat sich bewährt, die EA noch im Plenum stattfinden zu lassen. So können Sie auf Fragen gut reagieren.
- Wie jede Methode, dient „Think Pair Share" nicht nur der sozialen Interaktion und Kompetenz, sondern um Ziele als Gemeinschaftserlebnis zu erreichen.
- Schaffen Sie vorab die nötige Transparenz über das erwartete Ziel (z. B. eine „Klassenzimmer-Deko", vgl. S. 202, erstellen oder eine „Pro-und-Contra-Debatte", vgl. S. 238, als Gruppe vorbereiten).

Methode 54: Umfragen per Smartphone

	Starke Ausprägung	Mittlere Ausprägung	Neutrale Ausprägung	Mittlere Ausprägung	Starke Ausprägung	
Synchron	x					Asynchron
Zeitlich befristet	x					Zeitlich unbefristet
Individuell orientiert		x				Gruppenorientiert
Spezialisiert				x		Generalisiert
Ergebnisorientiert	x					Entwicklungsorientiert
Öffentlich	x					Privat

Wer? Die Lernenden, aber auch die Lehrenden sind stimmberechtigt.

Was? Umfragen zu unterschiedlich komplexen Fragen.

Wo? Irgendwo zwischen Computer und Smartphone.

Wozu? Um das tägliche Handling mit dem Smartphone mit dem Unterricht zu verbinden. Um die „Hybridität" zu erhöhen.

Wie? Über einfache Abstimmungen.

Abb. 75: Umfragen per Smartphone

Der „hybride Lernraum" (vgl. S. 115) besteht in seiner digitalen Dimension aus sehr vielen Kanälen. Bei allen Teilnehmern ist außerhalb des Kameraausschnitts das Smartphone der wichtigste zweite Kanal. Mit hoher Wahrscheinlichkeit ist dies auch bei den Lehrenden der Fall.

Begreifen Sie diesen Kanal nicht als Störung – anders als in der Präsenzveranstaltung ist dieser Kanal schlichtweg nicht zu verhindern. Integrieren Sie ihn vielmehr produktiv: Es gibt eine ganze Reihe webbasierter Anwendungen (z. B. mentimeter.com), in denen spontan und ohne Anmeldung quantitatives und qualitatives Feedback gegeben werden kann. Dies können ganz simple Fragen wie „Machen wir jetzt eine Pause?" bis hin zu komplexen Brainstormings wie „Was fällt Ihnen zum Begriff Emotion ein?" sein.

Diese Umfragen beleben das oftmals einkanalige Unterrichtsgeschehen durch ein demokratisches Element. Es thematisiert nebenbei, dass das Smartphone regulärer Begleiter des „hybriden Lernraums" ist.

Umsetzungstipps:

- Testen Sie die verschiedenen Plattformen vorher im Einsatz. Variieren Sie Anbieter und Umfrageformate – das erzeugt Abwechslung und macht Spaß.
- Spielen Sie die Ergebnisse über die Bildschirmfreigabe unbedingt ins Plenum und ins virtuelle Klassenzimmer ein, um den dramaturgischen Bogen von „außen und wieder zurück" bewusst zu gestalten.
- Es mag selbstverständlich klingen, aber nehmen Sie die Ergebnisse unbedingt ernst.

Methode 55: Virtuell lernen durch virtuell lehren

	Starke Ausprä- gung	Mittlere Ausprä- gung	Neutrale Ausprä- gung	Mittlere Ausprä- gung	Starke Ausprä- gung	
Synchron			x			Asynchron
Zeitlich befristet		x				Zeitlich unbefristet
Individuell orientiert		x				Gruppen- orientiert
Spezialisiert				x		Generalisiert
Ergebnis- orientiert				x		Entwicklungs- orientiert
Öffentlich			x			Privat

Wer? Lernende in EA oder PA.

Was? Eigene virtuelle Lerneinheiten für die Lerngruppe.

Wo? Vorbereitung als „Hausaufgabe", Umsetzung in Echtzeit im virtuellen Klassenzimmer.

Wozu? Um die virtuelle Arbeit und Vermittlung als Normalität der Zukunft auszubilden.

Wie? Über Erfahrungen in einem eigenen Beitrag.

In den Diskursen zur digitalen Lehr- und Lernkultur müssen notgedrungen Eigendynamiken entstehen, damit sich eine Kultur im klassischen Sinn entwickeln kann. In dieser Überlegung ist es folgerichtig, die Generation der erstmalig virtuell Geschulten selbst zu virtuellen Lehrenden zu machen. Nur dann kann es gelingen, die eigene Lernerfahrung auf einer nächsten Stufe zu differenzieren und zu kultivieren. Daher ist dieser Abschnitt auch als Impuls für eine zukünftige digitale (Lern-)Gesellschaft zu verstehen.

Abb. 76: Virtuell lernen durch virtuell lehren

In einer Lerngruppe eine Eigendynamik zu erzeugen, ist indessen alles andere als neu: Die Aneignung eines Inhalts verläuft tiefgehender, wenn das Ziel eine Vermittlung an andere ist. Dieser Zusammenhang verlangt im virtuellen Transfer „nur" eine zusätzliche technische Befähigung, um z. B. ein Referat für die eigene Lerngruppe vorzubereiten und dies durch die im virtuellen Raum nötige Technik und mögliche Methodik zu präsentieren. Dieser Anspruch ist ungleich höher als im analogen Klassenzimmer.

Allerdings ist die in diesem Buch besprochene virtuelle Didaktik sehr umfangreich. Daher kann dies nicht zusätzlicher Gegenstand Ihres Fachunterrichts sein. Unterstützen Sie die Lernenden vielmehr praktisch, indem Sie eine Gliederung und eine Grundstruktur vorgeben. Darin können Sie eine zeitliche Dramaturgie (vgl. das „Sandwichprinzip", S. 56) sowie eine praktische Erarbeitung verbindlich festschreiben.

Es wird auch notwendig sein, dass Sie eine kurze technische Befähigung anleiten und so die (oftmals größer als gedachte) Angst vor der Bedienung der Konferenzsoftware nehmen. Das „Lampenfieber" verlagert sich im virtuellen Kontext. Auf der einen Seite fällt etwas weg, was jungen Menschen nicht immer leichtfällt: die Präsentation vor einer Gruppe. Dafür ergeben sich Unsicherheiten aufgrund der angesprochenen Komplexität der digitalen Präsentation, mit denen der Lernende (zumindest in der eigenen „Blase") alleine steht. Was im analogen Raum best case durch Humor oder gar Frotzeleien kompensiert werden kann, entfällt – bzw. gestaltet sich eben schlichtweg anders. Der Umgang mit diesem Phänomen ist aber ein Training wert.

Umsetzungstipps:

- Führen Sie langsam an diese anspruchsvolle Technik heran: Stellen Sie gute und bereits verdichtete Inhalte zur Verfügung, damit am Anfang die Mehrdimensionalität dieser Aufgabe bewältigt werden kann.
- Betonen Sie auf der Metaebene den Entwicklungsaspekt dieser Methode und werben Sie für eine entsprechende zukünftige virtuelle Arbeitskultur.
- Integrieren Sie in Ihre Gliederungsvorgabe auch aus diesem Grund eine Reflexion über die Methodik selbst.

Methode 56: Virtuelle Dusche

	Starke Ausprä-gung	Mittlere Ausprä-gung	Neutrale Ausprä-gung	Mittlere Ausprä-gung	Starke Ausprä-gung	
Synchron					x	Asynchron
Zeitlich befristet		x				Zeitlich unbefristet
Individuell orientiert	x					Gruppen-orientiert
Spezialisiert		x				Generalisiert
Ergebnis-orientiert		x				Entwicklungs-orientiert
Öffentlich				x		Privat

Wer? Die Lernenden unter sich, angeleitet.

Was? Eine eigens erstellte Visualisierung, mit der sich jeder Lernende identifiziert.

Wo? In einem eigenen Raum, bei einer eventuellen Präsentation am Bildschirm.

Wozu? Als Feedbackinstrument, um Gruppenprozesse abzuschließen, um wertschätzende Rückmeldung sichtbar zu machen und Selbstwirksamkeit zu spiegeln.

Wie? In Einzelarbeit, bei einer eventuellen Präsentation im Plenum.

Jeder Mensch möchte wahrgenommen werden, als Person und mit seinen Leistungen. Das ist nicht nur für das Coaching von Teams wichtig. Der virtuelle Raum gibt aber nur einen Teil der Körperlichkeit zu erkennen. Gleichzeitig lenkt er unsere Aufmerksamkeit umso stärker auf ganz bestimmte Teilaspekte der Wahrnehmung. Diese werden im Lernprozess in aller Regel nicht oder nur bedingt zurückgespiegelt. Daher ist eine Methode wie die „Virtuelle Dusche" besonders beim

Abb. 77: Virtuelle Dusche

Abschluss von Lernphasen und Projekten wichtig. Sicher ist Ihnen das Prinzip der „Warmen Dusche" bekannt. Man kann es in verschiedenen Ausformungen umsetzen: Im analogen Raum zum Beispiel kann sich jede Person ein A4-Blatt mit seiner eigenen, auf das Blatt gemalten Handfläche mit seinem Namen darüber auf dem Rücken anbringen. Dazu lässt sie sich von seinem Nachbarn helfen. Jeder Lernende ist nun mit diesem – bislang noch leeren – Blatt bestückt. Die Aufgabe besteht nun darin, dass jeder bei möglichst vielen anderen Lernenden eine kurze Rückmeldung in die Handfläche einträgt. Jeder sieht sein gefülltes Blatt allerdings erst am Ende der Methode – und der Lehrende, Trainer oder Teamcoach dann in der Regel rundum strahlende Gesichter.

Die Herausforderung im virtuellen Adaptieren besteht vorrangig auf der technischen Ebene. Damit ist sie auch abhängig von der jeweiligen Lernplattform und den Möglichkeiten, welche diese bietet. Eine wiederkehrend gelungene Umsetzung sehen wir darin, das Feedbackblatt (im analogen Raum beispielhaft die leere Hand mit dem Namen darüber) derart individuell zu gestalten, dass es nicht an den „Rücken" der Lernenden angebracht werden muss. Ein Foto aus dem Lernprozess zum Beispiel, ein Screenshot aus einer besonders gelungenen Sequenz oder vieles andere mehr bietet sich für diesen Fall an. Wenn Ihre Lernenden einen direkten Zugriff auf die Lernplattform haben, können Sie als Veranstalter dort einen Bereich nur für diesen Zweck (zeitlich terminiert und nur für diesen Kurs zugängig) anlegen. Wichtig wäre, dass jeder Lernende Zugang in diesen Bereich hat, dass das Produkt aber nur von der jeweiligen Person heruntergeladen werden kann.

Umsetzungstipps:

- Besprechen Sie zu Beginn die einschlägigen Feedbackregeln bzw. rufen Sie diese wieder ins Gedächtnis. Ggf. braucht es, je nach Kurs, zusätzliche Regeln, wie z. B. die Klarstellung, dass nur ein bestimmter Bereich von allen anderen beschrieben werden darf.
- Mit bisherigen Beispielen gelungener „Virtuelle Dusche-Produkte" lassen sich auch passivere Kurse gut motivieren. Best case haben Sie gar Ihre „Feedback-Hand" zur Verfügung.
- Nehmen Sie die Lernenden mit und machen Sie Ziel, Sinn und Zweck der Methode transparent. Ggf. haben Sie findige Experten im Kurs, die z. B. eine App für diese Methode entwickeln.
- Beherzigen Sie, dass die Produkte gewissermaßen Geschenke an jeden einzelnen Teilnehmer sind. Jeder darf selbst entscheiden,

ob und wie er seine Visualisierung präsentieren möchte. Lassen Sie hier keinen Sozialdruck aufkommen. Achten Sie auf feine Signale und bleiben Sie jederzeit offen für Rückfragen und Wünsche.

Methode 57: Virtueller Kongress

	Starke Ausprägung	Mittlere Ausprägung	Neutrale Ausprägung	Mittlere Ausprägung	Starke Ausprägung	
Synchron		x				Asynchron
Zeitlich befristet		x				Zeitlich unbefristet
Individuell orientiert			x			Gruppen- orientiert
Spezialisiert			x			Generalisiert
Ergebnis- orientiert	x					Entwicklungs- orientiert
Öffentlich	x					Privat

Wer?   Die Lernenden unter sich, angeleitet.

Was?   Eine Konferenz mit Referenten aus der Praxis zu einem bestimmten Fachthema.

Wo?   Auf einer Online-Plattform.

Wozu?   Als Instrument der Vernetzung der Unterrichtsinhalte und zum Schaffen einer Relevanz in die berufliche Praxis bzw. gesellschaftliche Realität.

Wie?   In GA und als Projektarbeit.

Nach unserer langjährigen Erfahrung in der Begleitung virtueller Lernkulturen muss es das Ziel sein, alle Beteiligten an einem gemeinsamen Entwicklungsprozess hin zu einem hybriden Lern- und Sozialraum zu beteiligen. Diese Entwicklung verläuft in der Dimension von mehreren Jahren. Daher ist die nun folgende Methode für ein fortgeschrittenes Stadium dieser Sozialraumentwicklung geeignet.

Abb. 78: Virtueller Kongress

Wie in der Methode „Virtuell Lernen durch virtuell Lehren" (vgl. S. 285) dargestellt, ist eine pragmatisch verstandene Verantwortung für ganzheitliche Lernprozesse auch ein effizienter „Hebel". So verstanden legen Sie z. B. die Verantwortung für die Organisation eines Fachkongresses an Ihrer Schule in die Hände von Lernenden. Auch in Klassen der Mittelstufe können Aufgaben bereits eigenverantwortlich übernommen werden. Erziehung zur Selbstständigkeit und die einschlägigen Grundlagen zur Projektarbeit sind leitende pädagogische Prinzipien dieser Methode. Den Lehrenden fällt hier die Rolle des Regisseurs, Kümmerers, vielleicht sogar des Assistenten zu. Je mehr Sie hierbei zurücktreten können, umso erfolgreicher kann die Methode greifen.

Die Herausforderung der Lernenden ist es, geeignete Experten ausfindig zu machen und diese angemessen für das Projekt zu gewinnen. In diesen Aushandlungen wird es auch um soziale (Kontaktanbahnung, Anschreiben etc.) und methodische Angemessenheit (Art und Umfang der Themenbearbeitung, Länge des Beitrags, Termine etc.) gehen. Zusätzlich wird das lernbiografisch erworbene Wissen in virtuellen Kontexten aktiviert und konstruktivistisch reproduziert. Bisher zur festen Gewohnheit gewordene digitale Abläufe werden so reflektiert und einem Praxistest unterzogen. Davon werden wiederum Sie und Ihre Einrichtung lernen, welche vorrangigen Interessen in der aktuellen digitalen Generation vorherrschen.

Umsetzungstipps:

- Setzen Sie das Format in eine zumindest Teilöffentlichkeit. Das erzeugt Relevanz und einen Realitätsbezug des virtuellen Kongresses.
- In einer vorbereitenden Phase bearbeiten Sie die übergreifende Fragestellung des Kongresses. Naturgemäß leitet sich diese aus den aktuellen Bildungsplänen her.
- Vernetzen Sie die Kongressinhalte fachübergreifend. Die Beiträge selbst können medientechnisch reproduziert und dokumentiert werden. Die Textinhalte können redigiert und publiziert werden. Der Komplexität der Vernetzung mit weiteren Bildungs- und Kooperationspartnern sind in diesem Projekt kaum Grenzen gesetzt.

Methode 58: Virtuelle Landkarte

	Starke Ausprä-gung	Mittlere Ausprä-gung	Neutrale Ausprä-gung	Mittlere Ausprä-gung	Starke Ausprä-gung	
Synchron	x					Asynchron
Zeitlich befristet		x				Zeitlich unbefristet
Individuell orientiert		x				Gruppen-orientiert
Spezialisiert			x			Generalisiert
Ergebnis-orientiert			x			Entwicklungs-orientiert
Öffentlich	x					Privat

Wer? Die Lehrenden und Lernenden.

Was? Eine Landkarte als PDF-Dokument, die vom Lehrenden hochgeladen wird.

Wo? Am Bildschirm.

Wozu? Zur Begrüßung, zum Kennenlernen, zur Aktivierung und zum Gruppenforming.

Wie? Indem Sie die regionale Herkunft Ihrer Teilnehmer bewusst berücksichtigen und zum Ausgangspunkt machen.

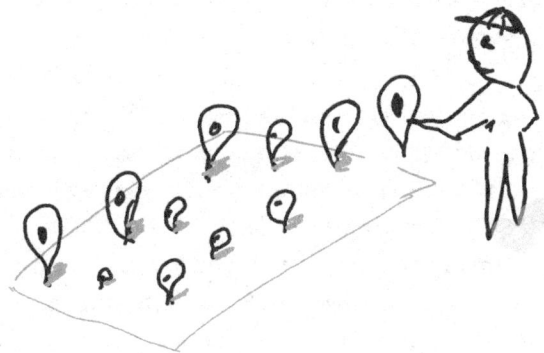

Abb. 79: Virtuelle Landkarte

Zur Motivation für diese Methode kann ein O-Ton eines Lernenden beitragen:

„Das war echt was Neues, das so zu erleben. Du triffst dich mit Menschen aus ganz verschiedenen Orten in einem Raum, den es so, also zum Eintreten und Anfassen, gar nicht gibt. Mir hat das stark geholfen: Zu sehen, wo jeder herkommt und dann auch zu spüren: Du musst das nicht abgeben, es gehört dazu und du darfst das in das digitale Klassenzimmer mitbringen."

Diese Methode ist praktisch sehr einfach vorzubereiten und durchzuführen. Gleichzeitig ist sie äußerst effizient, im Sinne einer starken pädagogischen Wirksamkeit. Diese besteht auf verschiedenen Ebenen: Sie durchbrechen als Lehrende mit einer sensiblen Führung die für den virtuellen Raum übliche Passivität. Sie knüpfen an der Identität und Individualität der Lernenden an und nehmen deren Herkunft ernst, machen sie zum Teil des Lern- und Gruppenprozesses. Sie trainieren Regeln im virtuellen Raum, wie z. B. den „Stab" aufzunehmen und weiterzureichen, und damit eine notwendige Sensibilität füreinander. Zusätzlich können Sie an den Einstieg über die „Virtuelle Landkarte" etliche weitere Methoden und Rollenspiele anbauen. Dadurch stellt sich soziales Lernen ein, das dem inhaltlichen – was Sie schnell bemerken werden – sehr zuträglich ist.

Vor allem aber entsteht das, was von Kritikern des virtuellen Unterrichts von Anfang an des „Homeschoolings" als Desiderat vorgebracht wird: personale Nähe, zum Lehrenden wie zu allen weiteren Lernenden. Dieser Hinweis erscheint uns umso wichtiger, je weniger bei der Kritik der Digitalisierung ein Phänomen außer Acht gelassen wird: Dass die (vermeintliche) Anonymität im Virtuellen dazu führt, schneller etwas von sich preis zu geben. Was in offenen, ungeschützten Räumen durchaus seine Berechtigung hat, kann aber im virtuellen Unterrichtsraum als Chance verstanden werden, eine angemessene Beziehungsdidaktik zu pflegen – und dabei für die Gefahr des „digitalen Zuviel" zu sensibilisieren. Darüber hinaus eignet sich diese Methode dazu, die Technik zu trainieren, z. B. die Bedienung der Zeichenelemente, um seinen Wohnort mit der gewünschten Farbe bzw. einem eigenen Motiv zu markieren.

Umsetzungstipps:

- Es hat sich bewährt, als Lehrender den Anfang zu machen. Nehmen Sie dabei beide Ebenen ein: die inhaltliche und die der Regie.
- Achten Sie auf Fragen (oder auch auffällige Stille), während Sie sich auf der Ebene der Regie befinden. Geben Sie diesen bzw. dieser den Vorrang.
- Berücksichtigen Sie die Gruppendynamik. Es handelt sich (wenn auch nur um den Ort) um persönliche Inhalte. Vielleicht mag nach Ihnen jemand freiwillig den „Stab" übernehmen?
- Berücksichtigen Sie in Ihrem Storyboard, dass dieser Einstieg seine Zeit in Anspruch nehmen wird. Bedenken Sie, dass auch die, die als Letzte an der Reihe sind, zeitlich nicht gedrängt werden sollten.
- Überlegen Sie sich Auflockerungen, z. B. Wiederholungsfragen zu Orten, Personen oder darüber hinaus geäußerten Fakten.

Methode 59: Visualisieren

	Starke Ausprägung	Mittlere Ausprägung	Neutrale Ausprägung	Mittlere Ausprägung	Starke Ausprägung	
Synchron	x (LV)		/		x (GA)	Asynchron
Zeitlich befristet		x				Zeitlich unbefristet
Individuell orientiert			x			Gruppen-orientiert
Spezialisiert			x			Generalisiert
Ergebnis-orientiert	x					Entwicklungs-orientiert
Öffentlich		x				Privat

Wer? Sie als Lehrender oder die Lernenden.

Was? Zeichnerische Darstellung eines Zusammenhangs auf einem Whiteboard.

Wo? Im Plenum (LV oder SV) oder im Gruppenraum (GA).

Wozu? Um Inhalte für die visuelle Wahrnehmungsebene zu öffnen.

Wie? Auf einem Whiteboard oder mit Hilfe der Dokumentenkamera.

Abb. 80: Visualisieren

Wörter, Fakten und Zahlen sind zwar im Leben wie im Beruf wichtig, aber sie sind nicht das Leben. Die meisten Themen, die ins Personal- und Business Coaching getragen werden, lassen sich daher auch nicht rein verbal lösen. Bevor wir Menschen zu sprechen begannen, haben wir uns über eine vorsprachliche Ebene ausgedrückt – und sind im Grunde so auch verstanden worden. Die vorsprachliche Ebene ist dem Fühlen entwicklungspsychologisch daher näher als das Denken (und damit Reden und Schreiben). Sie ist mit persönlichen Zeichen und kollektiven Chiffren verbunden und besitzt einen Schatz an Archetypen, der intuitiv „da" ist.

Auch im herkömmlichen Unterricht ist es wichtig, nicht nur Fakten und Zahlen an der Tafel abzubilden, sondern Zusammenhänge zu visualisieren. Sie fördern so gehirngerechtes Lernen und initiieren die Ausbildung neuer Denkmuster bei Ihren Lernenden. Entsprechend unseres Credos – was in der Präsenzlehre gut ist, darf im virtuellen Klassenzimmer nicht verloren gehen! – möchten wir dazu einladen, Visualisierungen auch im „Homeschooling" nutzbar zu machen – und zwar auf der Lehrenden- wie auf der Lernenden-Ebene.

Neben der Stimulierung des Großhirns regen Visualisierungen das emotionale Denken an. Die ureigenen Beiträge von Lernenden sind für gelingende Lernprozesse aber unabdingbar. Diese Lernprozesse sind von den eigenen Reflexionsvorgängen abhängig. Hier greift der große Vorteil der Visualisierung: Durch die Gleichzeitigkeit von Bild und Text (vgl. Methode „Dokumentenkamera – good old Tafelbild", S. 155) geben Sie den Zuhörern Zeit, das Dargebotene zu verarbeiten. Diese Entschleunigung ermöglicht, dass jeweils eigene Assoziationen konstruiert werden und das Lernen so effizienter wird. Dabei geht es nicht darum, möglichst eingängige Visualisierungen zu finden, denn diese kommen parallel zu Ihren gesprochenen Erklärungen. Manchmal reichen auch nur Abkürzungen oder Chiffren – z. B. die Sternenmännchen als Darstellung für Personen in diesem Buch.

Oftmals ist es sogar zuträglich, dem Auge „etwas zu arbeiten" zu geben, weil die gedankliche Verweilzeit dann höher ist und so die Beschäftigung intensiver. Wie immer gilt: Nur Mut!

Umsetzungstipps:

- Haben Sie keine Scheu davor, intuitiv zu zeichnen. Sie drücken etwas von Ihrem Inneren aus, das ist entscheidend. Versuchen Sie nicht perfekt zu sein, nur dann können auch Lernende ihre anfängliche Scheu ablegen.
- Mit dem „Malen" ist es wie mit dem Singen: Wir bringen als Menschen bestimmte Grundlagen mit, experimentieren als Kinder noch damit und legen sie in unserer weiteren Sozialisation oft leider ab. Lassen Sie sich daher sagen: Wie jeder Mensch singen kann, kann auch jeder Mensch visualisieren. Auch Sie!
- Für den Mut zur Visualisierung braucht es eine Haltung, die für den virtuellen Raum grundsätzlich gilt: Man muss sich und die anderen sichtbar machen (wollen)! Dieser Grundsatz lässt sich – verinnerlicht – auch leicht auf die inhaltliche Ebene übertragen.

Methode 60: Walt Disney Methode

	Starke Ausprägung	Mittlere Ausprägung	Neutrale Ausprägung	Mittlere Ausprägung	Starke Ausprägung	
Synchron		x				Asynchron
Zeitlich befristet		x				Zeitlich unbefristet
Individuell orientiert					x	Gruppen-orientiert
Spezialisiert			x			Generalisiert
Ergebnis-orientiert	x					Entwicklungs-orientiert
Öffentlich		x				Privat

Wer? Die Lernenden.

Was? Eine Kreativmethode, in der sich analoge mit visuellen Elementen verbinden lassen.

Wo? Am Whiteboard, im virtuellen Gruppenraum, in der eigenen „Blase".

Wozu? Zum ganzheitlichen Erarbeiten von Lösungen, zum Rollen – und Perspektivwechsel.

Wie? Durch Einführung der Methode im Plenum (und evtl. durch Vormachen der Methode in der eigenen „Blase" des Lehrenden über Kamera).

Nur wer im Team alle Sichtweisen gelten lässt, wird ein Ergebnis erreichen, das möglichst vielen Perspektiven gerecht wird. In einem Teamcoaching mit Hilfe dieser Methode können die Teamrollen – für eine Zeit lang – beiseite „gelegt" werden,

Abb. 81: Walt Disney Methode

und mit einer Erweiterung der Perspektive wieder eingenommen werden. Die Perspektivenerweiterung wirkt sich in aller Regel positiv auf das Teamgefüge und das angestrebte Ergebnis aus.

Zur Erarbeitung von Lösungsideen, speziell in gesellschafts- und sozialwissenschaftlichen Fächern, ist es ebenso wichtig, auch mal einen anderen Blick auf das Thema zu bekommen. Dazu bietet sich die Walt Disney Methode (entwickelt von Robert Dilts) an: Von drei Plätzen aus – „the spoiler", „the dreamer", „the realist" – wird auf denselben Sachverhalt bzw. auf dieselbe Fragestellung geschaut. Im herkömmlichen Unterricht würden Sie dazu drei Stühle um einen Tisch stellen, auf dem Tisch das Thema auslegen und erklären, dass jeder Stuhl eine Perspektive versinnbildlicht. Jeder Lernende würde so lange jede Perspektive (neu) – durch das Besetzen der Stühle – einnehmen, bis ihm nichts mehr Neues zum Thema und aus der jeweiligen Perspektive einfällt.

Diese methodische Herausforderung lässt sich im virtuellen Raum verschieden lösen.

Möglichkeit 1: Sie richten drei Gruppenräume ein, in denen das Thema jeweils auf dem Whiteboard steht. Die Lernenden gehen unabhängig voneinander in die Räume. Ihre Aufgabe wäre es, diesen Prozess so zu steuern, dass bei diesem ersten Schritt keine Gespräche erfolgen. Jeder soll seine Assoziationen in der jeweiligen Rolle in diesem Schritt auf dem Whiteboard fixieren oder visualisieren können.

Möglichkeit 2: Sie begleiten die Lernenden in jedem Gruppenraum so intensiv, dass eine Dreiergruppe bestehend aus den drei Rollen in einem Raum arbeiten kann. Nutzen Sie – was im herkömmlichen Unterricht so nicht möglich wäre – zusätzlich den privaten Raum der Lernenden. Jeder richtet sich vor der Methode räumlich so ein, dass er ganzheitlich, was hier heißt: geistig und somatisch – in jede wechselnde Rolle eintauchen kann. Trainieren Sie dies zuvor mit Ihren Lernenden. Mögliche Leitfragen sind: *Wie fühlt sich jemand, der seine ureigene Aufgabe darin sieht, Kritik und nur Kritik zu äußern? Wie sitzt er da, wie verhält er sich non- und paraverbal? Wie gestaltet er seine Kommunikation? Fühlen Sie sich in diese Haltung hinein und formulieren Sie Ihre Gedanken erst, nachdem Sie diese Rolle innerlich wahrgenommen haben.*

Möglichkeit 3: (Hier ist Ihre Kreativität gefragt!)

Im Anschluss an die assoziative Phase werden alle Einträge in der Gruppe besprochen und auf die Aufgabenstellung hin gebündelt. Dazu müssen sich die Lernenden aus den Rollen lösen. Im Idealfall begleiten Sie diesen Schritt oder eine vierte, neutrale Person aus der Runde der Lernenden unterstützt diesen Prozess. Bei arbeitsteiliger Gruppenarbeit mit demselben Auftrag werden danach im Plenum alle gefüllten Whiteboards präsentiert.

Umsetzungstipps:

- Diese Methode richtet sich an Lernende, die in kreativer Gruppenarbeit geübt sind und die auch Spaß an Rollenspielen haben.
- Da im Prozess Assoziationen auch verschwinden können, braucht es ein gewisses Maß an Disziplin, die personal aufkommenden Gedanken, Emotionen, Erinnerungen als erstes zu fixieren.
- Die „Visualisierung" (vgl. S. 298) ist eine Möglichkeit, Assoziationen eine kreative Form zu geben, deren spontanen Charakter beizubehalten, und zudem Raum für weitere Assoziationen in der Gruppenbesprechung zu geben.

Methode 61: Webcam Laola, Zettelwirtschaft

	Starke Ausprä-gung	Mittlere Ausprä-gung	Neutrale Ausprä-gung	Mittlere Ausprä-gung	Starke Ausprä-gung	
Synchron						Asynchron
Zeitlich befristet	x					Zeitlich unbefristet
Individuell orientiert		x				Gruppen-orientiert
Spezialisiert			x			Generalisiert
Ergebnis-orientiert			x			Entwicklungs-orientiert
Öffentlich		x				Privat

Wer? Die Lernenden.

Was? Die Webcam als Feedback-Kanal einbinden.

Wo? Vor der Webcam.

Wozu? Um durch Gestik und Mimik über die Webcam lebendige Situation schaffen.

Wie? Durch Ihre Anmoderation und das Setzen von Kommunikationsregeln.

Sehr große und sehr kleine Methoden haben sich hier abgewechselt. Die „Webcam Laola" liegt in der kleinen Kategorie, sie ist eher eine Moderationstechnik. Diese Methode eignet sich zur Auflockerung und dafür, ein Gemeinschaftsgefühl zu erzeugen.

Abb. 82: Webcam Laola, Zettelwirtschaft

Benutzen Sie die Webcambilder als schnellen und intuitiven Feedback-Kanal in, für und aus der Gruppe: Es geht nicht nur um die Gesichtsausdrücke und Gesten, wie z. B. Nicken und Kopfschütteln, sondern auch einfache Skizzen auf Zetteln können als spontanes Feedback in die Kamera gehalten werden. Es gibt wohl in keinem Videokonferenzsystem einen schnelleren Feedback-Kanal auf die Frage „Können mich alle gut hören?", als die Geste „Daumen hoch", die in die Kamera gezeigt wird. Dies weiter auszubauen, sind Ihrer Fantasie keine Grenzen gesetzt: Das kann von einfachen Abstimmungen (z. B. einen Zettel mit einem Haken oder einem Kreuz), inhaltlichen Abfragen (vgl. z. B. die Methode „Skalierung", S. 262) oder dem Zeigen des Getränkes, das vor den Lernenden steht, ausgehen.

Die Methode sollte im Inhalt des Unterrichts eingebettet sein und so einen tieferen Sinn (über kurze, berechtigte Lacher hinaus) haben. Erwähnen Sie diesen intendierten Sinn offensiv und fordern Sie eine Beteiligung auch ein – ein Gruppengefühl entsteht nicht von alleine, sondern muss immer wieder gepflegt werden, diese Weisheit gilt für den virtuellen Raum umso mehr.

Umsetzungstipps:

- Gehen Sie sensibel, aber systematisch mit den jeweiligen Blicken in die „Blasen" der Teilnehmer um. Ist jemand umgezogen? Sitzt er an einem anderen Ort als sonst? – Gesprächsanlässe, die Sie beziehungsdidaktisch einbinden können.
- Definieren Sie zu Beginn Ihres Unterrichts diese Methode als Kommunikationsregel. Das klassische Strecken mit Handzeichen entsteht aus Gewohnheit von alleine, alles darüber hinaus sollten Sie anmoderieren und (ebenfalls) pflegen.

Methode 62: Willkommens-Bingo

	Starke Ausprägung	Mittlere Ausprägung	Neutrale Ausprägung	Mittlere Ausprägung	Starke Ausprägung	
Synchron	x					Asynchron
Zeitlich befristet		x				Zeitlich unbefristet
Individuell orientiert	x					Gruppenorientiert
Spezialisiert			x			Generalisiert
Ergebnisorientiert			x			Entwicklungsorientiert
Öffentlich		x				Privat

Wer? Die Lernenden.

Was? Beschriftete und erweiterbare Whiteboards/PDF-Formate o. ä.

Wo? Am Bildschirm.

Wozu? Zur Begrüßung, zum Kennenlernen, zur Aktivierung und zum Gruppenforming.

Wie? Im Plenum oder in Gruppenräumen, die die Lernenden frei wechseln können, als umlaufende PA (eigendynamisch).

Abb. 83: Willkommens-Bingo

Ähnlich wie die „Virtuelle Landkarte" (vgl. S. 295) dient diese Methode dazu, dass sich die Lehrenden (besser) kennenlernen. Im klassischen Schulbetrieb hat es sich bei mehrjährigen Kursen gezeigt, dass Sozialcurricula, Studienfahrten zu Beginn der gemeinsamen Zeit oder auch Methodentage als Einstieg in eine Schulart in der Regel immer das soziale Miteinander stärken. Dieses Phänomen lässt sich mit den klassischen Phasen der Teambildung gut vergleichen. Pädagogisch gesprochen: Die klassische Erlebnispädagogik braucht eine entsprechende Übertragung in den virtuellen Raum. Wir beanspruchen nicht, dass solche Methoden das physische Miteinander komplett ersetzen (sollen). Auch weiterhin wird es wichtig sein, dass Phasen des Präsenzunterrichts – oder besser, handlungsorientiert von praktischen Projekttagen – das virtuelle Lehren und Lernen ergänzen. Was sich im virtuellen Raum aber bietet, das sollte genutzt und – zugunsten der Lernenden und der Atmosphäre auch „ausgereizt" – werden.

Bereiten Sie ein PDF-Format, ein Whiteboard oder was sich in Ihrem Lernformat als Medium bietet, mit Arbeitsauftrag und eigenen Kategorien vor. Die Bereiche können Sie dabei nach der jeweiligen Lerngruppe beliebig abändern. Beispielhaft:

AA: Finden Sie jeweils eine andere Person, die …

… eine Gemeinsamkeit mit Ihnen teilt,
… in letzter Zeit was Verrücktes gemacht hat,
… das gleiche Lieblingshobby wie Sie hat,
… im Urlaub in demselben Land war wie Sie,
… schonmal einer berühmten Persönlichkeit begegnet ist,
… vor kurzem auf einem Konzert war,
… gerade etwas aus dem letzten Urlaub trägt,
… schon mal im Freien übernachtet hat,
… schon mal nachts Schwimmen gegangen ist,

... mit der Liebe seines Lebens zusammen ist,
... vor kurzem eine wichtige Entscheidung getroffen hat,
... vor kurzem auf einer Hochzeit war,
... eine neue Brille hat,
... gerade einen neuen Style ausprobiert
...

und tauschen Sie sich kurz darüber aus.

Die Methode „lebt" von der Eigendynamik. Die Lernenden müssen sich dazu ansprechen, aufeinander – virtuell – „zugehen" und werden sich immer zu zweit austauschen. Ihre Rolle als Lehrender besteht in der vorbereitenden und begleitenden Assistenz. Je besser Sie die Gruppe kennen bzw. einschätzen können, umso weniger müssen Sie die Aufgaben vorher ansprechen – die Methode „lebt" ebenso vom Überraschungseffekt. Technisch ist es wieder vom Lernportal abhängig, wie das Arbeitsblatt und die Räume gestaltet werden. Legen Sie als „Regisseur" Wert auf die soziale Nähe der Lernenden, hierbei kann das Arbeitsblatt als Medium dienen. Die Lernenden können hierauf die Namen ihrer jeweiligen Gesprächspartner festhalten. Das hat – haptisch – eine andere Wirksamkeit, als wenn die einzelne Kommunikation durch viele kleine Chats laufen würde.

Umsetzungstipps:

- Machen Sie transparent, dass Sie während der Methode nirgends präsent sein werden (und halten Sie sich auch daran, tauchen Sie nicht irgendwo plötzlich als „Schatten" auf), dass Sie aber jederzeit zum methodischen und technischen Support zu Verfügung stehen. Klären Sie vorab den Kommunikationsweg.

- Die Chat-Funktion sollte nur dann zum Einsatz kommen, wenn es technisch keine andere Möglichkeit gibt, v. a. sollte nicht ausschließlich gechattet werden.
- Schließen Sie die Methode im Plenum ab. Reflektieren Sie dabei auch auf der Metaebene die Sinnhaftigkeit und die pädagogische Wirksamkeit der Methode. Das Feedback der Lernenden sollte dabei leitend sein.
- Lassen Sie im Anschluss an die Methode Raum für den Austausch. Planen Sie ggf. eine Pause ein und lassen Sie den virtuellen Unterrichtsraum geöffnet. Sie werden erfahrungsgemäß überrascht sein, was diese Methode an Gesprächsbedarf und an Emotionen auslöst – eine wunderbare Basis für schülerzentrierten Unterricht!

Methode 63: World Café

	Starke Ausprägung	Mittlere Ausprägung	Neutrale Ausprägung	Mittlere Ausprägung	Starke Ausprägung	
Synchron			x			Asynchron
Zeitlich befristet		x				Zeitlich unbefristet
Individuell orientiert	x					Gruppenorientiert
Spezialisiert			x			Generalisiert
Ergebnisorientiert			x			Entwicklungsorientiert
Öffentlich	x					Privat

Wer?   Die Lernenden.

Was?   Vorstrukturierte Whiteboards.

Wo?   In Gruppenräumen und zur Vorstellung am Bildschirm.

Wozu?   Zur Sammlung von Vorwissen, für schülerorientiertes Arbeiten.

Wie?   Indem die Teilnehmer als Experten des Lernens ernst genommen werden und ihre Beiträge Raum bekommen.

Abb. 84: World Café

Die Methode erfreut sich seit einigen Jahren großer Beliebtheit in der Erwachsenenbildung und in Projekten zur Bürgerbeteiligung. Auch in der Lehrerfortbildung, in Teamreflexionen und in Pädagogischen Tagen haben wir gute Erfahrungen mit dem „World Café" gemacht. Es bringt Menschen buchstäblich „an einem Tisch" zusammen, regt zur konstruktiven Auseinandersetzung und zur Diskussion an und „lebt" von der Wirksamkeit des Austauschs. Denn dieser ist zu fixieren bzw. visualisieren und wird im Anschluss im Plenum aus- oder vorgestellt. Ähnlich wie bei der Methode „Placemat" (vgl. S. 232) besteht der Ansatz auf dem kooperativen Lernen, jedoch in einem größeren Ausmaß:

Bereiten Sie mehrere „Tische" bzw. im virtuellen Raum Whiteboards und Gruppenräume mit je einer Fragestellung vor. Zum Beispiel:

Gruppenraum 1: *„Was hat Sie in der Corona-Krise persönlich am meisten belastet?"*

Gruppenraum 2: *„Welche überraschenden Erlebnisse hatten Sie in der Corona-Krise?"*

Gruppenraum 3: *„Welche Gefahren für die Demokratie haben Sie in der Corona-Krise wahrgenommen?"*

Gruppenraum 4: *„Welche Chancen sehen Sie in der Corona-Krise bzw. im persönlichen und/oder gesellschaftlichen Umgang mit ihr?"*

Auf dem Whiteboard jeder Gruppe ist genügend Platz für alle Einträge. Das Whiteboard bleibt auch nach dem Verlassen des Raumes geöffnet. Nach einer vorgegebenen Zeit schließen Sie die Räume und verteilen die Teilnehmer neu. Hier hat der virtuelle Raum durch die Technik klare Vorteile. Achten Sie darauf, dass sich die Zusammensetzung in den Gruppenräumen immer wieder mischt und nicht dieselben Personen zusammensitzen. Das sichert die Fokussierung auf die jeweilige Frage.

Nach der Arbeitsphase können Sie eine kleine Pause einbauen, in der Sie die Plakate bzw. Whiteboards für das Plenum vorbereiten. Geben Sie dann der großen Gruppe zuerst Zeit, die Ergebnisse zu betrachten und Rückmeldungen zu geben. Die Stärke der Methode besteht an dieser Stelle darin, dass jeder Lernende zu jedem Produkt einen Bezug hat. Sie werden überrascht sein, wie „voll" die Whiteboards sein werden. Ihre Lernenden bekommen zurückgespiegelt, dass sie (bereits) über viel (Vor-)Wissen verfügen und dieses miteinander in gute Strukturen bringen konnten. Besser können Sie für den weiteren Lernprozess kaum motivieren.

Die Methode World Café ist ein schönes Beispiel dafür, wie wir das Lehren und Lernen verstehen: Ihre Aufgabe als „Lehrender" ist es, das Lernarrangement zu gestalten und als Lerncoach präsent zu bleiben, Scharnierstellen zu begleiten und Unterstützung zu geben. Alles andere verläuft themenbezogen und gruppendynamisch. Mit dem Effekt, dass Sie die Selbstwirksamkeit, die Motivation und die Identifikation – sowohl mit dem Thema wie mit der Lerngruppe – bei Ihren Lernenden steigern.

Umsetzungstipps:

- Die Methode eignet sich für sehr große Lerngruppen, für hybride Projekte und für virtuelle Camps. Die Gruppenräume sind vorher gut vorzubereiten und der Ablauf des World Cafés muss den Lernenden gut vorgestellt werden. Hierzu eignet sich eine eigene Visualisierung oder eine Animation. Auch mit Fotos aus ehemaligen World Cafés haben wir gute Erfahrungen gemacht, Teilnehmer zu motivieren.

- Auch sehr heterogene Gruppen lassen sich mit dieser Methode sehr gut ansprechen. Achten Sie darauf, dass möglichst viele Wahrnehmungskanäle stimuliert werden und bei der Ergebnissicherung Berücksichtigung finden.
- Das World Café unterstützt die Demokratieerziehung. Führen Sie dazu (bei Bedarf) notwendige Kommunikationsregeln für die Arbeit an den Tischen ein. Bleiben Sie als Lehrender zwar im Hintergrund, aber jederzeit verfügbar.
- Würdigen Sie die vorgestellten Ergebnisse angemessen. Im analogen Kontext hat es sich bewährt, die Plakate für längere Zeit in den Klassenräumen hängen zu lassen. Die Lernenden identifizieren sich im besten Fall ein ganzes Schuljahr damit. Hierauf lässt sich an anderer Stelle immer wieder gut verweisen. Halten Sie nach ähnlichen Ritualisierungen im virtuellen und hybriden Kontext Ausschau.

Methode 64: Zielscheibe

	Starke Ausprägung	Mittlere Ausprägung	Neutrale Ausprägung	Mittlere Ausprägung	Starke Ausprägung	
Synchron			x			Asynchron
Zeitlich befristet		x				Zeitlich unbefristet
Individuell orientiert	x					Gruppen-orientiert
Spezialisiert			x			Generalisiert
Ergebnis-orientiert			x			Entwicklungs-orientiert
Öffentlich	x					Privat

Wer? Die Lernenden.

Was? Ein vorbereitetes Whiteboard oder PDF-Format.

Wo? Am Bildschirm.

Wozu? Als Feedbackinstrument, zur Transparenz, zum Ende einer (jeder) Lerneinheit.

Wie? Im Plenum, zuerst nur durch unkommentierten Eintrag, dann durch verbale Reflexion.

Abb. 85: Zielscheibe

Diese Auswahl an Methoden, die sich für den virtuellen Raum besonders anbieten, soll hier mit einem Beispiel beendet werden, das sehr
leicht vom Analogen ins Digitale und Hybride übertragbar ist. Damit
wollen wir zum Abschluss nochmals gezielt dafür werben, dass Sie
Ihren eigenen bisherigen „Methodenkoffer" dahingehend überprüfen. Denn, nur weil Sie einen neuen Raum betreten (haben), sind
damit noch nicht Ihre bewährten Werkzeuge des Lehren und Lernens obsolet geworden. Dieser Annahme sind in den ersten Wochen
des „Homeschoolings" nicht wenige Lehrende Kollegen aufgesessen,
was zusätzlichen Druck ausgelöst hat. Deshalb an dieser Stelle gern
als Wiederholung: Was im analogen Lernraum gut funktioniert (hat),
darf sich zuerst einmal dem Test im Virtuellen stellen, bevor Sie es
als veraltet ablegen!

Laden Sie sich die Abbildung einer Zielscheibe aus dem Internet
herunter oder gestalten Sie mit einfachen Mitteln des Zeichnen-Tools
eine ähnliche Visualisierung selber. Wie bei einer „echten" Zielscheibe erhöhen sich die Werte in Richtung des Zentrums. Unterteilen
Sie Ihre Abbildung in eine übersichtliche Anzahl an Abschnitten, in
der Regel sind dies vier. Geben Sie diesen Rubriken ein Thema oder
– besser – eine Leitfrage, zum Beispiel:

Wie groß war der Praxisbezug für Sie? Wie erfolgreich bewerten Sie
die Teamarbeit? Wie verständlich waren die Präsentationen für Sie?
Wie angemessen fanden Sie die Methoden?

Geben Sie das Zeichnen-Tool frei und machen Sie vorher Regeln
präsent (z. B., dass jeder Lernende eine gewisse Anzahl an – virtuellen – Klebepunkten hat). Lassen Sie die fertige Zielscheibe erst einmal wirken und beginnen Sie die anschließende Auswertung mit den
Äußerungen Ihrer Lernenden zu den entsprechenden Wirkungen.

Die Methode ist prinzipiell nicht vom Alter der Teilnehmenden abhängig. Sie wird ebenso in der Lehrerfortbildung wie im Teamcoaching oder in der Auswertung Pädagogischer Tage angenommen. In den virtuellen Unterricht lässt sie sich ebenso gut adaptieren.

Umsetzungstipps:

- Behandeln Sie das in der Visualisierung ausgedrückte Feedback wertschätzend und mit Respekt. Zum Beispiel können Sie bei späteren Optimierungen immer wieder auf die Darstellung Bezug nehmen.

- Akzeptieren Sie es auch, wenn sich Lernende nicht zu Ihren Einträgen „outen", denn der Reichtum dieser Methode besteht in der Anonymität.

- Sich Feedback einzuholen und als Mittel der Unterrichtsentwicklung zu begreifen, ist von Ihrer persönlichen Haltung dazu abhängig. Binden Sie diese Methode (nur) so weit in Ihren Unterricht ein, wie Sie Feedback persönlich auch wollen.

- Über die klassische Feedback-Anwendung hinaus lässt sich die Zielscheibe immer dort einsetzen, wo die Bedeutung von Sachverhalten in eine erste Strukturierung zu bringen ist.

Auch in Buchform lässt sich nur eine Auswahl darstellen.

Mit dem Erwerb dieses Buches haben Sie einen **kostenfreien** Zugang zum **Newsletter** der Autoren erhalten. Hier finden Sie regelmäßig für den virtuellen Raum aufbereitete Methoden, die Sie für Ihren Unterricht frei nutzen können.

Schreiben Sie dazu einfach einen der beiden Autoren an.

Betreff: Newsletter zum Buch

Kontakt: info@coaching-hanstein.de oder info@ken.de

Wie Formate verschwimmen – ein Schlusswort

So sehr wir uns zu Beginn bemüht haben, die Klarheit in den Definitionen aus dem analogen Lernraum in den virtuellen zu übertragen, so deutlich müssen wir zum Ende dieses Buches – und nach einigen Jahren und Erfahrungen vor der Corona-Krise – auch Verschmelzungen feststellen. Die Unterteilung in Sozialformen und Methoden scheint heute und virtuell so nicht mehr möglich – und vielleicht auch nicht (mehr) sinnvoll zu sein. Hinzugesellt hat sich ein neuartiger Begriff, der die Coachingbranche von Anfang an kennt: die Frage nach Tools. Diese Bezeichnung hat, unserer Beobachtung nach, den klassischen Begriff der Methoden ersetzt. Wenn wir dennoch hier von Methoden gesprochen haben, dann nicht aus einer falsch verstandenen Nostalgie oder pädagogischen Romantik heraus. Ebenso wenig aus einer möglichen Abneigung gegenüber Anglismen. Dem aufmerksamen Leser wird nicht entgangen sein, dass wir in unserer Auflistung – ohne weitere Differenzierung – klassische Methoden neben neuere Tools gestellt haben.

In einer – so verstanden – Hybridität liegt unserer Überzeugung nach die qualitative Erweiterung der Pädagogik generell: Durch das Einlassen auf die hybrid gewordenen Lern- und Arbeitswelten wird eine zukunftsfähige Zugewandtheit erst möglich. Darin liegt das eigentliche pädagogische Potenzial für die neue Normalität. Es geht darum, das Beste aus den vormals dialektisch verstanden Welten in einer hybriden Lehrpraxis zu vereinen. Nur so kann es gelingen, die soziale Intensität der Präsenzformate zu bewahren und gleichzeitig die Potenziale des eigenen Rhythmus' und der individuellen Lerngeschwindigkeiten in privaten Lernräumen zu kultivieren.

Die Entscheidung, in die gegenwärtigen Transformationsprozesse von Bildung und Schule, Lehre und Hochschule explizit ein Methodenbuch zu platzieren, macht es deutlich: Für uns sind Methoden immer mehr als pure – dem Wortsinn nach – „Werkzeuge". Die Eigenschaft eines Werkzeuges aber impliziert – und das spricht wiederum für die Rede vom Tool – eine dem jeweiligen Sinn und Zweck der „Verrichtung" adäquate Konstruktion des „Werkzeuges". Insofern liegt in dieser prinzipiellen Offenheit ein großes und ggf. auch größeres Potenzial, sich als Lehrende immer wieder neue bzw. adaptierte Tools für gelingende und glückende Lernprozess zu kreieren. Insofern lautet unser abschließendes Plädoyer: Behalten Sie das methodische „Wie"im Auge!

Hybride Zukunft

Für den Bereich der Hochschullandschaft hat Jürgen Handke fünf Thesen definiert: „1.: Die Digitalisierung ist zum Normalfall geworden, 2.: Digitale Lehr- und Lernszenarien verbessern die Hochschullehre, 3.: Lernen besteht nicht nur aus Videoschauen, 4.: Die Didaktik muss die Technologie führen und nicht umgekehrt, (und) 5.: Die Digitalisierung der Lehre beginnt nur mit einem neuen Mindset" (Handke, 2020, S. 11–13). Diese Einsichten schienen uns aus unseren Erfahrungen im Fernstudium und im Kollegialen Coaching evident, weswegen wir ihnen hier im Wesentlichen gefolgt sind. Gleichzeitig hat die Corona-Krise neue Kritiker auf den Plan gerufen: „Die Debatte über digitale Bildung ist entgleist", so überschrieben Julian Nida-Rümelin und Klaus Zierer ihren Gastkommentar in der Neuen Züricher Zeitung (https://www.nzz.ch/meinung/digitale-bildung-vernunft-und-empirie-helfen-weiter-ld.155271408.06.2020). Zur Begründung dieser These wird angeführt: „Wer sich freut, dass die Welt der Bildung dank der Brachialgewalt der Corona-Krise endlich den Durchbruch zum Digitalen geschafft hat, ist auf dem Holzweg." Begründet wird es mit der Beziehungsebene: „Das direkte personale Band zwischen Lehrer und Schüler bleibt zentral für jeden Lernerfolg." Dieser Hinweis auf die Relevanz der Beziehungsdidaktik deckt sich mit Umfragen bezüglich dessen, was Lernende in der Zeit des „Homeschooling" am meisten vermisst haben (ebd.). Allerdings ist dieses Desiderat für uns kein Anlass zum Pessimismus. Denn erstens sehen wir seit vielen Jahren praktisch, dass virtueller Unterricht nicht nur zum fachliche Ziel führen, sondern auch Teil der Persönlichkeitsentwicklung junger Menschen werden kann. Zum Zweiten haben wir uns bemüht, Unterstützungssysteme aufzubauen, die Lehrenden Raum und Zeit für Reflexion und Transflexion bieten. Zum Dritten haben wir versucht aufzuzeigen, dass gerade auch im virtuellen Raum die Beziehungsdidaktik eine wesentliche Säule sein muss – aber auch sein kann. Selbstredend ist diese „naturgemäß" anders, aber darin sollte noch keine unüberbietbare Hürde gesehen werden.

Individualisierung und Evaluierung – auch virtuell!

So wünschen wir uns, dass wir diesem Wandel als Kollektiv an Lehrenden mit einer Rückbesinnung auf das Prinzip der Individualisierung des Lernens begegnen. Denn die Bindung zwischen Lehrern und Schülern trennt nicht in die logistische oder technische Distanz. Trennend wirkt, wenn die Zugewandtheit diese Distanz nicht zu überwinden vermag. Dies aber sind zwei unterschiedliche Dinge.

Wir haben gesehen und aufgezeigt, dass diese Zugewandtheit unter den Bedingungen des „Homeschooling" einen höheren Aufwand mit sich bringt. Das eigentliche Ziel ist jedoch das gleiche wie in den Jahrzehnten vor dem März 2020: Über eine zutiefst zugewandte Hermeneutik Entwicklungen zu begleiten, Verhaltensmuster zu spiegeln und darin Impulse zu setzen. Dieser Hermeneutik ist die jeweilige Technik untergeordnet, denn sie zielt auf eine davon unabhängige Lernbeziehung ab.

Unser Credo lautet abschließend: Wenn die Lehr- und Lernprozesse angemessen reflektiert und Feedback unterzogen werden, wenn diese Rückmeldungen zu mehr Qualität führen und sich so virtueller Unterricht dauerhaft der Optimierung unterzieht, kann auch (irgendwann) Homeschooling gelingen.

An einem Beispiel soll dies abschließend verdeutlicht werden:

Max, Anfang 30, ist in den ersten Jahren seines Berufs. Er hat sich in jedem Fach für die wichtigsten Themen ein Sammelsurium an Arbeitsblättern zugelegt und geht zuversichtlich in ein weiteres Schuljahr. Dann kommt Corona und Max fällt aus der Bahn: Wie soll er jetzt noch zurechtkommen? Wozu all die Arbeit der letzten Jahre? Nicht noch einmal so ein Zustand wie im Referendariat! – so seine Rückmeldungen im Kollegialen Coaching. Trotz aller guter Vorsätze, sich erstmal auf die Schüler zu konzentrieren, mit ihnen kommunikative Netzwerke aufzubauen, Telefonnummern auszutauschen oder nach anderen Wegen zu suchen, ertappt er sich in derselben Falle wie damals, im Referendariat: Er brütet über Arbeitsblättern und passt diese für das Lernportal seiner Schule technisch an.

Die Energie, die der junge Kollege hier für die Frage nach dem „Was" aufbrachte, fehlte ihm bald sehr schnell für die Beziehungspflege mit seinen Schülern. Da er aber selbst unter dieser Unzufriedenheit litt, suchte er Unterstützung. Mit dieser erarbeitete er sich einen Plan, der alle oben genannten „W"-Fragen klassenspezifisch berücksichtigte: Er strukturierte den Unterricht für jede Klasse so, dass es Phasen der reinen Übermittlung des „Stoffes" gab, Konferenzen für den Austausch – zu denen sich übrigens jeder mit Bild und Ton zuschalten musste – sowie Räumen für die Präsentation von Arbeitsergebnissen. Zuzüglich konnten sich seine Schüler bei Fragen telefonisch bei ihm melden. Und nach der ersten Corona-Öffnung entwickelte der Kollege ein Curriculum, das analogen und virtuellen Unterricht ergänzend abbildete.

Mehrfach ab dem Frühjahr 2020 fanden sich in den Social Media Fragen wie diese:

> *„Ich will mit meinen Schülern dies oder jenes umsetzen. Kennt hier jemand ein gutes Tool oder ein geeignetes Lernprogramm?"*

Auch die technische Weiterentwicklung in diesem Bereich hat mit der Corona-Krise Fahrt aufgenommen. Vieles davon ist tauglich, einiges wenig methodisch-didaktisch reflektiert. Im Hinblick auf die Integration neuer medialer Tools und Lernprogramme raten wir dasselbe Prinzip an wie in der Pädagogik prinzipiell: weniger ist mehr. Prüfen Sie, ob sie an eine – hier vorgestellte, andere oder eigene – Methode unbedingt noch ein weiteres Tool anhängen müssen. Denn: Nicht die Technik „bringt's"! Hier können dieselben W-Fragen leitend sein, die wir eingangs vorgestellt und an denen wir die Methoden ausgerichtet haben. Oft bringt weniger mehr Struktur. Denn ähnlich wie bei einem Überengagement auf der Ebene des „Was" – in den ersten Lehrendenjahren – ist es auch beim „Wie" möglich. Beherzigen Sie in Ihrer Vorbereitung und im Unterricht daher das, was grundsätzlich im Leben gilt: Zur Professionalität gehört die Gelassenheit.

Unterscheiden Sie auch zwischen kollegialer Unterstützung und der Abhängigkeit von technischen Diensten.

Dass dies mehr ist als ein „frommer" Wunsch, möchten wir mit einer Episode aus einer unseren Fortbildungen untermauern:

Leidenschaftliche Ruheständler finden in unsere virtuellen Schulungen. Diese Kollegen *müssen* nicht virtuell lehren, sie *wollen* es – womöglich ist das ein gewichtiger Gesichtspunkt. Sie haben nach einem vollbrachten Staatsdienst ein darüber hinausgehendes intrinsisches Interesse an der Lehre. Unter ihnen finden sich charaktervolle Temperamente, die einen über Jahrzehnte gewachsenen Duktus der Rhetorik in digitale Formate übertragen. Ihnen gelingt es, durch die Kunst des fragend-entwickelnden Unterrichts teilweise gänzlich ohne „Methodenzauber" einen souveränen, brillant vorgetragenen Fachvortrag unmerklich in ein platonisches Gespräch zu überführen und – obwohl schon über 30 Minuten vergangen sind – eine vertiefende Diskussion in Kleingruppen zu verlegen.

Man merkt es diesen Kollegen nicht an, dass die Argumente zu Grundlagenthemen ihres Faches eigentlich zu Genüge diskutiert sind. Dies ist eine Wirkung der Zugewandtheit, die in diesem Moment entstandenen Gedanken als einzigartig und unwiederbringlich wertzuschätzen. Alles, was diese Temperamente für diese Wirkung brauchen, ist im Grunde „nur" ein grundsätzlich motiviertes Publikum. Dass die gesamte Komplexität von Mikrofon, Kamera, Whiteboard und all den Details des virtuellen Klassenzimmers dazwischensteht, wird in diesem Moment unerheblich. Diese Kraft der lebendigen Verbindung zwischen Menschen, unabhängig von technologischer und soziologischer Distanz, ist es, was die vermeintliche Isolation des Distanzlernens zu überbrücken vermag.

Einmal mehr zeigt dieses Positivbeispiel, dass in neuen didaktischen Medien grundsätzlich kein naturgemäßes pädagogisches Potenzial steckt. Beispiele wie diese bestärken uns darin, die – wenn auch durchaus „brachial" – angestoßene Entwicklung optimistisch zu sehen. Deutlich wird aber auch, dass die Mehrdimensionalität des Virtuellen die Dienst- und Arbeitgeber noch mehr in ihre Fürsorgepflicht nimmt. Denn der Aspekt der Lehrergesundheit und die Notwendigkeit salutogenetischer Führung sind – das wird durch den Digitalisierungsschub mehr als deutlich – mindestens so wichtig wie eine – bislang weitestgehend noch eingeforderte – Unterstützung auf der Ebene der Hardware. So ist es kein Zufall, dass wir im Frühjahr 2020 als erstes Buch dieser Reihe mit „Spirituelle Kompetenz in digitalen Lern- und Arbeitswelten" ein Phänomen antizipiert haben, das in den letzten Monaten immer wieder erkennbar war: neben einer großen Kreativität eben auch die Wahrnehmung von Überforderung unter Lehrenden. Einen guten methodischen Grundstock und gleichzeitig die nötige Resilienz im Umgang mit neuen Phänomenen der Digitalität und Digitalisierung zu besitzen, gehört für uns zusammen. Insofern bieten wir Ihnen beide Werke als zwei Komponenten ein- und desselben (virtuellen) Kontextes an.

64 – Symbol eines Wandels

Die Zahl von **64 Methoden** macht deutlich: Hier wird nichts Fertiges geboten. Wir stehen – ebenso wie viele engagierte Kollegen – erst am Anfang. Aber das Frühjahr 2020 war eine nie dagewesene Zeit des Experimentierens. Zwischen den Corona-bedingten Schulschließungen und der Wiederaufnahme des Unterrichts lagen (in Baden-Württemberg) 64 Tage. Eine symbolische Zahl (unabhängig von der 64-Bit-Prozessorarchitektur): eine Zahl der Denker und Strategen, wenn man an das Schachbrett denkt – und eine ganz besondere Zeit. Eine Phase für Visionäre und Skeptiker. Möge diese inspirierende Atmosphäre noch lange kreativ nachwirken und mögen sich dabei – in diesem Bild bleibend – so viele methodische „Züge" ergeben, wie es Lernarrangements gibt.

Im großen Rahmen der Bildungstheorie und höchster pädagogischer Ideale möchten wir das Schlusswort nicht stehen lassen. Wir wollen stattdessen einen ganz klassischen, das Handwerk des Lehrens betreffenden Appell setzen: Spielen Sie lebendig mit den 64 Methoden und füllen Sie damit Ihre bereits jetzt volle „Lehrertasche". Denn ansonsten verläuft die Diskussion um die Zukunft „nach Corona" auf einer Flughöhe, in der „schwere Geschütze" (vgl. Schöning, 2020, in: https://www.feinschwarz.net/praesenz-zurueck-in-die-zukunft-der-vergangenen-hochschullehre/; Zugriff: 30.06.2020) aufgefahren werden: Von einer „beleidigenden Begrenztheit der digitalen Lehre" (vgl. Jaskula, 2020, in: https://www.faz.net/aktuell/karriere-hochschule/praesenz-an-hochschulen-die-begrenztheit-der-digitalen-lehre–16809260.html) ist die Rede und von einem Niedergang des (hoch-)schulischen Lebens. Die Einschätzungen der (hoch-)schulischen Zukunft ist nur dann haltbar, wenn man ein „Entweder-digital-oder-Präsenz"-Szenario konstruiert. Dies ist in allen hybriden Settings der Gegenwart nicht der Fall. Und unserer Einschätzung nach wird dies auch nach 2021 nicht der Fall sein. Vielmehr wird es – nachdem das Auf und Ab der ersten Phasen (vgl. Kap. „Phasen der Implementierung", S. 85) hinter uns liegen wird, auf hybride Bildungskonzepte hinauslaufen.

Solche polemischen Beiträge haben eine entscheidende argumentative Schwäche (neben der Schwäche der Polemik im akademischen Diskurs ohnehin): Sie setzen die Präsenz mit physischer Anwesenheit gleich. Auf diesen „kategorialen Fehler" macht Benedict Schöning in seinem klugen Beitrag (vgl. Schöning, 2020) aufmerksam. Und wir hoffen klargemacht zu haben, dass über mentale und im weitesten

Sinn spirituelle Übung (vgl. Hanstein/Lanig, 2020a) diese vermeintliche Grenze bei Lernenden und Lehrenden überwindbar wird.

Dabei sollte auf Vor- und (vermeintliche) Nachteile in beiden „Welten" gleichermaßen geachtet werden. Denn was im Virtuellen mehr Vorbereitung und mehr Konzentration auf Technik bedeutet, heißt doch gleichzeitig – um nur ein Beispiel anzuführen –, nicht gegen die übliche Geräuschkulisse des analogen Klassenzimmers „anreden" zu müssen. Mit einem solch aufrichtigen Blick können hybride Bildungssysteme das verwirklichen, was wir uns und den Kollegen wünschen: ein lebendiges Vorbereiten auf eine höchst komplexe Lern- und Arbeitswelt der Zukunft.

Wir beschließen diesen Beitrag zum digitalen Lernen in der Hoffnung, dass „nach Corona" an jeder Schule ein Prinzip beherzigt wird, das auch – wie aufgezeigt – für guten Unterricht unerlässlich ist: Feedback und Evaluation. In diesem Sinne wünschen wir Ihnen: Hören Sie nie auf zu experimentieren, bleiben Sie neugierig und sehen Sie in Erfolgen den Anfang für weitere Schritte im virtuellen Raum. So kann und wird Ihr virtuelles und hybrides Lehren und Lernen zum **WIR-tuellen** Erfolg werden!

Mit kollegialen Grüßen und guten Wünschen für ein allzeit frohes Unterrichten!

Thomas Hanstein & Andreas Ken Lanig

> **Gemeinsame Arbeits- und Forschungsschwerpunkte der Autoren**
>
> - methodisch-didaktisches Schulungsprogramm für virtuell Lehrende
> - Kollegiales Coaching für virtuell Dozierende
> - Bildungsforschung zur Kompetenzentwicklung und Lernwirksamkeit
> - gemeinsames Buch „Spirituelle Kompetenz in digitalen Lern- und Arbeitswelten" im Tectum Verlag und Seminare zur spirituellen Kompetenz

Anhang 1

Quantitative Umfrage unter allen virtuell Lehrenden der DIPLOMA Hochschule

Freie Antworten:

- Welche Unterstützung wünschen Sie sich für den Schritt der Umsetzung ins Virtuelle?
- Wie viel Vorbereitungszeit brauchen Sie im Durchschnitt für die methodische Planung pro virtuelle Unterrichtsstunde?
- Woran müssen Sie am meisten arbeiten, um lernförderliche Unterrichtsbedingungen zu schaffen?
- Wo sehen Sie aktuell den größten Optimicrungsbedarf in der virtuellen Lehre/im virtuellen Unterricht?

Umfrageergebnisse

Welches sind Ihre fünf beliebtesten Vermittlungsmethoden aus der Präsenz- oder Fernlehre?

58 Antworten (Stand 15.07.2020)

- Unterrichtsgespräch, Impulsreferate der Studierenden, Powerpoint-Präsentationen, Gruppenarbeit, Einzelarbeit mit vom Dozenten erstellten Unterlagen
- Vortrag mit Diskussion, Fallarbeit, Abstimmungen
- Kurzimpuls, moderiertes Gespräch, Selbstreflexion mit anschließender Peer-to-Peer-Kommunikation bzw. Gruppenarbeit, flipped classroom, kollegiale Fallbesprechungen
- Kurzinputs neuer Methoden durch Dozent; Kleingruppenaustausch unter Studierenden zum Üben und Vertiefen
- Wissensvermittlung, Lehrgespräch, Anwendungsbeispiel, Übungen, Rollenspiel, Praxistransfer mit Handlungsempfehlungen, ggf. Ableitung von Checklisten für Unternehmen
- Moderierter Chat, Wissens-Quiz, Gruppenarbeit, Ergebnispräsentation im Plenum, Rückmeldung an Studierende, Dozentenfeedback, Reflexionsgespräch, Film, Whiteboard, Plenumsgespräch, Small talk
- Methodenmix: Input, Einzelarbeit, Gruppenarbeit, Plenum (think-pair-share)
- Gespräch, Diskussion, Vortrag, Gruppenarbeit, Rollenspiel

- Praxisbeispiele, bei denen die Studenten die Lösungen erarbeiten sollen; Praxisbeispiele, bei denen die Studenten die vorgegebene Problemlösung bewerten sollen; Beantwortung von Wiederholungsfragen; Vortrag im Wechsel mit Reflexionsfragen und Wissensfragen; Fragestellung, die die Studierenden in Gruppenarbeit zu lösen haben
- Klein-und Großgruppenarbeit, interaktive kommunikative Methoden
- Präsentation
- Diskussion, Präsentation, Kleingruppenarbeit, Zettelcluster, Referate
- Impulsvortrag, Begleitete Erarbeitung des Skriptes, Fach-Diskussion, Arbeitsgruppen mit anschließendem gemeinsamem Endergebnis, gemeinsames Mindmapping, Fragen beantworten, Verfügbarkeit per E-Mail, Einbindung von Links/Videos/Webartikeln/Presse-News/Statistiken/Gesetzestexten, Bericht eigener Erfahrungen/Vorhaben/Ideen der Studierenden (in Diskussion eingebettet)
- Powerpoint-Vortrag, freies Referat, Gruppenarbeiten, Diskurs
- Erklären, Aufschreiben, Nachfragen, Tafel und/oder Dokumentenkamera
- windows ink, gemeinsam Aufgaben lösen, Dialog zu Problemstellungen, praxisbezogene Aufgaben, möglichst klare und einfache Darstellung auch komplexer Lehrgegenstände
- Blitzlicht, Diskussion, aktives Zuhören, fragend-entwickelnder Unterricht, Übung
- Vortrag, Gruppendiskussion nach einem Impuls/einer Frage, Gruppenarbeit
- Reihenfolge ist frei gewählt: Pods und Whiteboard, Klein- und Gruppenarbeit, Videos, Bild- und Projektbesprechung, Selbstlernphasen/Kleingruppen, Software-Vorführung bzw. -nutzung
- Diskussion, Arbeitsgruppen bilden und Ergebnisse gegenseitig präsentieren, Videobeispiele, Fallberatung durch die Gruppe, Powerpoint-Präsentation
- Vortrag, Gruppenarbeit, Gruppendiskussion, Arbeitsauftrag, Streitgespräch
- Präsentation, Kleingruppenarbeit, Diskussion im Plenum, Diskussion zu Filmsequenzen, Brainstorming am Whiteboard
- Aufträge mit Referaten vergeben (Input durch die Studierenden), Gruppenarbeiten, Praxisbeispiele besprechen mit Übertragung/Anwendung

von Theorie, Übungen (Rollenspiel) als Homeoffice-Auftrag (Studierende sollen dazu miteinander Kontakt aufnehmen)

- Powerpoint-Präsentation, Lehrgespräch, Gruppendiskussion, Kleingruppenarbeit, aktuelle Bezüge
- Gruppenarbeit, Rollenspiel, Impulsreferat, Prezi, Brainstorming
- Vortrag, Datenanalyse, Gruppenarbeit, Einzelarbeit, Diskussion
- Powerpoint, Partnerarbeit, Mindmapping, Brainstorming, Storytelling
- interaktiver Frontalunterricht mit vielen Praxisbeispielen
- Vermittlung von gesetzlichen Grundlagen
- gemeinsames Lesen von regelmäßigen Berichten
- Fallbesprechungen
- Rollenspiele
- Statistik
- Präsenz: Workshops, Seminare, Vortrag
- Virtuell: Seminare, Tutorium, Vortrag
- Gruppenarbeiten zu kleinen Impulsen (kurze Texte/Zitate/Fotokarten)
- Gruppenpuzzle
- kleine Filmsequenzen analysieren
- kurze Referate der Studierenden (nicht benotet)
- kreative (Schreib-)Aufgaben: Bild malen, Gedicht schreiben, spontanes Foto machen
- Thesendiskussionen, Rollenspiele, Planspiele, bei Eignung: Kurzvideos, Powerpoint
- Einführung in den Lernstoff, Gruppenarbeit, Übungen auch gemeinsam besprechen, Sandwichmethode
- Powerpoint-Präsentation, Diskussion im Chat
- Gruppenarbeit, Umfragen, Praxisübertragung, Anwendung, Rollenwechsel
- meine persönliche Vorstellung, die Motivation der Studierenden hervorheben, Folien (was sinnvoll ist – nicht zu viel), Recherche-Aufgaben und Präsentieren
- Dialog, Vortrag, Demonstration, Gruppengespräch, Selbstorganisiertes Lernen
- Lehrvortrag, Gruppendiskussion, Gruppenaufgabe, Blitzlicht, Kollegiale Beratung

- Powerpoint, Case Studies, Diskussion
- Brainstorming, Kleingruppenarbeit mit (Text-)Aufgaben, Posterwanderung, Input
- Diskussionsrunde, TN stellen Kontrollfragen, Visualisierung, Gruppenarbeit, TN leiten selbst Übungen an
- Diskussion, Vortrag
- Impuls, Frage, Gespräch, Diskussion, Gruppenarbeit, Machen/Tun
- Fallaufgabe, Diskussion, Plenum
- advance organizer, Sandwichprinzip, Leitfragen im Team erarbeiten, Partnerinterview, moderiertes Netzwerk
- Präsenzlehre, Powerpoint mit Unterrichtsgesprächen
- 1. Unterricht anhand von Beispielsfällen möglichst aus der Praxis, 2. die sokratische Methode, 3. gemeinsame Lektüre von Normen verbunden mit Fragen der Studierenden und Antworten der Studierenden, 4. Analyse von Sequenzen aus bekannten Spielfilmen, z. B. Wall Street bei wirtschaftsethischen Themen, 5. Analyse populärer Lieder verschiedener Epochen, z. B. „Wir sind die Eingeborenen von Trizonesien" bei der Behandlung des Grundgesetzes
- entwickelndes Gespräch, Gruppenarbeit, Partnerarbeit, Powerpoint, Videos als Impuls
- Workshoptools: AGs, Diskussion/Gespräch, Einbindung/Reflexion eigener Erfahrungen durch Input der TN, Bilder/Visualisierung, Aufstellung/non-verbale Darstellung
- Gruppen-Puzzle, Brainstorming/Brainwirting, Powerpoint, Mind-Map
- Kleingruppenarbeit, Bildanalysen, Marktplatz, Projektarbeit, Hilfe zur Selbsthilfe, Beziehung ist wichtiger als Methode
- Vortrag, Arbeitsgruppen der Studierenden, Diskussion, Präsentation mit Prezi, Video
- Gruppenarbeit, Lehrgespräch, Fallbeispiel, Vortrag, Präsentation
- Dialog, Gruppenarbeit, Falllösungen, Diskussion
- Video, Dashboard, Mindmap
- Vortrag (Impuls), Gruppenarbeit, projektbezogenes Lernen, „Spiel", Diskussion
- Gruppenarbeit
- Partnerarbeit, Murmelrunden, Brainstorming, Blitzlicht, Gruppendiskussion

Wie viele Methoden wenden Sie durchschnittlich in Ihrer Fernlehre/Ihrem Fernunterricht an? (58 Antworten)

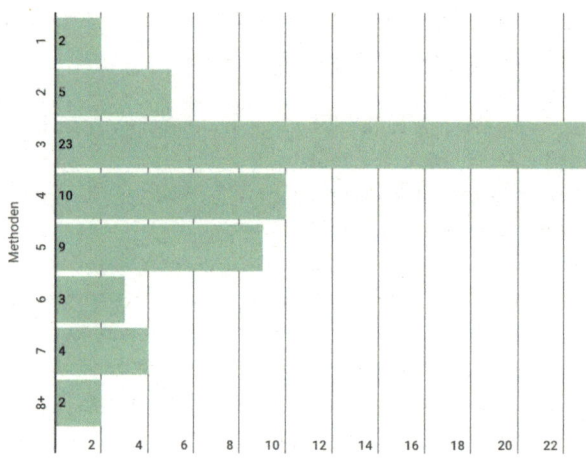

Bewerten Sie diese Anzahl als ausreichend für guten und lernendennahen Unterricht? (57 Antworten)

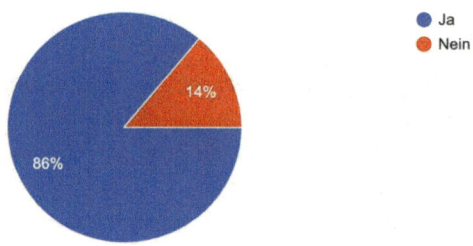

Wie gut können Sie die bisher bekannten Methoden im virtuellen Raum umsetzen? (58 Antworten)

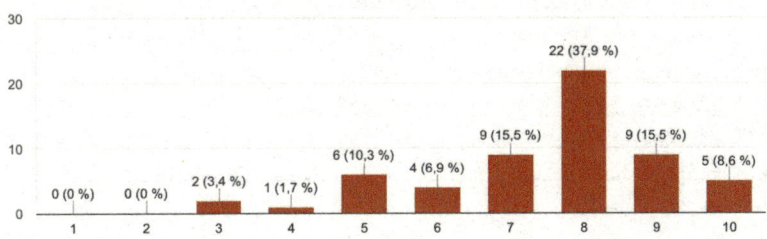

Welche Unterstützung wünschen Sie sich für den Schritt der Umsetzung ins Virtuelle? (55 Antworten)

- keine
- Bild- und Mikrofonfreigabe durch Studierende
- Ressourcen, um Lernaufgaben entsprechend im virtuellen Raum abzubilden
- begleitende Reflexion in der Gruppe der Dozierenden, Fallbesprechungen
- Kennenlernen neuer dynamischer Methoden für die digitale Arbeit, Workshops, z. B. Lernvideos erstellen
- Kurz-Video-Erstellung, Teams-Einführung, verstärkter Einsatz aller Moodle-Möglichkeiten einschließlich Zugriff der Studierenden auf Moodle zum Einstellen eigener Beiträge
- keine weiteren Umsetzungsbedarfe für meine virtuelle Lehre
- spezielle Didaktik für virtuelle Veranstaltungen
- zuverlässige Technik, verbesserter Übergang von Gruppenarbeitsmodus zurück in Normalmodus
- regelmäßige Trainings und Vorstellung neuer Methoden
- das reibungslose Einblenden von Video- und Filmmaterial mit Ton, was nur über Bildschirmansicht bislang ohne Ton funktioniert, großes Manko des Systems
- bessere technische Ausstattung der Studenten

- Einbezug weiterer Medien, mehr Beispiele für die Nutzung der Umfragefunktion
- besseres Evaluationssystem, Kollegial-System will ich ausprobieren
- Webinare, Tutorials, Demo, Austausch
- bessere Bandbreite für Video-Übertragung und Dokumentenkamera
- Unterstützung bei grafischer Gestaltung
- Webinare, die jeweils ein Tool vorstellen
- technische Unterstützung
- spielerischer Umgang und Übergänge (Methodenwechsel)
- technisches Know How
- einen Leitfaden für die TN, wie sie die unterschiedlichen Tools aus TN-Sicht einsetzen können
- das gruppendynamische Arbeiten im virtuellen Raum
- direktes Einzelcoching für individuelle Fragen und Situationen
- weitere Schulung, Hotline/Support, kollegialer Austausch
- Methodensammlung mit Kurzinfo als Handout
- derzeit keine
- Videos von allen in guter Qualität
- keine
- mehr
- Kenntnis weiterer Methoden, Kommunikations- und Motivationstechniken für Studierende
- interaktive Aufgaben; Feedback bekommen; zur Mitarbeit motivieren (statt konsumieren)
- Ansprechpartner bei auftretenden Problemen
- mehr Übungen mit dem System
- mit der Unterstützung der Hochschule bin ich zufrieden
- Lerngruppengröße müßte begrenzt sein (max. 12)
- Unterstützung von Seiten der Hochschule okay
- Alternative zu Whiteboard (sperrig), z. B. Word-Dateien und die Möglichkeit Gruppen zu verschieben (Modus Arbeitsgruppen), statt nur einzelne TN
- regelmäßige kollegiale Beratung
- Transparenz, klare Prüfungsordnung, Vertrauen
- organisatorische Unterstützung, stellen von Prüfungsfragen

- Beispiele von einem erfahrenen Kollegen sehen
- mehr Anwesenheitskontrolle der TN
- Die Studierenden sollten nicht nur die Chat-Funktion benutzen, sondern auch ihre Kameras und Mikrophone einschalten. Dazu sollten sie von der Hochschule stärker aufgefordert werden. Dialoge setzen Stimmen und Mimik (Körpersprache!) voraus.
- die features, die adobe connect noch bietet und für die in der Schlung keine Zeit war, kennen zu lernen
- verlässliche Technik insbesondere bezüglich der Teilnahme mit Kamera, mehr benutzerfreundlichere Whiteboard-Tools
- Austausch, Aufzeichnungen von Vorlesungssequenzen
- finanzielle Unterstützung bei technischer Ausstattung
- nicht notwendig
- Systemstabilität, Verpflichtung zur Kameranutzung
- Schulung virtuelle Lehre
- Tools für die Zusammenarbeit mit den Studierenden
- Methodik
- Learning on the job, Mentoring-Programm

Wie viel Vorbereitungszeit brauchen Sie im Durchschnitt für die methodische Planung pro virtuelle Unterrichtsstunde? (57 Antworten)

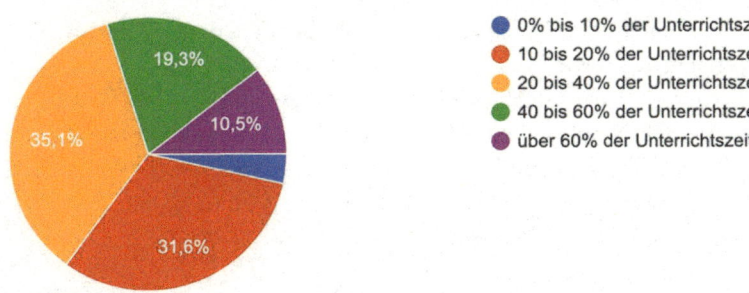

- ● 0% bis 10% der Unterrichtszeit
- ● 10 bis 20% der Unterrichtszeit
- ● 20 bis 40% der Unterrichtszeit
- ● 40 bis 60% der Unterrichtszeit
- ● über 60% der Unterrichtszeit

Woran müssen Sie am meisten arbeiten, um lernförderliche Unterrichtsbedingungen zu schaffen? (56 Antworten)

- Unterlagen und Präsentationen
- überall: Die Bezahlung ist nicht ausreichend, um eine qualitativ gute Lehre kostendeckend vorzubereiten.
- Einschränkung des eigenen Redeanteils
- aktuelle Studien/Filme suchen; gerade bestehende Module für Eigenarbeit umzubauen, mit dem Ziel, dass sie auch für Studierende motivierend zur Beteiligung sind
- Vertrauens- und Kontaktaufbau zu den Studierenden (jeder einzeln nach seinen Bedürfnissen)
- Motivation der TN an Samstagen wecken und das Ingangsetzen von Diskussionen und Gesprächen im virtuellen Raum
- Am wichtigsten sind die Anschlussfähigkeit an die Wissensstände der Studierenden und die Transparenz zu den Lernzielen.
- Unterrichtsmaterial stets aktuell zu halten
- Motivation der Studenten
- Die Bedarfsermittlung bei den Studierenden, umfangreiches Begleitmaterial erarbeiten, die Bibliothek stellt zu wenig Fachbücher zum Download zur Verfügung.
- an der Technik und am Klientel, viele Studenten wollen/können sich nicht beteiligen
- ein Abwägen der Vorbereitungen durch die Studierenden und den Inhalten meiner Lehrveranstaltung (quantitativ)
- Vorbereitung und Aktualisierung der Unterlagen zu Semesterbeginn und Pflege im weiteren Ablauf (weil sich diese am Bedarf der Studierenden ausrichtet und ich lessons learned wieder mit einfließen lasse).
- Organisation des Raumes, Vorbereitung des virtuellen Raumes, Gestaltung von Zusatzangeboten
- am Aufschreiben
- Klarheit der Darstellung
- Anpassung der Zeiteinteilung, gelungene Methodenwechsel
- Anpassung der Fragestellungen an die heterogenen Gruppen
- Vielfalt und Stringenz zusammenzubringen

- Auswahl der geeigneten Materialien
- stetige Motivation der TN, damit sie an den entsprechenden Lehrveranstaltungen teilnehmen (mit nur wenigen Ausnahmen)
- Inhalte fokussieren
- Redeanteile an die Studierenden abgeben
- Überarbeiten von Orientierungsskripten
- Aktivierung der Studierenden
- mich selbst zurücknehmen
- Stoffaufbereitung für aktives Lernen und Aufgabenstellungen
- Rechner in Studienzentren stürzen oft ab, oft wegen zu schwachen Internets
- Möglichkeiten in der Anwendung von virtuellen Medien
- Dramaturgie in der Didaktik: Spannung aufbauen und halten, besonders am Abend
- vorausschauende Planung über das Semester; interaktive Elemente ausdenken
- geeignete Methoden für die sozialen Kompetenzen zu finden
- die Kommunikation mit den Studierenden
- an der Motivation der Studierenden, die die ganze Woche arbeiten
- die für mich immer noch komplizierte Technik verstehen und beherrschen
- Kommunikationshemmungen bei den TN abbauen; gute Atmosphäre schaffen, um Diskussionen zu ermöglichen
- die Studierenden zu bewegen, aktiv mitzumachen und keine Angst vor falschen Antworten zu haben
- Planung Gruppengröße ist schwierig und die verschiedenen Abläufe dazu sowie die technischen Voraussetzungen der TN
- interaktive Übungen erfinden und umsetzen
- Vorbereitung der Präsentation/des Inhalts
- Ideenfindung, spannende Aufgaben sollen Interesse der Studierenden wecken
- Aufgaben, die zu den Themen passen
- bildliche Darstellung, kurz, knapp und doch verständlich (Kommunikation ohne Missverständnisse)
- PPP und Filme vorbereiten

- meine unterentwickelten technischen Fähigkeiten
- sinnvoller Einsatz von Methoden, bzw. Strukturierung der Inhalte so, dass sie mit abwechslungsreichen Methoden gelernt werden
- TN wirklich zu „erreichen" über eigene Erfahrungen, Gefühle etc.
- methodische Gestaltung
- Zeitknappheit bei Studierenden und community building
- an der stetigen Aktualisierung der Inhalte
- Einstellung und Motivation der Teilnehmer
- Aktivierung der TN
- Präsentation
- Motivation und Beteiligung der Studierenden, Spaß und Sinn am/des Gelernten, Aufmerksamkeit
- Gruppenarbeit ausarbeiten
- gute Fragen, guter Praxisbezug

Wo sehen Sie aktuell den größten Optimierungsbedarf in der virtuellen Lehre/im virtuellen Unterricht? (54 Antworten)

- Teilnahme der Studierenden in Wort und Bild
- (teil-)standardisierte Tools der Hochschule
- Einheiten zum Mitgestalten für Studierende zu entwickeln/modulare Lernplattform zu ermöglichen/Lernen als Programm, das ein selbstständiges Arbeiten modular ermöglicht/Englisch in die Lehre einzubauen
- noch mehr Tools zur Interaktion untereinander außer den Arbeitsgruppen
- die TN zu verpflichten, sich ein funktionierendes Headset anzuschaffen und das Lesen der Studienhefte als verbindliche Voraussetzung für gelingende Teilnahme in der virtuellen Lehre
- Routineentwicklung bei allen Akteuren
- erhöhter Anreiz für die Dozenten durch höhere Honorare, Hintergrundgeräusche (z. B. für Menschen, die an stark befahrenen Straßen wohnen) ausblenden zu können, Anwesenheitspflicht für Studierende
- Training in den Methoden
- bereits genannt, die Möglichkeiten von Zoom sind besser

- tatsächlich bei der technischen Ausstattung und Schulung der Studierenden
- in der Zusammenlegung der Gruppen, insbesondere im Hinblick auf das Versenden von Materialien
- aktuell: Aktueller Anlass war, dass ich gerade von Kundenzufriedenheit im Rahmen von QM sprach und gleichzeitig 3 Studierende durch einen technischen Mangel nicht in den Kurs kamen. Über die Hotline haben diese es 1h versucht und wurden wohl nach 5-maligem hilflosen Anruf offenbar „ziemlich unfreundlich" behandelt. So wurde es mir berichtet. Mehr Kontrast geht nicht! Ich will diesen Einzelfall nun nicht überbewerten, aber dies darf keinesfalls passieren. Die Studis sind unsere Kunden.
- flexiblere Methoden, Einbindung von Zusatztools, Hardwareverfügung
- bessere Software wäre gut, z. B. Temas oder Cisco WebEx-Meetings
- einfache Mitarbeit der Studierenden am aktuellen Whiteboard
- technisch vorbereitete Umgebung
- mehr technische Möglichkeiten für individuelle Arbeiten
- 1. fachliche und persönliche Entwicklung. Die Erwartungshaltung ist oft sehr hoch, die Toleranz, nicht belohnt zu werden, ist oft geringer ausgeprägt. 2. Benotungen/Noten. 3. Digitalisierung und Wandel der Arbeit. Berufsbilder verändern sich, neue Formate, Lehrformen zu integrieren
- abwechslungsreiche und ansprechende Gestaltung
- einen Leitfaden für die TN, wie sie die unterschiedlichen Tools aus TN Sicht einsetzen können
- Planung der Blockveranstaltungen (zwei unterschiedliche Blockveranstaltungen an einem Samstag)
- Aktivierung der Studierenden – direkte Anleitung von Präsenz-Studierenden, dass diese sich angemessen ausstatten (Hardware) und sich via Kamera beteiligen
- technische Mindestbedingungen auf Seiten von Studierenden
- Motivation der Studierenden auch zu inhaltlichen Diskussionen und nicht nur zur Jagd nach Creditpoints
- TN zu visuellen Kontakten motivieren
- hohe technische Investitionen Zuhause und die „Holschuld" im Campus (mehr Infos an Dozent)

- Studenten schalten ihre Bildschirme nicht frei und chatten, anstelle sich mündlich zu beteiligen
- Internetsicherheit, Präsenz der Studierenden
- Vermeidung technisch bedingter „Durchsacker"
- interaktives Lehren/Lernen
- Freigabe Whiteboard vereinfachen
- eine bessere Kommunikation mit den Studierenden zu schaffen, wie z. B. Verwendung des Whiteboards als Tafel oder außer der Dokumentenkamera andere Möglichkeiten, etwas zu zeigen
- Glasfaser
- begonnen hat die Hochschule vor 7 Jahren mit ca. 8 Studierenden (pro Lerngruppe), nun sind es 22 – dies hat Konsequenzen für die persönliche Ansprache der TN
- Vereinfachungen in der Technik-Bedienung
- TN sollten die Chance haben, auch nach/zwischen den Seminaren Inhalte zu posten, sodass so eine Art Vision Board der Veranstaltung entsteht, dass man hinterher als gemeinsame Gruppenarbeit schätzen kann und das man auch weiter ausbauen und nutzen kann für das eigene Lernen
- Das Hauptproblem liegt darin, dass beim virtuellen Unterricht keine Präsenzpflicht/ Teilnahmepflicht für die Unterrichtseinheiten besteht. Manchen Studierenden reicht es wohl, auf irgendeine Art und Weise die Prüfungsleistung zu erbringen. Ferner machen die meisten Studierenden trotz Aufforderung nicht von der Möglichkeit Gebrauch, sich per Kamera zuzuschalten. Auch lässt die mündliche Mitarbeit vielfach zu wünschen übrig, u. U. weil sich die Studierenden trotz des online gestellten Unterrichtsmaterials nicht vorab mit dem Stoff befasst haben.
- Aktivierung der TN
- Aktivierung der Studierenden
- Technik
- interaktive Handlungsmöglichkeiten (Werkzeuge)
- s. o.
- Ich brauche zuverlässigen technischen Support.
- Eliminierung von Störungen des Ablaufs durch technische Störungen, z. B. Ausfall der Videoübertragung
- s. o. zur Unterstützung; kleine Gruppen (bis zu 8 TN), Kamerapflicht

- technische (virtuelle) Möglichkeiten (Tools, Apps) kennen und sicher nutzen
- Bezahlung der Lehrenden
- beim technischen Equipment der Studierenden
- Teilnehmermotivation
- Aktivierungsanstöße durch das Programm
- Motivation der Schüler
- zeitliche Strukturierung der Vorlesungen (ganze Samstag oft zu lang)
- Kamera der Studierenden oft aus
- Klarheit über Prüfungen, Organisation des Studiums

Anhang 2

Quantitative Umfrage von Schülern

Die Stichprobe fand direkt nach dem „Homeschooling" im Frühjahr 2020 im berufsbildenden Schulwesen statt. Beteiligte Schularten: Berufsfachschule, Berufsschule, Berufskolleg bzw. Fachoberschule sowie berufliches Gymnasium (Datensätze aller beteiligten Schulen bei den Autoren).

430 Antworten (Stand 14.07.2020)

Frage 1:

Wie strukturiert haben Sie den Unterricht erlebt?

1 = sehr unstrukturiert, 10 = sehr strukturiert (425 Antworten)

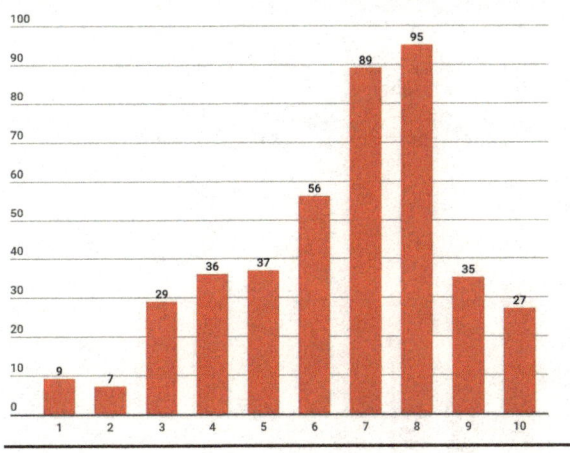

Frage 2:

Wie gut war die Kommunikation mit den Lehrern?

1 = sehr schlecht, 10 = sehr gut (426 Antworten)

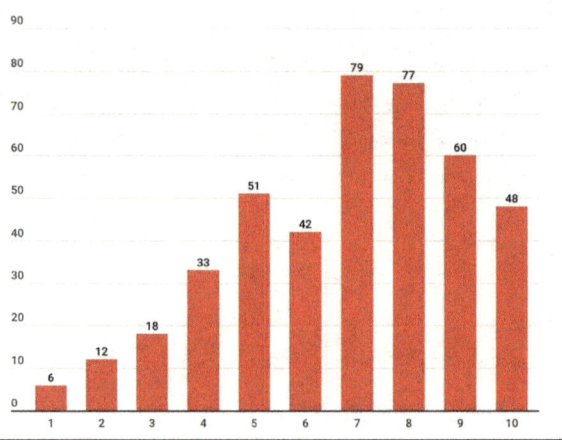

Frage 3:

Wie rhythmisiert war der Unterricht?

1 = nicht rhythmisiert, 10 = sehr rhythmisiert (424 Antworten)

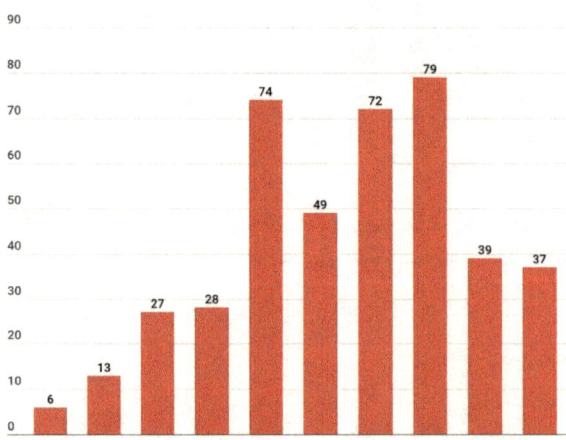

Frage 4:

Wie methodenreich war der Unterricht?

1 = wenig methodenreich, 10 = sehr methodenreich (424 Antworten)

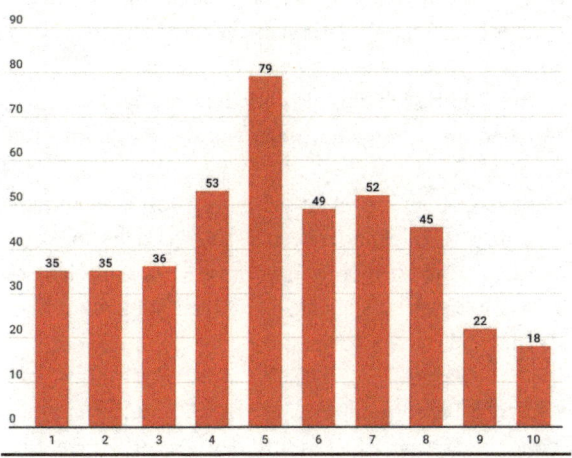

Frage 5:

Wie gut war der Lehrer „da" (für Sie erreichbar)?

1 = nicht erreichbar, 10 = sehr erreichbar (422 Antworten)

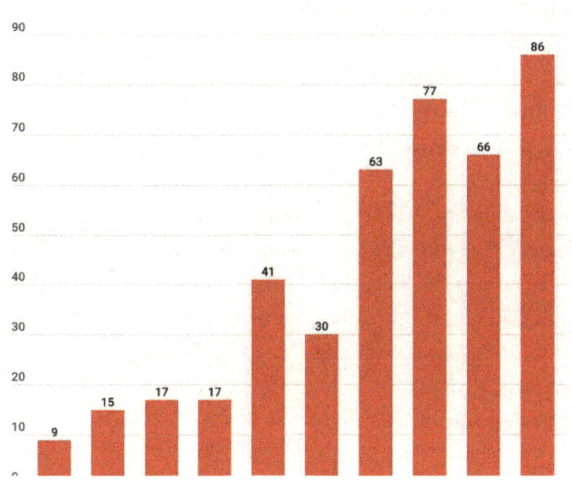

Was haben Sie am „Homeschooling" am meisten vermisst?

326 Antworten

- Austausch mit Mitschülern und Lehrern; einfacher Fragen stellen; ein Grund, sich morgens fertig zu machen; Gleichberechtigung: nicht jeder hat gutes WLAN oder gute Technik, was sich wiederum in der Notengebung widerspiegelt
- Die Mensa :) Den leckeren Kaffee und die nette Bedienung :)
- „Einfaches" Handheben und Drangenommen werden, wie im normalen Unterricht
- Einige Lehrer konnten/können wir nicht sehen und somit auch nicht ihre Reaktionen. Es ist eine ganz andere Art von Unterricht und lässt sich mit Unterricht an der Schule nicht vergleichen. Manchmal wäre es besser, wenn wir das Besprochene gleich ausprobieren hätten können.
- die Mitschüler, da nicht alle eine Kamera haben
- nichts
- das Face-to-Face mit den Lehrern, die einfachere Kommunikation, das praktische Anwenden und Ausprobieren und den Austausch der Mitschüler
- praktisch!
- das Schreiben an Tafeln
- Lerngruppen unter Schülern, die Schule
- den Kontakt zu Mitschülern und die Witze, über die alle gemeinsam „laut" lachen können!
- Sparen der Benzinkosten, Skript ist für jeden direkt verfügbar und speicherbar, Ruhe = bessere Konzentration
- meine Mitschüler, den vielfältigen Unterricht
- den direkten Kontakt
- die schnellen, individuellen Diskussionen und Fragen, online werden weniger Fragen gestellt als im Präsenzunterricht, dadurch kommt es zu weniger bzw. kürzeren Diskussionen, im Präsenzunterricht „grätschen" Schüler eher, häufiger und schneller zwischen, wenn sie etwas noch nicht vollständig verstanden haben
- die Mitschüler und die Praxis
- den Austausch mit den Mitschülern

- direkten Kontakt zu den Lehrern (im Zusammenhang mit Fragen bei bestimmten Themen)
- den realen Kontakt zu den Mitschülern und Lehrern
- die Notwendigkeit aufzustehen, sich fertig zu machen und zu Schule zu fahren, Motivierung ist hart, wenn man aufsteht und an den PC geht
- die flexiblen Schulzeiten
- Manchmal das Bewusstsein dafür, dass digitaler Unterricht von zuhause, genauso „viel" ist wie Berufsschule. Hab noch nie so viele Arbeitsaufträge bekommen, wie in der digitalen Zeit, manchmal wohl, weil die Lehrer das Gefühl hatten, nicht genug an uns zu vermitteln. Also vermisst: Das Gefühl für die Masse an Infos!
- direkter Kontakt
- die Interaktion mit der Klasse
- Menschlichkeit, die Praxis anschaulich erklärt zu bekommen, so etwas funktioniert einfach nur von Angesicht zu Angesicht
- meine Kameraden
- dass die Lehrer an eigenen Reaktionen sehen, ob man Ideen hat oder, wenn man etwas nicht verstanden hat und es sich nicht traut zu sagen, und dass man nicht in eine lockere Kommunikation kommt, da man immer abwarten muss bis man das Gesprochene gehört hat und es oft Verzögerungen gibt
- Ich finde Zuhause-Unterricht gar nicht gut.
- Austausch über Unterrichtsstoff während des Unterrichts mit anderen Schülern
- das Fragen und Antworten zwischen Lehrer und Schüler
- meine Mitschüler und die Lehrer in der Schule zu sehen und nicht nur über einen Bildschirm
- dass man was lernt
- manchmal sehr schnell und viele Infos
- praktische Anteile im Unterricht, Gruppenarbeiten, an denen sich alle beteiligen
- zu viele Gruppenarbeiten, zu wenig Einzelarbeiten
- persönlichen Kontakt
- den persönlichen Kontakt, den direkten Kontakt, und damit die effektivere Nutzung von Arbeitsgruppen, die doch oftmals erschwert waren,

weil die Technik bei einigen nicht ausreichend vorhanden war: Ohne Mikro ist es schon schwer etwas zu erarbeiten.

- die direkte Kommunikation mit Gestik, Mimik
- persönlichen Kontakt
- Einzelarbeit bzw. selbstständiges Arbeiten, mehr anspruchsvolle Aufgaben, Tests, direktes Feedback, Noten
- Es war sehr unpersönlich und aufgrund von Internet oder Verbindungsproblemen von jedermann hat man zwischendurch dann etwas verpasst.
- den direkten Austausch zu Lehrern: Manchmal kann eine Frage nicht beantwortet werden, da die Kommunikation schwierig ist. Persönlicher Austausch mit Lehrern und Mitschülerinnen!
- das soziale Umfeld
- Kontakt mit den Mitschülern und den praktischen Unterricht
- Interaktion mit der Lehrkraft
- den Austausch mit den Mitschülern und das Eingehen auf persönliche Fragestellungen/Probleme mit dem Unterricht; den freien Unterricht, aus dem sich nochmal durch Fragestellungen der Schüler eine andere Sicht des Lerninhaltes darstellen kann
- abwechslungsreicher Unterricht, meine Mitschüler
- Mitschüler – die Austauschmöglichkeit mit den Schülern
- Organisation, Verständnis gegenüber Schülern
- die offene Kommunikation mit den Lehrern, welche wir normalerweise nach dem Unterricht hatten
- den Austausch unter Schülern und Lehrern, das Eingehen auf persönliche Fragen
- Den normalen Unterricht habe ich vermisst, mit den Klausuren und praktischen Prüfungen, einfach zur Selbstmotivation: zu Hause ohne Examen, kann man sich weniger zwingen zum regelmäßigen Lernen. Man ist leichter im Unterricht verloren, wenn man keine ordentliche Organisation hat, z. B. muss man fast jeden Tag was anderes ausdrucken (Skript, Aufgaben usw.). In der Schule war das alles viel strukturierter, und man musste regelmäßig lernen.
- Kontakt zu Mitschülern und Lehrern, also persönlich etwas nachfragen können
- Praxis

- Interaktion mit den Lehrern
- ein Skript über den Unterrichtsinhalt
- 1. die praktische Ausübung bestimmter Fächer, 2. Austausch mit den Mitschülern
- Ich hätte mir gewünscht, während des Online-Unterrichts weniger lang auf den PC-Bildschirm schauen zu müssen. Vermisst habe ich während des Online-Unterrichts den Unterricht im Klassenverband, wie vor der Corona-Krise.
- die Austauschmöglichkeit mit den Schülern
- strukturierte Tafelbilder bzw. Whiteboards
- Der schnelle Austausch mit den anderen Mitschülern und Lehrern. Da viele ihr Mikrofon oder Kamera nicht genutzt haben, war es sehr mühselig zu kommunizieren während eines Videokonferenz. Die Schule! Am meisten habe ich vermisst, mit meinen Mitschülern und Lehrern im Klassenzimmer in der Schule zu sitzen. Ich finde es schade, dass man durch das Homeschooling die sozialen Kontakte nicht mehr hat bzw. nur noch virtuell pflegen kann. Man hat in der Schule eine ganz andere Atmosphäre beim Lernen.
- Den persönlichen und direkten Austausch mit der ganzen Klasse und den Lehrern, das Vorführen praktischer Dinge ist online einfach nicht möglich und mindert die Vorstellungskraft. Man kann sich deutlich schlechter motivieren, wenn man am Laptop sitzt und sehr viele Ablenkungsmöglichkeiten bestehen, deshalb finde ich, dass Unterricht in der Schule deutlich effektiver ist für meinen eigenen Lernerfolg. Außerdem treten auch des Öfteren Verbindungsmöglichkeiten auf und bei der Handynutzung ist es mir trotz WLAN nicht möglich mein Mikrofon oder meine Kamera einzuschalten, ohne dass die Verbindung sehr schlecht wird oder man den Lehrer nicht versteht.
- die Klassenkameraden
- praktische Übungen
- Man wurde vom Lehrer oft nicht wahrgenommen, wenn man unten in den Chatroom eine Frage geschrieben hat und konnte somit keine Fragen stellen, weil es unangenehm ist, einfach das Mikro anzumachen und den Lehrer zu unterbrechen.
- das Zwischenmenschliche mit den Klassenkameraden, soziale Kontakte

- der reale Kontakt zu den Menschen
- verbesserte Produktivität durch angenehmeres Umfeld und besseres Equipment
- Man wird nach der regulären Unterrichtszeit nicht aus dem Flow gerissen, sondern kann weiterarbeiten, falls nötig. Umfeld schonender, da keine 2 Stunden Fahrt (in meinem Fall), zudem die sozialen Kontakte.
- Freunde sehen
- Diskussionen und nicht nur Frontalunterricht
- die Mitschüler nicht live zu sehen
- die schnelle Rückmeldung
- den Kontakt zu meinen Schulkameraden
- Beim Homeschooling hat es mir an nichts gefehlt, ganz im Gegenteil, nur die sozialen Kontakte.
- direkten Kontakt mit Lehrern und Mitschülern
- nichts, nur die Praxis
- Abwechslung in den Methoden und Materialien
- komfortable Umgebung, den praktischen Unterrichtsanteil, den tatsächlichen und persönlichen Kontakt und Austausch mit meinen Mitschülern bzw. auch den Lehrkräften, die lückenlose Kommunikation mit den Lehrern
- Nichts, es hat mir sehr gut gefallen!
- Ich persönlich finde Homeschooling nicht gut. Es liegt nicht an den Lehrern, die machen alles super und geben sich sehr sehr Mühe.
- Aber es ist leider Tatsache, dass man im Online Unterricht kaum bis gar nichts mitnimmt. Es fällt mir sehr sehr schwer zu folgen.
- Zudem finde ich es sehr schwer vorauszusetzen, dass man eine gute Internetverbindung und die passenden elektronischen Geräte hat. / Viel zu wenig Möglichkeit sich richtig auszutauschen! Es ist nicht schön, die ganze Zeit vor dem Bildschirm zu sitzen. Es macht mich unlebendig. Die Praxis kam natürlich viel zu selten zu Tage, was auch schwer ist umzusetzen.
- die praktischen Aspekte
- das Stellen von Fragen nach dem Unterricht/innerhalb der Pausen, den generellen persönlichen Kontakt zu den Lehrern und zur Schule

- auch den Austausch im Unterricht untereinander in der Klasse und mit dem Lehrer, Homeschooling ist ja eher ein Vortrag des Lehrers
- die Lust am Unterricht mitzumachen, Lernerfolge
- das Miteinander
- direkter Kontakt, online waren Dialoge/Gespräche im Unterricht schwierig, wenn man sich alles selber erarbeiten muss, braucht man viel mehr Zeit, als wenn der Lehrer eine Einführung gibt oder im Unterricht in Gruppenarbeit was erarbeitet wird
- auch wenn ich weiß, dass die Umsetzung nicht möglich oder nur in Maßen möglich ist, aber die Gruppenarbeit
- Interaktion mit Mitschülern und Lehrern, live im Unterricht mit Menschen zu sein
- Kontakt mit Lehrer und Schule, Atmosphäre
- ein Wissen behalten
- Homeschooling hat mir nichts gebracht. Ich habe nichts beibehalten können, was im Unterricht an Themen vermittelt worden war. Was das Wissen angeht, bin ich sehr unsicher, meine Mitschüler, Freunde in der Schule.
- „Homeoffice" mit der freien Einleitung von Aufgaben
- regelmäßigen, produktiven Unterricht
- nichts
- nichts
- die Schule
- Kontakt zu Mitschülern, strukturierter Alltag
- die offene Kommunikation mit den Lehrern, welches wir normalerweise nach dem Unterricht hatten
- die direkte Kommunikation mit den Lehrern/Mitschülern, die im Präsenzunterricht doch noch viel flüssiger ablaufen kann
- dass man sich viel weniger austauscht und sich dadurch wiederum mehr selbst erarbeiten muss
- das Gefühl, dass ich in einer Schule bin
- den Augenkontakt, das Persönliche, das Soziale, meine Lehrer, Präsenzunterricht ist halt etwas anderes
- Workloads

- den praktischen Unterricht und die Lehrpraxis, klare Strukturen, stabiles Internet, flexibler Online Campus, Klausuren in der Schule
- nichts, Präsenz der Schüler, viele lassen die Kamera trotz Aufforderung aus, die Lehrer ärgern sich, können nicht genau sagen, wer wirklich mitmacht bzw. präsent ist
- die Möglichkeit zu haben, sich mit Lehrer und Mitschüler auszutauschen oder Fragen zu stellen, die oft in den Chats während des virtuellen Unterrichts übersehen werden / Der Unterricht ist unstrukturiert und die Kommunikation mit dem Lehrer sehr aufwendig und schlecht, man bekommt selten eine Antwort auf die Frage. / Wie werden mündliche Noten gemacht? Die Medienkompetenz mancher Lehrkräfte hat leider gefehlt. Und, dass alle Lehrer einheitlich ein Medium (z. B. den Online Campus) verwenden.
- Klassenkameraden, in der Schule hört man besser zu
- das Sitzen im Klassenzimmer
- Mitschüler
- die Schule, den Vor-Ort-Unterricht und das Labor, mehr Interaktionsmöglichkeiten mit meinen Klassenkameraden, das „Beisammen"-Sein in der Klasse, der virtuelle Unterricht ist mit dem reellen nicht vergleichbar
- den Kontakt zu den Mitschülern
- Mitschüler
- Struktur
- soziale Kontakte
- Alltagsstruktur, Klassenkameradinnen
- den direkten Austausch mit Mitschülern und Lehrern
- Freunde, Erklärungen der Lehrer, geregelte Lernzeit
- Mitschüler, Zusammenarbeit
- das Gefühl in einer Klasse zu sitzen
- Freunde
- Klassenkameraden, Präsenzunterricht
- persönlichen Kontakt mit den Lehrern
- Lernatmosphäre
- Kontakte zur „echten" Welt, Fragen direkt zum Lernstoff stellen
- Austausch über Themen
- spontane Rückfragen, Fragen der Mitschüler

- Klassenkameraden, Gruppenarbeiten
- direkte Interaktion mit Lehrern und Mitschülern
- Routine
- methodenreiche Aufgaben
- Kommunikation zu den Mitschülern
- den Kontakt zu Schülern und Lehrern
- Lehrer ohne Aufwand Fragen stellen
- persönliche Kommunikation, Fragen genauer stellen können
- direktes Ansprechen eines Lehrers bei Fragen
- die Struktur
- den physischen Kontakt
- meine Mitschüler
- soziale Kontakte, Austausch mit den anderen
- Mitschüler, das konkrete Erklären der Lehrer
- einen strukturierten Alltag
- Kontakt zu anderen
- Unterhaltungen mit Schulkameraden
- soziale Kontakte, Erklärungen von den Lehrern
- persönlicher Kontakt mit Lehrern und Mitschülern
- Lernen mit anderen, Präsentationen
- Kontakt mit anderen (Schülern wie auch Lehrern)
- Mitschüler, strukturierterer Unterricht
- Möglichkeit direkter Rückfragen
- Freunde, Abwechslung
- wöchentliche Tests (ohne Benotung), um Lernstand überprüfen zu können
- das Schulleben, Freunde, Fragen stellen können an Lehrer
- den Lehrer
- Austausch mit anderen Schülern
- Kontakt zu Mitschülern, direktes Nachfragen
- die Klasse
- festen Stundenplan
- Gruppenarbeiten
- Rhythmus, regelmäßiger Austausch, Sicherheit und Kontrolle
- Kontakt mit Mitschülern

- Mitschüler, methodenreichen Unterricht
- Kommunikation zu einzelnen Themen
- das Schulleben und -alltag
- der soziale Kontakt
- den persönlichen Kontakt
- die Struktur und Disziplin, Mitschüler und Miteinander
- persönlicher Kontakt zu Mitschülern
- strukturierter Tagesablauf, Zeit und Abwechslung mit Klassenkameraden
- Freunde, Struktur, lockere Unterrichtsatmosphäre
- in schwierigen Fächern bessere Erklärungen
- Freunde, Klassenkameraden, auch Lehrer
- die Klassengemeinschaft
- Gruppenarbeit, Struktur im Alltag
- Kontakt zu Freunden
- direktes Feedback
- Prüfungsvorbereitung
- jemand, der mich anspornt
- Kontakt zu Mitschülern
- persönlichen Kontakt, die Klasse, den Lehrer
- Kontakt zu Lehrern und Klasse
- Austausch mit den Mitschülern
- Klassenkameraden, Abwechslung
- Präsenzunterricht
- persönlicher Kontakt zu Lehrern, Erklärung der Aufgaben
- Austausch mit Mitschülern und Lehrern
- Austausch mit Lehrer und Klasse
- strukturierte, weiterreichende Pläne
- direkte Fragen stellen, Struktur im Alltag
- die freie Zeiteinteilung (im Unterricht)
- Freunde in der Schule
- Kontakt zu Mitschülern, Gruppenarbeiten
- die Struktur, denn dann weniger Motivation
- das Zusammensitzen in der Klasse
- Präsenz der Lehrer und Mitschüler
- Hilfe durch den Lehrer

- sozialen Kontakt (durch den man auch besser lernen kann)
- Klassenkameraden
- den persönlichen Kontakt mit Lehrern, Nachfragen stellen können
- Konzentration auf die Arbeit, Erklärungen
- tiefere Stofferklärung
- strukturierten Unterricht
- Klassengemeinschaft, mit anderen persönlich reden
- Freunde, Mitschüler
- Austausch mit Lehrern und Schülern, Wiederholung von Themen
- Unterstützung durch die Lehrer
- direkte Erklärungen vom Lehrer
- meine Fragen/Probleme konnten nicht sofort gelöst werden
- die Lehrer und meine Klasse
- meine Freunde
- persönlicher Kontakt
- mit Leuten in der Schule treffen

Was würden Sie am „Homeschooling" noch verbessern?

272 Antworten

- mehr Online-Unterricht
- mehr Videos
- mehr Videokonferenzen
- mehr Struktur
- Kommunikation
- Optimierung Plattform
- übersichtlicher gestalten
- funktionierende Plattformen und Internet
- angemessenen Stoffumfang, bessere Erklärungen
- regelmäßige Aufgaben
- bessere Programme, bessere Zeiten, bessere Erreichbarkeit
- Kommunikation, mehr Videoanruf-Unterricht
- Strukturierung, Systeme ausbauen/ausreizen
- Struktur

- gleichmäßige Verteilung des Stoffs
- Inhalte und Stoffmenge besser anpassen
- Videos und Ordner für Material
- abwechslungsreiche Gestaltung
- das Hochladen von Material
- Absprachen bzgl. Aufgabenverteilung
- mehr Videounterricht, nicht nur Arbeitsblätter
- direkte Fragen besser an die Lehrer stellen können
- persönliche Gespräche über Videochat
- Zeiten zum Hochladen berücksichtigen
- in kleineren Abschnitten arbeiten
- Struktur der einzelnen Fächer
- Digitalisierung voranbringen, Organisation verbessern
- Verbesserung Plattform
- eine Funktion, mit der man sieht, was man schon gemacht hat
- Methoden
- terminierte Aufgaben
- mehr Webkonferenzen
- methodenreicher
- Optimierung selbe Plattform
- Lehrer besser schulen
- Videos einbauen
- Gruppenarbeiten (auch online notwendig!)
- mehr Online-Unterricht!
- Aufgaben anpassen ans sich selber Beibringen
- bessere Kommunikation
- bessere Verteilung der Arbeitsaufträge
- zusätzliche Konferenzen (bei schwierigeren Themen)
- rhythmisierter Verlauf, regelmäßigere Kontakte
- Aufgabenhinführung
- Kommunikationswege vereinheitlichen
- strukturiertes Hochladen und Erklären
- mehrere Konferenzen
- abwechslungsreicher
- Benachrichtigung, wenn es was zu tun gibt

- einheitliche Systeme
- Erklärvideos
- Vieles
- Kommunikation, Aufgabenstellung
- digitaler Unterricht
- mehr Videos, direktere Kommunikation
- technisch höherer Stand
- Workshop zum Thema Digitalisierung für Lehrer
- Kommunikation über E-Mail
- Stundenplan
- Kommunikationswege
- strukturiertes Arbeiten, manche Lehrer zu viel, manche Lehrer zu wenig Material
- Kommunikation auf einheitlichen Wegen
- evtl. kurze Videokonferenzen zwischendurch
- klarere Aufgaben, Zeiten, wann welche Aufgaben erledigt werden, bessere Kommunikation
- öfters Videos
- mehr Konferenzen, geregelte Zeiten
- mehr Struktur, mehr Videokonferenzen
- Menge und Rhythmus der Arbeitsaufträge
- Bewertung des Unterrichts/Rückmeldung
- mehr Dialog zwischen Lehrern und Schülern
- Kommunikation optimieren
- Aufgabenfülle
- nicht nur Aufgaben, sondern Online-Vorlesungen!
- vom Lehrer vorbereitete Erklärvideos bzw. Einführungen ins Thema
- Kommunikation, Austausch von Materialien
- mehr Struktur, bessere Apps
- Zuverlässigkeit der Lernplattformen
- nicht (so) durcheinander
- strukturierter und übersichtlicher
- Erreichbarkeit der Lehrer
- mehr Erklärungen von Lehrern zum Thema
- mehr Videokonferenzen, strukturierten Zeitplan

- Optimierung bei Zusendung der Aufgaben (Reihenfolge)
- besser strukturiert, übersichtlicher
- bessere Strukturen
- Jeder Schüler sollte Chancengleichheit haben. Bei allen sollten also zumindest die Mikros funktionieren. Sonst wurde es mit der Zeit viel besser und ich konnte mich sehr mit dem Online-Unterricht anfreunden. Gespräch mit den Mitmenschen (Gespräche abseits vom eigentlichen Unterricht mit den Tischnachbarn) in der Schule sind schon effektiver.
- sich direkt von Angesicht zu Angesicht miteinander austauschen können und Schulterklopfen
- direkten Kontakt zu den Lehrern und dass nicht jeder seine Kamera und Mikro zur Verfügung oder auf „An" hatte
- die Austauschmöglichkeit mit den Schülern, das „active Learning" und den sozialen Kontakt / Ich vermisse die Schule, die Struktur, das Miteinander, einfach den Ablauf dahin zu fahren und wieder nach Hause. Ich vermisse meinen Alltag.
- die direkte (generell) Kommunikation mit den Lehrern / Vieles geht leider unter, wie Aufgaben, die geschickt werden etc., was sehr schade ist, da die Schüler am Ende die Konsequenzen tragen müssen.
- engmaschige Kommunikation bzgl. Unterricht
- Der tägliche soziale Umgang mit den Klassenkameraden war sehr erfrischend. Auf diesen musste man jetzt halt verzichten, aber, davon abgesehen, ist es sehr viel entspannter und zeitschonender Online-Unterricht zu haben und nicht jeden Tag 4 Stunden durch Zugfahren einbüßen zu müssen.
- persönlichen Kontakt
- den direkten Kontakt und den Spaß am Lernen
- eine gute Verbindung
- direkter Unterricht
- sich nicht so fern von den anderen zu fühlen, mit anderen überlegen
- gute Kommunikation und direkten Kontakt zu meinen Mitschülern und Lehrern
- gar nichts / Es war sehr viel einfacher von Zuhause im Theorieunterricht mitzuarbeiten als zuvor.

- eine gute Lernatmosphäre, die mit der Schule zu vergleichen ist, eine Tonregelung
- den persönlichen Kontakt sowohl zu Schülern als auch zu Lehrern / Es war alles etwas fremd und es konnte auch kein gutes Unterrichtsgespräch entstehen.
- Unsicherheit, ob man alles Wichtige erarbeitet hat und inwiefern es detailliert genug ist, sich nicht so fern von den anderen zu fühlen, mit anderen überlegen, dass das Material nicht rechtzeitig zur Verfügung war
- den praktischen Teil
- das Arbeiten am und mit Menschen; das Austauschen untereinander ging schlecht; Aufnahme von Wissen ist monoton (Folien vorlesen), direkter Kontakt zu Lehrern und Schülern / Fragen können (wenn es nicht gerade eine virtuelle Vorlesung gibt) nicht direkt sofort beantwortet werden
- die Inspiration des Teams, die Unterhaltung, die Struktur
- dass die Lehrer nicht einschätzen können, ob Schüler noch etwas schreiben oder nicht und dann direkt mit dem Unterricht bzw. dem Inhalt weitermachen und man nicht hinterherkommt
- die Möglichkeit schnell zu interagieren und flüssiger in Kommunikation zu treten und die Zusammenarbeit mit anderen Schülern, das Austauschen, das allgemeine Kennenlernen und die soziale Komponente
- dass man sich live sieht, weil man da dann doch die knöchernen Strukturen besser sehen konnte
- die praktische Anwendung, die Regelmäßigkeit, den direkten Kontakt zum Lehrer und untereinander, die Effektivität, praktischen Unterricht
- den direkten Kontakt mit den anderen und den Lehrern
- die Interaktion und Wahrnehmung untereinander / Manchmal ist der Unterricht auch einfach etwas schnell.
- das ruhige/langsame Reden der Lehrer
- die direkte Ansprache zu den Lehrern, den persönlichen Kontakt sowohl zu Schülern als auch zu Lehrern / Es war alles etwas fremd und es konnte auch kein gutes Unterrichtsgespräch entstehen.
- eine gute Verbindung
- direkten Dialog
- nichts
- meine Konzentration

- die normale, einfache und schnelle Kommunikation zwischen Lehrern und Schülern, die direkte Kommunikation während schriftlichen Arbeitsaufträgen
- das richtige Leben
- Vormachen und direkte Verbesserungen durch Austausch zwischen Schülern und Lehrern
- noch mehr Wiederholung, praktische Beispiele, soziale Anbindung
- Praxisarbeit
- den Lehrer auf Großbild stellen, wenn keine freigegebene Präsentation vorhanden ist
- manche Lehrer haben zu umfangreiche Aufgaben gestellt / Ich hätte mir eine bessere Besprechung von diesen A. gewünscht.
- eine gute Verbindung
- dass nicht alle Lehrer beteiligt waren, sondern nur 4 regelmäßig Unterricht gegeben haben, außerdem wurde selten von allen Schülern die Kamera benutzt und haben sich, so gesehen, bei Fragen der Lehrer versteckt
- dass man Fragen direkt klären konnte und man, wenn man was nicht versteht, sofort Rückmeldung bzw. Antworten auf die Fragen bekommt
- Abwechslung
- das „Miteinander", den persönlichen Kontakt zu Lehrern und vor allem zu den Mitschülern / Außerdem war es sehr schwer zu kommunizieren und man ist immer wieder rausgeflogen.
- nachvollziehbare Erklärungen, zu viele Präsentationen
- nichts
- Das große P in den Augen der Schüler – Frau X., Anatomie. Dadurch ist es für die Lehrer einfacher zu verstehen, wann die Schüler etwas verstehen, nicht verstehen oder einfach Panik kriegen, weil etwas so viel ist, den persönlichen Unterricht in der Schule.
- praktischer Unterricht, die Gemeinschaft in der Klasse
- Schüler und Lehrer im direkten Gespräch, mit Klassenkameraden/Freunden aus der Schule zu quatschen sowie den praktischen Teil
- Fragen stellen können, richtige Erklärungen (die meisten Lehrer haben nur ihre Präsentationen vorgelesen) und bei Missverständnissen noch mal eine Erklärung kriegen können, den praktischen Bezug.

- den persönlichen Kontakt zu Lehrern und Mitschülern
- den praktischen Bezug
- das abwechslungsreiche Arbeiten, was in der Schule möglich ist, persönliches Melden und Gespräche, da man sich online weniger meldet/beteiligt aufgrund technischer Probleme etc.
- dass alle Lehrenden eine gute Einführung in Adobe Connect bekommen und die tollen Möglichkeiten (z. B. Gruppenarbeiten, Dokumente hochladen, Videos abspielen etc.) zu nutzen lernen
- dass online keine mündlichen Noten vergeben werden dürfen
- Was halt schwierig ist, teilweise, es gibt immer mal jemanden (auch Lehrer), die Problem mit der Internetverbindung haben.
- Ich finde Homeschooling sollte keine Dauerlösung sein. Übergangsweise kann man gut damit leben, aber nicht auf lange Sicht gesehen.
- einfachere Handhabung für den Lehrer (war vor allem bei den älteren nicht so gegeben)
- Besser fände ich, wenn wir mehr aktiv am Bildschirm mitarbeiten könnten und wenn es eine Einführung für die neuen Kurse geben würde und nicht erst, wenn es dann von heute auf morgen genutzt werden muss. So gibt es bestimmt einige Dinge, von denen wir nichts wissen und auch die Lehrer finden immer wieder neue Dinge, feste Zeiten mitteilen/festlegen, wann die Lehrer ihre Aufgaben schicken, damit man sich besser darauf einstellen kann.
- mehr Beispiele von den Patienten, damit man sich die Theorie besser vorstellen kann, wie die Handlungsabfolge an einem Patienten ist, mal von Anfang bis Ende durchsprechen / Außerdem wäre es schön, wenn man Nachrichten oder Hinweise bekommen würde, wenn der Lehrer etwas Neues hoch lädt.
- nichts, manche Dinge kann man einfach nicht am Computer
- praktische Übungen, die ohne ein Partner ausgeführt werden können, keine mündlichen Noten geben
- die verschiedenen Lehrmöglichkeiten, also mehr Interaktion und weniger frontal, wobei Referate nicht zu Interaktion zählen, die sind nämlich echt schwierig über den virtuellen Weg
- Methoden, Gruppenarbeit mehr anwenden, keine Vorlesung daraus machen, sondern mehr interaktiv, Schüler mehr mit einbeziehen

- Verbesserungen würden nicht das Homeschooling an sich betreffen, sondern nur die Arbeit der Lehrer.
- geplantere Stundenpläne
- Die Leistungsstärke des Online Campus. Häufig stürzt Adobe Connect ab oder Mikrofone, Lautsprecher funktionieren nicht sofort/ab der ersten Anmeldung, sondern erst nach einer Neuanmeldung.
- Teilweise die Kommunikation mit manchen Lehrern. Gerade die Älteren kennen sich nicht so gut mit dem Online Campus aus, sodass es immer wieder zu Kommunikationsproblemen kam. Im Großen und Ganzen läuft es aber sehr gut!
- Jeder Lehrer sollte alle Funktionen beherrschen.
- eigentlich ganz gut, bevorzuge trotzdem Schule
- dass die Systeme so funktionieren, dass Lehrer zum Beispiel Videos ohne Zeitverzögerung zeigen können / Außerdem sollte man sich eine Lösung dafür überlegen, Klausuren online zu schreiben.
- Mehr Schulungen an die Lehrer, die schon älter sind und nicht so viel Berührungspunkte mit dem PC haben/hatten. Ist natürlich schade, wenn jemand es nicht schafft Arbeitsblätter für uns hochzuladen und wir uns die dann selber komplett abschreiben müssen, kostet Zeit und ist auch unnötig. Auch würde ich bei der Stundenplangestaltung darauf achten, dass Mitte der Woche ein Tag vielleicht lockerer gestaltet/ nicht so lange dauert. Von 8–15 Uhr oder sogar 17 Uhr nur vor dem PC sitzen ist zum Teil schon anstrengend. Generell bin ich aber zufrieden und froh, dass es so gut lief.
- Verbesserung der Whiteboards, z. B. Hoch- und Tiefzahlen, sodass das Whiteboard u. a. im Chemieunterricht besser genutzt werden kann / Alles, es muss dafür gesorgt werden, dass jeder ein Laptop mit Internet bekommt, es kann nicht sein, dass man davon ausgeht
- privates Internet ohne Störungen, Empfang gerade für Menschen, die auf dem Land leben, die Kosten müssen von der Schule auf jeden Fall übernommen werden, da es mein Strom ist und das Internet kostet auch Geld im Monat, es heißt ja doch Bildung ist kostenlos, oder nicht? / Dann die Zeiten: Ich finde es eine Frechheit, wenn der Lehrer Samstagabend 19 Uhr Aufgaben schickte oder Sonntagabend eine Mail mit sonst für Themen. Im Normalfall klingelt ja auch kein Lehrer samstags

bei mir und gibt mir irgendwelche Aufgaben, weil es gerade passt. Also bitte: feste Zeiten für Aufgabenstellung!

- Homeschooling ist keine Lösung
- manche Lehrer sind zu langweilig online
- die Internetverbindung
- Verbesserung der Internetanschlüsse der Lehrer
- mehr Zeigeoptionen, während ein Skript läuft, um zu sehen, wo die Lehrer sind; Information darüber, ob Lehrer schon im Raum sind oder nicht / Sonst versucht man ständig in den Raum zu kommen und lädt die Seite ständig neu, solange die Lehrer nicht drinnen sind.
- dass der Online-Unterricht besser läuft, weil aufgrund von Internetproblemen die Verbindungen schlecht sind und man viel Unterricht schlecht mitbekommt
- Schriftliche Aufgaben sollten mehr den Schülern angepasst werden, sodass diese in einer Zeit von ca 2 Stunden machbar ist und die Versendung der Aufgaben sollte mindestens am Vortag bereits erfolgen.
- bessere Kenntnis der Plattform
- die Kommunikation und Technik
- dass es strukturierter ist und man das Gefühl hat, jetzt auch was Produktives getan und nicht seine Zeit verschwendet zu haben
- nichts
- mehr Aufgaben, die innerhalb der Schulzeit allein bearbeitet werden sollen
- mehr Lernaufgaben, weniger Gruppen, abwechslungsreichere Unterrichte, Bereitstellung von den ausgedruckten Arbeitsblättern, pünktliches Kommen der Lehrer / Klassenbuchführer bekommen auch eine Bemerkung, wenn jemand den online Raum verlässt (viele melden sich nicht, wenn sie rausfliegen oder gehen einfach raus) / Ich würde tatsächlich die Kontrolle der Mitarbeit verbessern wollen, da ich das Gefühl habe, dass sich einzelne nur berieseln lassen – wenn sie überhaupt dabei sind.
- und wenn man mit diesen Personen in einer Arbeitsgruppe sitzt, dann bleibt alles an einem hängen
- Ich würde mir weniger Frontalunterricht, sprich der Lehrer hält einen Monolog, wünschen.

- dass öfter selbstständig gearbeitet wird, also Aufgaben bekommen und später besprechen, Hausaufgaben, mehr anspruchsvolle Aufgaben
- Alle Lehrer sollten beteiligt sein und nicht den Unterricht nur über das Forum steuern und Aufgaben stellen, die man abgeben muss. Das wäre viel effektiver, was das Lernen angeht. / stabiler Online Campus
- Zoom benutzen
- die Gruppenarbeit im Unterricht
- Organisation, Struktur, Verständnis gegenüber den Schülern
- die Kommunikation und dass die mündliche Beteiligung gezählt wird / Seit ca. 1 Woche muss ich öfters mal meine Webseite beim Online Vorlesung aktualisieren, weil der Bildschirm stehen/blockiert bleibt. Ich habe sonst keine Internetprobleme. Vielleicht kommt es vom Online Campus.
- Ich persönlich finde, dass das Whiteboard noch etwas ausbaufähig ist, da die Bedienung recht kompliziert und umständlich ist.
- teilweise (!) eine bessere Vorbereitung der Lehrer
- Ich würde 1 oder 2 Tage, je nachdem wie viele Fächer online unterrichtet werden, nur dafür einplanen. Ich z. B. habe weite Fahrwege und bin nur knapp teilweise zum Unterricht online gekommen. Es sollten am besten circa 2 Std. zwischen dem letzten Präsenz- und Onlineunterricht sein.
- Lehrer müssen vorher eingearbeitet werden. Es gibt welche, die das Medium sehr gut nutzen und andere, die es sehr schlecht nutzen.
- Whiteboardfunktion
- keine ständige (die ganze Unterrichtszeit betreffende) Kamerapflicht, da es sehr schwer fiel, sich auf den tatsächlichen Inhalt zu konzentrieren (was eher der Fall war: Wie gucke ich, wie sehe ich aus, alle Mitschüler starren einen gleichzeitig an.)
- weniger auf den PC-Bildschirm schauen zu müssen / Für Menschen, die empfindliche Augen haben, ist das nicht immer schön, wie ich finde.
- mehr schriftliche Aufträge, mehr Einzelarbeit, die Gruppenarbeit im Unterricht
- Es wäre toll, wenn die Lehrer das Programm von Adobe Connect besser kennenlernen würden, damit Whiteboards oder Bildschirme freigegeben werden können, um noch besser miteinander in Interaktion treten zu können. Zudem ist es noch etwas schwierig, alle Texte und Materialien eines Unterrichts gebündelt an einem Ort zu sammeln. Einige

Dokumente werden im Online Campus hochgeladen, andere per E-Mail geschickt, andere bekommt man gar nicht, weil die Urheberrechte von Bildern möglicherweise verletzt werden etc.

- mehr Funktionen, die von Schülern auch genutzt werden können während einer Videokonferenz, wie z. B. die Funktion Dateien hochzuladen, dass der Chat noch ein wenig mehr beachtet wird
- mehr Abwechslung
- Ich finde es anstrengend, so lange vorm PC zu sitzen.
- Auch kommt der ganze Tagesablauf durcheinander bzw. man kann den Tag nicht richtig planen, wenn man morgens ein paar Stunden Unterricht hat, dann ganz lange frei und dann nachmittags noch mal für zwei Stunden zum Unterricht muss. / mehr Individualität und mehr Rückfragen durch die Lehrer
- einen Server benutzen, der bessere Verbindungsmöglichkeiten schafft
- die Menge an Stoff, die man lernen muss und die Hausaufgaben dazu, im Online-Unterricht merkt man nicht, wie viel man in einem Tag bearbeiten kann
- Zuverlässigkeit einzelner Lehrer, sowie die Kommunikation mit den Lehrern
- Lehrer besser für den Online-Klassenraum schulen
- geschulteres Lehrpersonal, Lautstärke der anderen manuell ändern zu können
- klare Anweisungen, Aufgabenstellungen und teils auch ein Raum für Rückfragen an bestimmte Lehrer, bessere Erreichbarkeit
- Die Möglichkeit, sich mit Leuten aus der Parallelklasse im virtuellen Raum zu treffen, wäre super, ist momentan aber leider nicht möglich.
- meinen Arbeitsplatz
- die Online-Plattform
- Ich wüsste nicht, was ich verbessern würde, ausschlaggebend in unserer Ausbildung ist die Praxis. Die fehlt und die kann auch nicht durch was anderes ersetzt werden.
- Lehrreiches Material zum Lernen, z. B. durch Powerpoints im Unterricht / Man sollte besser in das jeweilige Programm, welches für die Online-Konferenzen genutzt wird, eingeführt werden, sodass man flexibler und sicherer während des Unterrichts damit umgehen kann; die

technischen Gegebenheiten (auch seitens der Lehrer); deutlich mehr
Struktur und Verlässlichkeit (= nicht alle paar Wochen eine Stunden-
planänderung mit neuen Zeiten); etwas längere Pausen zwischen den
UE, besonders dann, wenn Lehrer überziehen; Schülern ein zusammen-
fassendes Skript zur Verfügung stellen bzw. Unterrichtsstoff als Folien
vorbereiten (Nutzung des Whiteboards erfordert oft unnötig lang an
Zeit oder gestaltet sich als ein einziges Durcheinander)

- ein besseres Programm als Adobe Connect
- Viel kann man nicht verbessern, ab besten wäre es, wenn man wieder
  normal zur Schule kann. Es sollte persönlicher werden.
- Jeden Lehrer besser einweisen, damit alle wissen wie sie mit dem OC
  beispielsweise umzugehen haben.
- Homeschooling abschaffen
- weniger Gruppenarbeiten
- Adobe Connect hat viel Probleme. Können wir evtl. ein anderes Pro-
  gramm benutzen, wie z. B. Zoom? / die Plattform erweitern/verbessern
  Adobe Connect ist unzureichend. / die Organisation
- Adobe Connect nicht mehr verwenden: veraltete Software und schlechte
  Handhabung / Es gibt vergleichbare und sicherlich günstigere Alternativen, die mehr können und besser sind (vgl. Microsoft Teams).
- Schüler sowie Lehrer sollten den gleichen Wissensstand über den Online
  Campus haben, sodass alle am Homeschooling teilnehmen können.
- nichts
- Verbindung
- mehr Interaktion – und ich meine nicht Abstimmungen als „noch
  da?“-Test.
- mehr Kommunikation untereinander während des Online-Unterrichts;
  weniger Aufgaben für zuhause; mehr Einheitlichkeit / Jeder benutzt
  andere Wege, um mit den Schülern zu kommunizieren.
- die Kommunikation und dass die mündliche Beteiligung gezählt wird
- ich bin den Umständen entsprechend sehr zufrieden, ggf. die Kommunikation mit den Lehrern
- Webcampflicht für alle
- virtueller Unterricht

- Homework habe ich als zu viel empfunden, daher lieber kurze virtuelle Erklärung und dann aber eigenständige Ausarbeitung der Hausaufgaben (um es besser verstehen zu können) / Anspruchsvolle theoretische Fächer im Wechsel zwischen virtuell und Präsenz wäre viel angenehmer, da das Virtuelle leider den Präsenzunterricht nicht ersetzen konnte und ich das Gefühl hatte, dass alles an mir vorbeifliegt. Ich würde einigen Lehrern noch einmal die Funktionen des Online Campus näherbringen, damit im Unterricht weniger Zeit verloren geht (moderneres Programm zum Online-Unterricht).
- nichts
- Benutzung der Kamera erleichtern, Whiteboard schreiben einfacher machen (hängt technisch oft)
- das Lehrer sich bezüglich Terminen (Abgabe der Aufgaben) absprechen, Lehrer besser schulen und einen Auswertungsbogen für die mündliche Mitarbeit
- den Stoff etwas langsamer vermitteln bzw. Wiederholungen intensivieren
- Medien-Schulungen für das Lehrpersonal verpflichten, damit sich niemand davor „drücken" kann, eventuell auch Schulungen für die Schüler anbieten, die sich nicht sicher im Umgang mit der Technik fühlen
- Aufschriebe (Anschriebe)
- nichts
- das Mikrofon, die Lautstärke, das Whiteboard und dass das Hochladen von Dateien oder etwas auf dem Whiteboard leichter wird (jetzt ist es zu kompliziert mit den Einstellungen / Der Unterricht müsste ein bisschen organisierter und interaktiver gestaltbar sein. Es waren zu viele teilweise auch aufwendige Aufgaben außerhalb des Online-Unterrichts zu erledigen. Die Lehrer könnten mehr kleinere Aufgaben innerhalb des Online-Unterrichts stellen. / weniger Gruppenarbeit und mehr fertige Übersichten wie Tafelbilder gestalten und als PDF zugeschickt bekommen
- die Kommunikation zwischen Schülern und Lehrern bezüglich ausfallender Stunden
- mündliche Noten vermeiden! Im Online-Unterricht mündliche Noten vergeben, finde ich schwierig und auch nicht immer fair.
- weniger Arbeitszeit pro Tag

- Die Lehrer müssen deutlich langsamer den Unterricht gestalten und nicht alles schnell hintereinander raushauen. Ein Lehrer bei mir hat das gut gemacht, und zwar hat er eine Präsentation geschickt, wo einiges draufstand. Am Rand waren noch Linien zum Mitschreiben und das, was sonst noch wichtig war, hat er alles selbst auch aufgeschrieben, sodass er im Tempo von den Schülern gearbeitet hat und eigentlich jeder gut mitkam.
- die Gruppenarbeit im Unterricht
- richtiges Arbeitsmaß zu finden, ohne entweder unter- oder überfordert zu sein
- Die Kommunikation mit den Mitschülern ist vor allem in Arbeitsgruppen katastrophal. Die Hälfte hat kein gutes Mikrofon oder die Lautstärke ist bei den einen zu laut und bei den anderen zu leise. Mit anderen Programmen zum Telefonieren gibt es solche Probleme nicht (Skype, discord etc.).
- Am Prinzip an sich nichts. Das läuft schon ganz okay. Der eine oder andere Lehrer sollte sich jedoch einen besseren Plan machen für den Online-Unterricht und sich besser mit den Medien auseinandersetzen. Vor allem mit den Möglichkeiten, da diese ja nun sehr vielfältig sind. Man muss ja gar nicht alles könne, aber z. B. mit dem Whiteboard sollte man klarkommen, um zumindest etwas Struktur einzubringen, die mir persönlich enorm fehlt.
- einen Terminplan, in den alle Aufgaben von den Lehrern für die Schüler aus jedem Fach eingefügt werden können, damit keine Aufgaben untergehen und sowohl die Schüler als auch alle Lehrer einen besseren Überblick haben (eine Art Hausaufgabenheft/Stundenplan mit Aufgabenliste für alle) / Denn jeder sollte eine Chance haben die Aufgaben zu erledigen. Leider musste ich schon öfter erfahren, dass Schüler eine schlechte Note bekommen, da sie Aufgaben nicht rechtzeitig abgegeben haben. Doch vieles ist so unübersichtlich, dass man manchmal nicht alles mitbekommen kann. Doch meist wird die als Begründung bei den jeweiligen Lehrkräften nicht akzeptiert.
- Medienkompetenz der Lehrer
- gar nichts, ich fand es super so

- Wir müssen uns zu viel selber erarbeiten. Gerade bei examensrelevanten Fächern finde ich es wichtig, dass Ergebnisse gesichert werden, damit jeder auf dem gleichen Stand ist.
- falls es funktioniert, wäre ich für mehr Abwechslung
- die Unterstützung
- gar nichts, bin immer aktiv dabei
- besseres Programm nehmen, mit Whiteboards, die einfacher zu bedienen sind, sich scrollen lassen und wo mehr drauf passt / Egal, wie gut Homeschooling wäre, den Unterricht vor Ort würde ich immer vorziehen.
- Dass der Lehrer nur in einem sehr kleinen Bild zu sehen war, so war es schwierig etwas zu zeigen mit Händen und Füßen.
- klare Stundenziele
- einen Pegel zur Lautstärkenanpassung einzelner Teilnehmer
- dass man auch mal die Gruppenfunktion nutzt und die Schüler selber Sachen ausarbeiten können und nicht nur der Lehrer was erzählt und man als Schüler eigentlich nicht mal anwesend sein muss
- Abgabetermine für Selbstlernaufgaben, um dann darauf evtl. ein Lösungsblatt zu bekommen oder einen Fragenkatalog um zu überprüfen, ob man alles Erforderliche erfasst hat, dass das Material rechtzeitig zu Verfügung stehen soll
- Die Kommunikation muss besser funktionieren, da man oft keine Benotung bekommen hat.
- Den Umständen entsprechend war es gut organisiert. Homeschooling bringt Nachteile mit sich.
- Das Senden von Dateien sollte nur über eine Funktion erfolgen. Ich habe oft den Überblick verloren, da jeder Lehrer seine Daten über einen anderen Weg versendet hat.
- Gegen Ende ist alles gut gelaufen. Am Anfang gab es noch Startschwierigkeiten, was aus meiner Sicht aber normal und somit nicht so tragisch ist.
- alles
- Bei Ausarbeitungen ist es oft der Fall, dass alle Lehrer Aufgaben geben und dann ist es eine gewaltige Menge, sodass man keine Zeit mehr wirklich hat für sich oder etwas nacharbeiten. Die Lehrer sollten sich absprechen, dass es nicht zu viel von der Menge her wird. Und auch, dass es

von der Menge der einzelnen Aufgaben nicht zu viel wird, darauf sollte geachtet werden.

- Einige Lehrer sollten sich etwas engagierter mit technischen Geräten auseinandersetzen und sich darauf einlassen, ihren Unterricht an die Situation anzupassen und nicht versuchen alles so zu machen, wie es im Präsenzunterricht wäre. Wenn man z. B. kein Modell von etwas rumgehen lassen kann, sollten dementsprechend Bilder oder Videos im virtuellen Unterricht benutzt werden und das sollte nicht nur einfach wegfallen.
- Außerdem wäre es schön, wenn die Lehrer sich untereinander besser austauschen und kommunizieren würden, da wir als Schüler oft Pläne mit korrigieren müssen, von denen wir auch nicht sehr viel mehr wissen und es scheint manchmal, als ob intern auch nicht wirklich gut kommuniziert wird.
- Lehrer sollten regelmäßig in ihre E-Mails schauen, da das nun der einzige Weg ist, noch mal Fragen zu stellen.
- Etwas mehr Struktur wäre schön, es wird doch oft sehr spontan etwas geändert.
- die Organisation und die Kommunikation mit den Lehrkräften
- Da würde mir so gerade nichts zu einfallen.
- bessere Übersicht über die einzelnen zu erledigenden Aufgaben, wie eine to-do-List
- Lehrer sollten besser auf die Unterrichtsstunden vorbereitet sein und mehr Lernstoff zur Verfügung stellen (gilt nicht für alle).
- bessere Plattform, verbessertes Equipment (Skype oder Microsoft Teams)
- Unterstützung bei der Ausstattung der Schüler
- Skripte und/ oder PPTs wären gut vorab zugestellt zu bekommen. Bei manchen Lehrern klappt das auch schon und der Unterricht gewinnt dadurch deutlich an Qualität. Alles einheitlich über ein Programm!
- gar nichts
- Arbeiten nicht erst am Abend vorher schicken
- bessere Kommunikation, bessere Technik, mehr Transparenz, mehr Kommunikationsaustausch, mehr Tools (wie Videos, kleine Gruppenarbeiten, SOL etc.), auf die Modernisierung der Technik zurückgreifen
- dass erst mal jedes Fach unterrichtet wird

- Die Menge an Aufgaben und die Erklärungen zu den Lösungen könnte etwas verbessert werden.
- den Lehrer auf Großbild stellen, wenn keine freigegebene Präsentation vorhanden ist
- die Organisation und die Kommunikation mit den Lehrkräften
- genauere Angaben zu Hausaufgaben (was genau soll gemacht werden, bis wann soll es verschickt sein?)
- verbessertes Equipment für die Lehrer (Mikrofon), eine stabile Verbindung
- längere Unterrichtseinheiten
- bessere Kommunikation, bessere Technik die Lehrer deutlicher/besser darauf vorbereiten, Homeschooling zu betreiben und sich mit dem Programm auseinanderzusetzen
- Ich kann hier keinen konstruktiven Vorschlag bieten, weil ich Homeschooling inzwischen abgrundtief hasse, zudem ist die Technik in Deutschland gefühlt die gleiche wie in einem Dritte-Welt-Land.
- Manche Unterrichtsstunden wurden von der Lehrkraft zu schnell durchgeführt. Man kam manchmal nicht an ganz hinterher.
- kein Adobe Connect
- dass der Meeting-Raum nicht mehr überlastet ist / Viele sind oft rausgeschmissen worden, aus dem Meeting oder kamen gar nicht erst rein.
- dass wir mehr Aufgaben bekommen statt nur zuhören
- Lehrer schulen, damit sie als Unterricht nicht nur Präsentationen vorlesen, Plattform verbessern, sodass Nachfragen etc. leichter sind (Plattform ist öfter abgestürzt)
- eine genauere Anwesenheitskontrolle seitens der Lehrkräfte

Anhang 3

Literaturverzeichnis

Arnold, Rolf (2012): Ich lerne, also bin ich. Eine systemisch-konstruktivistische Didaktik. 2. Aufl., Heidelberg: Carl-Auer.

Biggs, John; Tang Catherine (2011): Teaching for Quality Learning at University: What the Student Does. 4. Aufl., Maidenhead: Open University Press.

Birkenbihl, Vera (2013): Das innere Archiv. München: mgv.

Breidbach, Olaf; Holthausen, Klaus (1996): Interne Repräsentation. Zur Analyse der Dynamik parallel-verarbeitender Systeme. In: Jahrbuch für Geschichte und Theorie der Biologie 3, S. 61–74.

Breitner, Michael; Bruns, Beate; Lehner, Franz (Hrsg.): Neue Trends im E-Learning. Aspekte der Betriebswirtschaftslehre und Informatik. Heidelberg: Physica.

Brembs Björn; Welpe Isabell (2019): Pseudo-Wettbewerbe und künstliche Märkte. Interview. In: Forschung & Lehre, 05/2019, S. 422 ff.

Campbell, Joseph (1953): Der Heros in tausend Gestalten (Neuauflage 2011). Berlin: Insel.

De Bono, Edward (2005): De Bonos neue Denkschule: Kreativer Denken, effektiver arbeiten, mehr erreichen. München: mvg Verlag.

Dewey, John; Velten, Christa (2010): Kunst als Erfahrung. 9. Aufl., Frankfurt/M.: Suhrkamp.

Dieckmann, Heinrich; Zinn, Holger (2017): Geschichte des Fernunterrichts. Bielefeld: wbv.

Elmer, Anneliese; Pauli, Christine; Reusser, Kurt (2011): Berufsbezogene Überzeugungen von Lehrerinnen und Lehrern. In: Terhart, Ewald; Bennewitz, Hedda; Rothland, Martin (2011): Handbuch der Forschung zum Lehrerberuf. Münster: Waxmann, S. 478–495.

Engelke, Jens; Müller, Ulrich; Röwert, Ronny (2017): Erfolgsgeheimnisse privater Hochschulen – Wie Hochschulen atypische Studierende gewinnen und neue Zielgruppen erschließen können. Gütersloh: CHE; Online-Druck: https://www.che.de/wp-content/uploads/upload/Im_Blickpunkt_Erfolgsgeheimnisse_privater_Hochschulen.pdf; Zugriff: 12.05.2020.

Erbeldinger, Juergen; Ramge, Thomas; Spiekermann, Erik (2013): Durch die Decke denken: Design Thinking in der Praxis. München: Redline.

Euler, Dieter (2004): Die didaktische Gestaltung von E-Learning-unterstützten Lernumgebungen. In: Euler, Dieter; Seyffert, Sabine (Hrsg.): E-Learning in Hochschulen und Bildungszentren. München: Oldenburg, S. 225–242.

EU-Survey: Index of Readiness for Digital Lifelong Learning. In: https://www.ceps.eu/ceps-publications/index-of-readiness-for-digital-lifelong-learning/; Zugriff: 10.7.2020.

Fabian, Patric (2020): Pioniere der virtuellen Lehre geben „Bildungsupdate". Interview mit Thomas Hanstein und Andreas Lanig. In: https://open.spotify.com/episode/1L92T34nAYSjTpeEBhM2Hu?si=5bX-MmaXSHG-Vd4jmohJBVQ; Zugriff: 24.08.2020.

Gaschke, Susanne: Wir erleben das Ende der Universität, wie wir sie kannten. In: https://www.welt.de/debatte/kommentare/article208219581/Hochschulen-Wir-erleben-das-Ende-der-Universitaet-wie-wir-sie-kannten.html; Zugriff: 01.06.2020.

Gruber, Hans (2007): Über die Rolle epistemischer Überzeugungen für die Gestaltung von E-Learning – eine empirische Studie bei Hochschul-Lehrenden. In: Breitner, Michael; Bruns, Beate; Lehner, Franz (Hrsg.): Neue Trends im E-Learning. Aspekte der Betriebswirtschaftslehre und Informatik. Heidelberg: Physica, S. 123–132.

Handke, Jürgen (2020): Handbuch Hochschullehre Digital. Leitfaden für eine moderne und mediengestützte Lehre. 3. Aufl., Baden-Baden: Tectum.

Hanstein, Thomas (2008): Ästhetische Kompetenz und religiöse Lernprozesse. Ein Beitrag zur Unterrichtsforschung im Religionsunterricht an berufsbildenden (gewerblich-technischen) Schulen (Universitätsreihe gott-leben-beruf, Bd. 8). Tübingen; Norderstedt: BoD.

Hanstein, Thomas (2016): Das Heilige in allem hören. 40 Impulse zur Achtsamkeit. Leipzig: Benno.

Hanstein, Thomas (2018): Die 5 W's der guten Unterrichtsplanung. In: https://www.youtube.com/watch?v=19qIP6-Uels&feature=youtu.be.

Hanstein, Thomas (2018): Selbstmanagement – mit Coachingtools. Ressourcen erkennen, nutzen und pflegen. Baden-Baden: Tectum.

Hanstein, Thomas (2020): Innere Arbeit am eigenen Selbst. Warum Spiritualität für Führungskräfte und für das Business-Coaching essenziell ist. In: Coaching Magazin. Ausgabe 4/2020; https://www.coaching-magazin.de/.

Hanstein, Thomas; Lanig, Andreas (2020): Spirituelle Kompetenz in digitalen Lern- und Arbeitswelten. Erfolgreich studieren und arbeiten mit Spirituellem Selbstmanagement 4.0. Baden-Baden: Tectum.

Hattie, John (2012): Visible Learning. London/New York: Routledge.

Hattie, John; Zierer, Klaus (2018): Visible Learning: Auf den Punkt gebracht. Hohengehren: Schneider.

Helmke, Andreas (2006): Unterrichtsqualität: Erfassen – Bewerten – Verbessern. Seelze: Kallmeyer.

Henning, Georg; Schannewitzky, Gerhard (1994): Leitfaden zum Hospitieren und Unterrichten. Eine Handreichung für Studium und Vorbereitungsdienst. 2. Aufl., Darmstadt: Winkler.

Jaskula, Gabriela: Die beleidigende Begrenztheit der digitalen Lehre. In: https://www.faz.net/aktuell/karriere-hochschule/praesenz-an-hochschulen-die-begrenztheit-der-digitalen-lehre-16809260.html; Zugriff: 30.06.2020.

Jeggle, Maria: An welche Lehrkräfte man sich erinnert. In: bildung & wissenschaft, 10/19, S. 18–20.

Klafki, Wolfgang (1986): Die bildungstheoretische Didaktik im Rahmen kritisch-konstruktiver Erziehungswissenschaft – oder: Zur Neufassung der Didaktischen Analyse. In: Gudjons, Herbert; Winkel, Rainer: Didaktische Theorien. Westermanns Pädagogische Beiträge. Braunschweig 1986, S. 32–37.

Klippert, Heinz (2001): Eigenverantwortliches Arbeiten und Lernen. Weinheim/Basel.

Klippert, Heinz (2002): Kommunikations-Training. Übungsbausteine für den Unterricht. 9. Aufl., Weinheim; Basel: Beltz.

Klippert, Heinz (2002): Methoden-Training. Übungsbausteine für den Unterricht. 13. Aufl., Weinheim; Basel: Beltz.

Köhnlein, Walter (Hrsg.) (1998): Der Vorgang des Verstehens. Beiträge zur Pädagogik Martin Wagenscheins. Bad Heilbrunn: Klinghardt.

Kuhn, Thomas (1976): Die Struktur wissenschaftlicher Revolutionen. Frankfurt: Suhrkamp.

Kultusministerkonferenz (Hrsg.) (2017): Berufliche Schulen 4.0. Weiterentwicklung von Innovationskraft und Integrationsleistung der beruflichen Schulen in Deutschland in der kommenden Dekade. Berlin. [vorliegend abgekürzt als KMK]

Lanig, Andreas (2020): Virtuelle Fernlehre in gestalterischen Fachbereichen. Vechta: VADo. URI: http://hdl.handle.net/21.11106/216.

Lanig, Andreas (2020): Virtuelle Fernlehre in gestalterischen Fachbereichen. Anhangband. Vechta: URI: http://hdl.handle.net/21.11106/216.

Luhmann, Niklas (1991): Soziale Systeme – Grundriss einer Allgemeinen Theorie. Erstausgabe, Frankfurt: Suhrkamp.

Mareis, Claudia (2011): Design als Wissenskultur. Interferenzen zwischen Design- und Wissensdiskursen seit 1960 (Studien zur visuellen Kultur, Bd. 16). Bielefeld: transcript.

Meyer, Hilbert (2013): Auf den Unterricht kommt es an! Hatties Daten deuten lernen! Gekürzte und überarbeitete Fassung eines Vortrages auf der

Fachtagung des Bundesarbeitskreises Seminarleiter/innen Niedersachsen an der Universität Oldenburg im März 2013.

Meyer, Hilbert (2007): Leitfaden Unterrichtsvorbereitung. Berlin: Cornelsen Scriptor.

Meyer, Hilbert; Jank Werner; (1994): Didaktische Modelle. 3. Aufl., Berlin: Cornelsen 1994.

Ministerium für Kultus, Jugend und Sport Baden-Württemberg (Hrsg.) (2015): Unterrichtsentwicklung an beruflichen Schulen, Stuttgart. [vorliegend abgekürzt als KuMi]

Mohrstedt, Michael: Warum Zoom die Menschen so müde macht. In: Süddeutsche Zeitung vom 27. April 2020. https://www.sueddeutsche.de/digital/zoom-fatigue-videokonferenz-ermuedung-corona–1.4888670; Zugriff: 01.05.2020.

Nida-Rümelin, Julian; Zierer, Klaus: Die Debatte über digitale Bildung ist entgleist. In: https://www.nzz.ch/meinung/digitale-bildung-vernunft-und-empirie-helfen-weiter-ld.1552714; Zugriff: 08.06.2020.

Peterson, Jordan (2009): Warum wir denken, was wir denken. Wie unsere Überzeugungen und Mythen entstehen. München: MVG.

Pfister, Hans-Jürgen (1993): Das Heidelberger Unterrichtsmodell. Hamburg; Augsburg: Auer.

Rinn, Ulrike; Meister, Dorothee (Hrsg.): Didaktik und Neue Medien. Konzepte und Anwendungen in der Hochschule (Medien in der Wissenschaft, Bd. 21). Münster: Waxmann.

Rippien, Horst (2012): Bildungsdienstleistung eLearning. Didaktisches Handeln von Organisationen in der Weiterbildung. Wiesbaden: Springer Fachmedien.

Rittelmeyer, Christian (2016): Bildende Wirkungen ästhetischer Erfahrungen. Wie kann man sie erforschen? Eine Rahmentheorie. Weinheim, Basel: Beltz Juventa.

Rosa, Hartmut (2016): Resonanz: Eine Soziologie der Weltbeziehung. Berlin: Suhrkamp.

Rusch, Gebhard; Schmidt, Siegfried; Breidbach, Olaf (Hrsg.) (1996): Interne Repräsentationen. Neue Konzepte der Hirnforschung. Frankfurt/M.: Suhrkamp.

Schaube, Werner (Hrsg.): Handlungsorientierung für Praktiker. Ein Unterrichtskonzept macht Schule. 2. Aufl., Darmstadt: Winklers.

Schöning, Benedict: Präsenz – Zurück in die Zukunft der vergangenen Hochschullehre, in: https://www.feinschwarz.net/praesenz-zurueck-in-die-zukunft-der-vergangenen-hochschullehre/; Zugriff: 30.06.2020.

Schulmeister, Rolf (2004): Didaktisches Design aus hochschuldidaktischer Sicht. Ein Plädoyer für offene Lernsituationen. In: Rinn, Ulrike; Meister, Dorothee (Hrsg.): Didaktik und Neue Medien. Konzepte und Anwendungen in der Hochschule (Medien in der Wissenschaft, Bd. 21). Münster: Waxmann, S. 19–49.

Schweitzer, Friedrich (2003): Elementarisierung im Religionsunterricht. Erfahrungen, Perspektiven, Beispiele. 4. Aufl., Göttingen: Neukirchen-Vluyn.

Seidel, Tina; Shavelson, Richard (2007): Teaching Effectiveness Research in the Past Decade. In: Review of Educational Research. Vol. 77, No. 4, 12/2007, S. 454–499.

Storch, Maja; Kuhl, Julius (2013): Die Kraft aus dem Selbst. Sieben Psycho-Gyms für das Unbewusste. 2. Aufl., Göttingen: Hogrefe.

Strauss, Anselm (1998): Grundlagen qualitativer Sozialforschung. Datenanalyse und Theoriebildung in der empirischen soziologischen Forschung. Unter Mitarbeit von Astrid Hildebrand. Nachdruck der 2. Aufl., München: UTB.

Terhart, Ewald; Bennewitz, Hedda; Rothland, Martin (2011): Handbuch der Forschung zum Lehrerberuf. Münster: Waxmann.

Truninger, Peter (2019): Die Lehrperson als Coach – Beratung in kreativen und künstlerischen Prozessen. München: Kopaed.

Waldenfels, Bernhard (2002): Bruchlinien der Erfahrung. Phänomenologie, Psychoanalyse, Phänomenotechnik. 2. Aufl., Frankfurt am Main: Suhrkamp.

Wolff, Karl (1996): Handlungsorientierter Unterricht. In: Schaube, Werner (Hrsg.): Handlungsorientierung für Praktiker. Ein Unterrichtskonzept macht Schule. 2. Aufl., Darmstadt: Winklers, S. 17–19.

verwendete Links:

http://eduscrum.nl/en/file/CKFiles/Der_eduScrum_Guide_DE_1.2.pdf; Zugriff: 06.07.2020.

https://blog.setzwein.com/2011/03/21/die-gefuhlskurve-in-change-projekten/; Zugriff: 15.06.2020.

http://icum-tud.de/ziele/empfehlungen.pdf; Zugriff: 10.07.2020.

https://lehrerfortbildung-bw.de/u_gestaltlehrlern/projekte/sol/fb1/04_organisation/; Zugriff: 12.05.2020.

https://lehrerfortbildung-bw.de/u_gestaltlehrlern/projekte/sol/fb1/04_organisation/; Zugriff: 10.07.2020.

http://sts-gym-marburg.bildung.hessen.de/kooperation/vzl.html; Zugriff: 10.07.2020.

https://www.ruth-cohn-institute.org/tzi-konzept.html; Zugriff: 22.05.2020.

https://www.uni-koblenz-landau.de/de/landau/fb5/aktuelles/befragunghomeschooling; Zugriff: 01.05.2020.

https://www.youtube.com/watch?v=01 mOnK Q5 RMQ; Zugriff: 10.07.2020.

https://www.youtube.com/watch?v=bLF6eUcJfsQ; Zugriff: 06.05.2020.

https://www.youtube.com/watch?v=WMt4NlbjC4U; Zugriff: 06.05.2020.

https://youtu.be/WGf7N6DPqo8; Zugriff: 10.07.2020.

technische Supporte, digitale Tools, erprobte Software (Auswahl):

https://conceptboard.com/

https://conceptboard.com/de/

https://basecamp.com/

https://ebildungslabor.de/blog/flinga/

https://eduscrum.nl/de/

https://handbrake.fr/downloads.php

https://international.ipevo.com.tw/de/

https://manycam.com/

https://prezi.com/

https://smallpdf.com/de/pdfs-zusammenfuegen

https://trello.com/de

https://www.blackmagicdesign.com/de/products/atemmini

https://www.google.de/intl/de/docs/about/

https://www.icloud.com/pages/0FCkONf6BolkL3CE5QUDDyAQw#Hybridunterricht_101

https://www.mentimeter.com/

https://www.oercamp.de/webinare/weboep/kreativ/

https://www.xwords-generator.de/de

Über die Autoren

Dr. Thomas Hanstein

thomas.hanstein@gms-bc.de
twitter.com/DrHanstein

Jahrgang 1971; Diplom-Theologe, berufsbilden-
der Oberstufenlehrer, Seelsorger, Vorerfahrungen in der freien Wirtschaft; Lehraufträge in
Sozialer Arbeit und Creative Direction; Fort-
bildner und Business-Coach; Schwerpunkte:
Führung mit Werten, Berufsethik, Teamentwicklung, Selbst- und Veränderungsmanage-
ment; Promotion mit der Arbeit: „Ästhetische Kompetenz und religiöse
Lernprozesse"; Forschungsschwerpunkte: Kompetenzerwerb und Resilienz,
Milieus und Codes, kulturelle Identitäten; verheiratet und dreifacher Vater.

Prof. Dr. Andreas Ken Lanig

andreas.lanig@diploma.de
facebook.com/ProfLanig

Jahrgang 1975; Diplom-Designer, M. A., als solcher seit über zwei Jahrzehnten selbstständig;
Hochschullehrer und Professor für gestalterische Fächer: Unternehmenskommunikation,
Gestaltungsgrundlagen, Designmanagement
auf Bachelor- und Masterebene; Promotion mit
der Arbeit: „Virtualisierte Fernlehre in gestal-
terischen Fachbereichen"; Arbeits- und Forschungsschwerpunkte: virtuelle
Designdidaktik, Unternehmenskommunikation, Medien- und Designkon-
zepte; verheiratet und Vater von zwei Söhnen.